Arbeitshilfen für Studium und Praxis der Sozialarbeit und Sozialpädagogik

von

Elisabeth Badry
Rudolf Knapp
Hans Gerhard Stockinger

unter Mitarbeit von Uwe Kaspers
und Karin Schleider

4. korrigierte Auflage

Luchterhand

Bibliografische Information Der Deutschen Bibliothek
Die Deutsche Bibliothek verzeichnet diese Publikation in der Deutschen
Nationalbibliografie; detaillierte bibliografische Daten sind im Internet
über http://dnb.ddb.de abrufbar.

www.luchterhand.de

Umschlaggestaltung: arttec grafik simon & wagner, St. Goar
Satz: Computersatz Ute C. Renda-Becker, Lahnstein
Papier: elementa BULK von Arjo Wiggins, Dettingen
Druck: Amer grafisch bedrijf, Oud-Gastel
Printed in the Netherlands, November 2002

∞ Gedruckt auf säurefreiem, alterungsbeständigem und chlorfreiem Papier

Vorwort
zur vierten Auflage

Bei der vorliegenden, *vierten* Auflage der *Arbeitshilfen* handelt es sich um eine korrigierte Fassung der dirtten Auflage mit folgenden zwölf Themen:

- »*Wissenschaftlich arbeiten – beruflich handeln*«; diese Überlegungen dienen einer Grundorientierung. (Kap. 1)

- Die »*Zusammenarbeit mit anderen; Gruppenarbeit, Teamarbeit*«; sie sind hilfreich im Studium und unerlässlich in der beruflichen Praxis. (Kap. 2)

- »*Arbeitsort und Arbeitsplatz*«; effektives Arbeiten hängt auch von ihrer Gestaltung ab. (Kap. 3)

- »*Zeit- und Selbstmanagement*«; der sorgfältige Umgang mit der Zeit und kluge Selbstführung sind ebenso wichtig. (Kap. 4)

- »*Bericht, Protokoll und Thesenpapier*«; wer ihre Abfassung beherrscht, schärft den Blick für inhaltlich Wesentliches, übt sich im präzisen sprachlichen Ausdruck und kann eine Sache prägnant darstellen. (Kap. 5)

- »*Entwicklung von Konzepten*«; diese Fähigkeit muss ebenso erworben werden wie die Vorbereitung eines Referates, eines Vortrags und die Planung von Seminaren. (Kap. 6)

- »*Arbeitsverfahren und -techniken*«; es kostet einige Mühe, sich die Fertigkeiten anzueignen, ohne die geistige Arbeit nicht gelingt. Ihre Beherrschung wird jedoch von jemandem verlangt, der studiert hat. (Kap. 7)

- »*Planung und Durchführung eines Projekts*«; sie werden von jedem Studierenden und von vielen Berufstätigen verlangt. (Kap. 8)

- »*Darstellung von Forschungsprojekten unter Berücksichtigung quantitativer und qualitativer Forschungsmethoden*« (Kap. 9) und: »*Darstellung von Praxisprojekten auf der Grundlage handlungstheoretisch fundierter Praxismodelle*« (Kap. 10); wer erfahrungswissenschaftlich arbeiten möchte, muss die notwendigen Methoden kennen und anwenden.

- »*Der Personalcomputer (PC) als Hilfsmittel im Studium*«; elektronische Rechner gehören zunehmend zum Studienalltag; ihre Beherrschung wird in den meisten beruflichen Einsatzfeldern vorausgesetzt. (Kap. 11)

- »*Mündliche und schriftliche Prüfungen*«; Leistungsnachweise gehören zu jeder beruflichen Qualifikation und verlangen nicht nur eine gezielte inhaltliche Vorbereitung, sondern auch ein spezifisches Verhalten in der Prüfungssituation. (Kap. 12)

Die »Arbeitshilfen für soziale und pädagogische Berufe« sind als *Arbeitsbuch* verfasst. Außer dem Eingangskapitel haben alle nachfolgenden den gleichen *Aufbau*. Dadurch soll sich der Leser leichter zurechtfinden können: *Zur Einführung* wird ein thematischer Aufriss gegeben. *Zur Orientierung* erfolgt eine Erläuterung der einzelnen Abschnitte in Gestalt von Zielangaben. Es folgen die durch arabische Ziffern gekennzeichneten Teilabschnitte. Das *Literaturverzeichnis* am Schluss des Buches ist nach Kapiteln geordnet.

Allen *Leserinnen* sei gesagt, dass die aus praktischen Gründen im Text verwandte maskuline Form die *geschlechtsabstrakte* bedeutet.

Vettelschoß, Arnsberg, Schweinfurt,   *Elisabeth Badry*
im März 2002   *Rudolf Knapp*
                                             Hans Gerhard Stockinger

Inhalt

Vorwort V

1. Wissenschaftlich arbeiten – beruflich handeln
Elisabeth Badry 1

1.1 Wissen, Können und Verantwortung in der (Aus-)Bildung
von Sozialarbeitern und Sozialpädagogen 1

1.2 Das berufliche Handeln als spezifische Praxis 3

1.3 Wissen, Wissenschaft und Wissenschaftstheorie.............. 4

2. Zusammenarbeit mit anderen; Gruppenarbeit, Teamarbeit
Rudolf Knapp 9

2.1 Was für oder gegen eine Gruppenarbeit spricht 10

2.2 Beruflich orientierte Teamarbeit 14

2.3 Gruppenarbeit bei Veranstaltungen 17

2.4 Sich vorstellen und einander kennen lernen 19

2.5 Ängste 22

2.6 Klärung von Beziehungen und Arbeitsformen 23

2.6.1 Wertschätzung des Anderen 23
2.6.2 Metakommunikation 25
2.6.3 Blitzlicht 26
2.6.4 Brainstorming 26
2.6.5 Feedback.. 27
2.6.6 Einige Kommunikationsregeln 28

3. Arbeitsort und Arbeitsplatz
Hans Gerhard Stockinger 31

3.1 Arbeitsort 31

3.2 Arbeitsplatz 33

4. Zeit- und Selbstmanagement
Hans Gerhard Stockinger 37

4.1 Der Einstieg in das Zeitmanagement 38

4.1.1 Die Selbstanalyse 38
4.1.2 Funktionen des Zeitmanagements 40

4.2	Die Orientierung des Zeitmanagements	41
4.3	Zielsetzung	43
4.3.1	Zielfindung	43
4.3.2	Situationsanalyse	45
4.3.3	Zielformulierung	47
4.4	Planung	48
4.4.1	Die zehn wichtigsten Prinzipien der Zeitplanung.	48
4.4.2	Das System der Zeitplanung	51
4.4.3	Tagesplanung mit der ALPEN-Methode	53
4.4.4	Zeitmanagement by Zeitplanbuch	57
4.5	Grundlagen der Entscheidungsfindung	58
4.5.1	Das Pareto-Zeitprinzip	59
4.5.2	Prioritätensetzung	60
4.5.3	Grundlagen der Delegation	61
4.6	Realisation und Organisation	63
4.6.1	Regeln zur Organisation der Tagesgestaltung	63
4.6.2	Der persönliche Arbeitsstil	66
4.7	Kontrolle	67
4.8	Information und Kommunikation	68
4.8.1	Rationelles Lesen	69
4.8.2	Rationelle Korrespondenz	71
4.8.3	Rationelles Telefonieren	72
4.8.4	Rationelle Schriftgutverwaltung	74
4.8.5	Rationelle Besprechungen	76
5.	**Bericht, Protokoll und Thesenpapier** *Elisabeth Badry*	79
5.1	Subjektive und objektive Darstellungsformen	80
5.2	Bericht	81
5.2.1	Praktikumsbericht	82
5.2.2	Aktennotiz	83
5.2.3	Pressemeldung	84
5.3	Protokoll	86
5.3.1	Funktionen	86
5.3.2	Anforderungen	87

5.3.3	Arten	87
5.3.4	Form	88
5.3.5	Sprachliche Besonderheiten	90
5.3.6	Seminar-Protokolle	91
5.4	Thesenpapier	92
5.5	Richtige Wortwahl	94

6. Entwicklung von Konzepten
Rudolf Knapp 101

6.1	Begriffsklärung	101
6.2	Konzeptstrukturen in Stichworten	102
6.3	Warum überhaupt ein Plan, ein Konzept beruflicher Arbeit?..	104
6.4	Adressatenbezogene Konzepte	105
6.5	Organisationsbezogene Konzepte	109
6.6	Vorbereitung eines Referates, eines Vortrags	112
6.6.1	Momente der Vortragssituation	113
6.6.2	Einzelfragen bei der Planung. Empfehlungen zur Vorbereitung	115
6.6.3	Tipps zum Abbau von Redehemmungen	117
6.7	Planung von Seminaren und Bildungsveranstaltungen	117
6.7.1	Leitende Prinzipien	118
6.7.2	Vermittlungsformen bzw. Methodenkonzepte	120
6.7.3	Planungshilfen	124
6.7.4	Aufgaben des Leiters während der Veranstaltung	129
6.7.5	Checkliste zur Vorbereitung einer Sitzung oder Konferenz ...	130

7. Arbeitsverfahren und -techniken
Hans Gerhard Stockinger/Elisabeth Badry 133

7.1	Die systematische Auseinandersetzung mit einem Fachbuch ..	134
7.1.1	Vorbereitung der Lektüre	134
7.1.2	Erschließen eines Buches	134
7.1.3	Lesen	137
7.1.4	Nachbereitung	139
7.2	Zuhören und Mitschreiben	140
7.2.1	Zuhören	140
7.2.1.1	Schwierigkeiten beim Zuhören	140

7.2.1.2	Hilfen beim Zuhören	141
7.2.2	Mitschreiben	142
7.2.2.1	Äußere Form	142
7.2.2.2	Umfang	143
7.2.2.3	Inhalt	143
7.2.2.4	Nacharbeiten	144
7.3	Literatursuche	145
7.3.1	Arten wissenschaftlichen Materials	145
7.3.2	Nutzung von Bibliotheken	146
7.3.2.1	Bibliothekstypen	146
7.3.2.2	Bibliothekskataloge und deren Nutzung	147
7.3.2.3	Bibliographien	150
7.3.2.4	Literaturermittlung	150
7.4	Festhalten des Materials	151
7.4.1	Formen des Festhaltens	151
7.4.2	Technische Hilfsmittel: Aktenordner und Karteien	152
7.4.2.1	Aktenordner als Hilfsmittel	152
7.4.2.2	Karteien als Hilfsmittel	155
7.5.	Darstellung des Materials	158
7.5.1	Einband	159
7.5.2	Deckblatt	159
7.5.3	Titelblatt	159
7.5.4	Vorwort	160
7.5.5	Inhaltsverzeichnis/Gliederung	160
7.5.6	Abkürzungsverzeichnis	162
7.5.7	Einleitung	163
7.5.8	Zitate und Quellenangaben	163
7.5.8.1	Zitierschemata	163
7.5.8.2	Regeln und Techniken des Zitierens	165
7.5.9	Zusammenfassung/Ergebnisse	167
7.5.10	Anmerkungen	167
7.5.11	Literaturverzeichnis	169
7.5.12	Anhang	172
8.	**Planung und Durchführung eines Projekts** *Hans Gerhard Stockinger*	175
8.1	Projekt als größeres Arbeitsvorhaben	175
8.1.1	Begriff	175
8.1.2	Projektphasen	176

8.2	Die Diplomarbeit als Beispiel eines wissenschaftlichen Projekts	179
8.2.1	Projektplanung	180
8.2.1.1	Themenwahl	180
8.2.1.2	Kostenplanung	180
8.2.1.3	Zeitplanung	181
8.2.2	Projektdurchführung	182
8.2.2.1	Materialfindung	182
8.2.2.2	Materialauswertung	182
8.2.2.3	Manuskript	182
8.2.2.4	Endfassung	183
8.3	Eine Wochenendveranstaltung als Beispiel eines praktischen Projekts	183
8.3.1	Projektauslösung	183
8.3.2	Projektplanung	184
8.3.3	Projektdurchführung	184
8.3.4	Projektauswertung	184
9.	**Darstellung von Forschungsprojekten unter Berücksichtigung quantitativer und qualitativer Forschungsmethoden** *Karin Schleider*	185
9.1	Einleitung	186
9.2	Theoretische und empirische Grundlagen	186
9.3	Fragestellung und Hypothesen	187
9.4	Methodik	187
9.4.1	Forschungsstrategie, Untersuchungsplan und Datenerhebungsmethode	188
9.4.2	Stichprobe	189
9.4.3	Durchführung	190
9.4.4	Auswertungsmethoden	191
9.5	Ergebnisse	191
9.6	Diskussion und Ausblick	194
9.7	Zusammenfassung	195
9.8	Literaturverzeichnis	195
9.9	Anhang	196

**10.   Darstellung von Praxisprojekten auf der Grundlage handlungs-
theoretisch orientierter Praxismodelle**
Karin Schleider.. 197

10.1   Einleitung 198

10.2   Situationsanalyse 198

10.3   Zielanalyse.. 199

10.4   Mittel-Wege-Analyse 200

10.5   Ausführung 200

10.6   Evaluation 201

10.7   Diskussion und Ausblick 202

11.   Der Personalcomputer (PC) als Hilfsmittel im Studium
Uwe Kaspers 203

11.1   Ordnungssystem schaffen 204

11.2   Standardsoftware 206

11.2.1   Textverarbeitung 206
11.2.2   Tabellenkalkulation 208
11.2.3   Tabellenkalkulation und empirisches Arbeiten 209
11.2.4   Graphische Auswertungen in Form von Diagrammen......... 209
11.2.5   Erste Schritte mit Datenbanken 210

11.3   Daten sammeln und neue Inhalte generieren 211

11.4   Das Internet als wichtige Informationsquelle 211

11.5   Elektronische Kooperation und Kommunikation 212

11.6   Die Diplomarbeit 213

11.7   Daten sichern 214

12.   Mündliche und schriftliche Prüfungen
Rudolf Knapp 217

12.1   Zum Problem der Feststellung und Bewertung von Lernergebnissen 218

12.2   Vorbereitung auf mündliche und schriftliche Prüfungen 220

12.2.1   Lernstrategische Hinweise 220
12.2.2   Erstellen eines Vorbereitungsplans 223

12.2.3   Generelle Ansprüche in mündlichen und schriftlichen
         Prüfungen 226
12.2.4   Beispiel einer verständnis- und gedächtnisorientierten
         Lernstrategie 227

12.3   Tipps zum Verhalten während der Prüfung 228

12.3.1   Verhalten in mündlichen Prüfungen 228
12.3.2   Verhalten in schriftlichen Prüfungen 229

Literaturverzeichnisse 231

1. Wissenschaftlich arbeiten – beruflich handeln

Elisabeth Badry

Wer sich durch ein Studium auf seine spätere berufliche Tätigkeit vorbereitet, erlebt diese beiden Etappen seiner Biographie nicht selten als zwei voneinander getrennte Bereiche, obwohl sie unter mehreren Gesichtspunkten miteinander verknüpft sind. Vor allem gehören sie deshalb untrennbar zusammen, weil sie Realitäten des eigenen Lebens sind, und weil ich, der jetzt Studierende und dann beruflich Tätige, als »Dieser-und-kein-anderer« beides zu leisten habe. Bei näherem Zusehen wird deutlich, dass diese beiden Aspekte Momente einer menschlichen Grundtatsache ausmachen, derjenigen nämlich, dass der Mensch als Person sich nur an Aufgaben verwirklichen kann und deshalb nicht zu trennen ist von dem, was er hervorbringt, wirkt, gestaltet, leistet, in diesem Fall: Studium *und* berufliche Tätigkeit.

Da dieses Buch zum einen *Studierenden,* vor allem an Fachhochschulen im Bereich Sozialwesen, eine Hilfe sein möchte, wie sie das Studium sinnvoll (wissen, warum und wozu) und effektiv (wissen, wie) gestalten können, zum anderen *Absolventen* der Fachhochschule in der Ausübung ihres Berufes Handreichung bieten soll, legt dieses erste Kapitel einige Gedanken vor zum Verhältnis von Studium und beruflicher Tätigkeit, von Theorie und Praxis.

1.1 Wissen, Können und Verantwortung in der (Aus-)Bildung von Sozialarbeitern und Sozialpädagogen

Die (Aus-)Bildung von Sozialarbeitern und Sozialpädagogen darf nicht verstanden werden im Sinne einer bloß *instrumentellen* Interpretation, wonach das in Studium und Ausbildung erworbene Wissen und Können technologisches Instrument zur *Anwendung* in den Feldern sozialarbeiterischer bzw. -pädagogischer Praxis wäre. In diesem Fall würde Praxis als von der Theorie zunächst unabhängiger Bereich betrachtet, Theorie zum System technologisch anwendbarer Sätze, zu einem Vorrat an Sozialstrategien und -techniken, den der Studierende anlegt und aus dem er sich später in der Praxis nach Bedarf Anweisungen holt.

Die (Aus-)Bildung von Sozialarbeitern und -pädagogen sollte vielmehr verstanden werden als ein spezifisches Lernfeld, in dem den Studierenden nicht nur Sachdaten und -zusammenhänge vermittelt, sondern auch der *Sinn* sozialarbeiterischen und -pädagogischen Handelns erschlossen wird. Zum spezifischen Wissen und Können tritt also nicht etwa ein berufliches Ethos additiv hinzu, sondern *Wissen, Können und Verantwortung* bilden unverzichtbare Momente *eines* sich entwickelnd konstituierenden Ganzen: der *beruflichen Kompetenz.* Eine so verstandene (Aus-)Bildung hat daher nicht einen Absolventen im Blick, der etwas im Studium Gelerntes (nur) anwenden kann, sondern einen, der sich als dieser je besondere Mensch in das Studium einbringt, in der reflektierten Zuordnung von theoretischen und praktischen Anteilen des (Aus-)Bildungsganges eine speziell ihn betreffende sozialarbeiterische bzw. -pädagogische *Grundhaltung* gewinnt und Handlungskompetenz erwirbt. Wenn in unseren Überlegungen Ausbildung und Bildung unterschieden und gleichzeitig verknüpft werden, so geschieht dies mit Gründen.»Ausbildungen sollen in bestimmten Zeitstrecken beendet werden; durch entsprechende Prüfungen wird der Erfolg bestätigt. Ausbildungen gibt es in der Mehrzahl im Nebeneinander und im Nacheinander«; ihr Sinn jedoch»ergibt sich aus und durch ihre Hinordnung auf das umfassende Prinzip der Bildung. Wo Ausbildung diese Bindung abstreift, verzweckt sie den Menschen, liefert ihn der Entfremdung aus; sie nimmt ihm die Verantwortung für den Umgang mit seinen Qualifikationen; die Folgen können angesichts der in den Qualifikationen gewonnenen Verfügungsmöglichkeiten gegenwärtiger Technik nicht ernst genug bedacht werden.«[1]

Für das Studium bedeutet das:
- zu erwerbendes *Wissen* darf nicht bloße Information und erworbenes nicht bloße Informiertheit sein, sondern Wissen muss auf Einsicht gründen und die je größeren Sach- und Sinnzusammenhänge erschließen;
- zu erwerbendes und dann erworbenes *Können* darf nicht als bloßes Operieren verstanden werden; der Handelnde muss um den Sinn seines Einsatzes wissen und sowohl diesen als auch die Folgen seines Tuns verantworten können. Berufliche Kompetenz eignet weder dem Vielwisser noch dem Alleskönner ohne Haltung und Verantwortung, aber auch nicht dem sozial eingestellten Wohlmeinenden, der ohne gediegene Kenntnisse und berufliche Fertigkeiten mit seiner Verantwortung nichts anzufangen weiß.[2]

In einem solchen Grundansatz für die (Aus-)Bildung von Sozialarbeitern und Sozialpädagogen stehen Theorie und Praxis in einem dialektischen Verhältnis, wie es *Th. Litt* für die Pädagogik herausgearbeitet hat: Was Erziehung ist, kann nur der feststellen, der schon eine gewisse Vorstellung davon hat, was Erziehung *soll,* das heißt, die Tatsache der Erziehung kann nur im Ausblick auf ihren Sinn erfasst werden. Theorie und Praxis müssen also zugleich identisch und getrennt gedacht werden, um ihrem wechselseitigen Verhältnis gerecht werden zu können;»pädagogisch denken«, heißt dann, hinter den Gegensatz von Theorie und Praxis zurückgreifen – bis zu dem Punkt, an dem sichtbar wird, dass die

---

1   *Marian Heitger:* Beiträge zu einer Pädagogik des Dialogs. Eine Einführung. Mit einem Beitrag von *Ines M. Breinbauer,* Wien 1983, 117. Was *Marian Heitger* zum Verhältnis von Ausbildung und Bildung im Blick auf den pädagogischen Auftrag der Schulen sagt, gilt prinzipiell auch für Lehre und Studium an Hochschulen.
2   Vgl. a.a.O., 118.

Theorie nicht ohne die Praxis und die Praxis nicht ohne die Theorie verstanden werden kann.[3]
Dies gilt entsprechend für sozialarbeiterisches Handeln.

1.2 Das berufliche Handeln als spezifische Praxis

Mit den Momenten »Wissen, Können und Verantwortung« sind die Dimensionen von *Praxis*, das heißt, die Dimensionen (menschlichen) Handelns überhaupt angesprochen. Handeln kennzeichnet jeweils

- eine kognitive (Wissens-),
- eine technisch-praktische (Könnens-) und
- eine ethisch-praktische (Verantwortungs-)Dimension;

Handeln bedeutet nämlich nicht ein unsinniges, geschäftiges Hantieren, ein Irgendwie-vor-sich-hin-Wursteln, sondern ist zurechenbare Leistung des Menschen als Person. »Um den Anspruch einer, sei es zufällig eingetretenen, sei es planmäßig herbeigeführten Situation zu erfüllen,

- muss ich sie zunächst in ihrer Aufgabenstruktur und ihrem Materialhorizont durchschauen [ich muss die Lage insgesamt sowie die einzelnen konkreten Gegebenheiten kognitiv erfassen],
- dann über die technischen Voraussetzungen und Mittel verfügen, die gestellten Aufgaben zu meistern [ich muss etwas können],
- und schließlich zu all dem ja oder nein sagen können, d.h. mich dafür oder dagegen entscheiden, was eine sittliche Leistung darstellt« [ich habe meine Entscheidung zu verantworten].[4]

Eine umfassendere Analyse von Praxis, als sie hier geleistet werden kann, müsste zunächst die beiden Möglichkeiten menschlichen und deshalb verantwortlichen Tätigseins herausarbeiten, das *Behandeln* (von Naturgegenständen und von Sachen, die der Mensch produziert hat), dessen Ergebnis immer ein Herstellen ist (in der griechischen Antike sprach man von »techne« oder »poiesis«), und das *Handeln,* das immer Miteinanderhandeln von Menschen ist (dies meint im ursprünglichen Verständnis das griechische Wort »praxis«), ein »Einwirken aufeinander im Rahmen verstehender Sinnkommunikation, und zwar selbst dort, wo es sich nicht etwa um friedliche Kooperation, sondern um Streit oder kämpferische Auseinandersetzung handelt«;[5]

---

3 Vgl. dazu: *Theodor Litt:* Das Wesen des pädagogischen Denkens. Abdruck eines 1921 in den Kantstudien (Bd. 26) erschienenen Aufsatzes in: *Theodor Litt:* Führen oder wachsen lassen. Stuttgart, 12. Aufl. 1965, 83–109.
4 *Josef Derbolav:* Fehlentwicklungen. . .? Kritische Streifzüge durch die politisch-pädagogische Landschaft der Deutschen Bundesrepublik. Würzburg 1984, 235. (Einteilung des Textes unter Einfügung von Spiegelstrichen durch E. B.).
5 *Josef Derbolav:* Grundriß einer Gesamtpädagogik. Hrsg. von *Bruno H. Reifenrath.* Frankfurt a.M. 1987, 49f. (Hervorh. nicht übernommen. E.B.).

sie müsste sodann die Signaturen menschlicher Praxis überhaupt auf die *berufliche* Praxis allgemein übertragen und auf die spezifische berufliche Praxis von Sozialarbeitern und Sozialpädagogen beziehen und schließlich ›Herstellen‹ und ›Handeln‹ auf dem Hintergrund unserer immer komplexer und undurchschaubarer werdenden *technisch-wissenschaftlichen Welt* bedenken, die den Menschen, gerade auch den im Bereich des Sozialen tätigen, in »uneinsichtigen Sachdienst« *(Th. Litt)* drängt und mit dem Raum der Freiheit auch die Möglichkeit selbstverantwortlichen Handelns beschneidet.[6]
Die für menschliches Handeln überhaupt konstitutive Trias von Wissen, Können und Verantwortung, das heißt, von kognitiver, technisch-praktischer und ethisch-praktischer Dimension, erhält in einem auf berufliches Handeln hin orientierten Studium eine spezifische Gestalt: Wissen wird vor allem im Fächerstudium über wissenschaftliche Bildung vermittelt, Können vor allem über praxisorientierte Lehre und in den Praktika bzw. im Praxissemester, in die geforderte Verantwortung aber kann nur »auf dem Rücken« von beiden eingeübt werden. Supervision kann dabei hilfreich sein.

1.3 Wissen, Wissenschaft und Wissenschaftstheorie

Was *Wissenschaft* ist lässt sich nach *H. Rombach* nur »für die jeweilige einzelne, gerade in Rede stehende Wissenschaft« beantworten, wobei eben die Verschiedenartigkeit und Entwicklungsfähigkeit des Wissenschaftsbegriffs die Fruchtbarkeit der Wissenschaften ermöglichen und fördern.[7]
Jede Wissenschaft grenzt einen spezifischen Bereich aus der Gesamtwirklichkeit aus – aus der gegebenen naturalen in den naturwissenschaftlichen Disziplinen, aus der gestalteten human-kulturell-sozialen in den Geistes- bzw. Kultur- und Sozialwissenschaften – und bestimmt ihn (bzw. einen Teilbereich des Bereichs oder einen Sektor des Teilbereichs eines Bereichs . . .) zu ihrem ausdrücklichen Gegenstand, indem sie ihn mit Hilfe eines spezifischen methodischen Instrumentariums »befragt«. Dabei schränkt sie notwendigerweise den Blick und den Zugang ein und verfährt hinsichtlich der Gesamtwirklichkeit verkürzend.
Der Mannigfaltigkeit der Bedeutungen von Wissenschaft entspricht eine Vielfalt und Vielschichtigkeit der *Methoden*. »Die Methoden sind . . . für das Vorgehen und für die Charakteristik der Disziplinen bestimmend, und sie sind es, die letztlich den Gegenstandsbereich einer Disziplin abgrenzen.«[8] *A. S. Eddington*

---

6 Vgl. a.a.O., 55.
7 *Heinrich Rombach:* Der Kampf der Richtungen in der Wissenschaft. In: Zeitschrift für Pädagogik 13 (1967) 40.
8 *Hans Sachsse:* Methoden, Verfahren, Zugangsweisen. In: *Heinrich Rombach* (Hrsg.): Wissenschaftstheorie 2. Struktur und Methode der Wissenschaften. Freiburg – Basel – Wien 1974, 29.

verglich die wissenschaftliche Methode mit dem Netz, das der Fischer auswirft: »Hat es zwei Zoll Maschenweite, wird es keine Fische fangen, die kleiner als zwei Zoll sind. Der Fischkundige wird . . . dasjenige, was sein Netz nicht fängt, auch nicht mehr zum Bereich der Fischkunde zählen. Alle methodischen Vorentscheidungen stellen eine Einschränkung und Abgrenzung dar.«[9] Was die Wissenschaft an »ihrem« Objekt interessiert, worauf sie ihre Untersuchungen und Denkbemühungen richtet und welche Ergebnisse sie erzielt, stellt sie in Theorien dar. Mit *Theorie* im wissenschaftlichen Verständnis ist ein Zusammenhang wissenschaftlicher Aussagen gemeint, die (in vorhergehenden) begründet und (für künftige) begründend sein müssen; sie sind auf Vervollständigung in je umfassenderen Aussagenkomplexen angelegt und deshalb nur in Teiltheorien abschließbar.

Wissenschaftstheorie fragt nach der Wissenschaft selbst. Sie untersucht, auf welche Weise sie sich dem spezifischen Forschungs- und Erkenntnisgegenstand nähert, mit welchen Verfahren sie arbeitet und wie tauglich die Zugänge sind. Sie arbeitet Meta-Theorien aus, in denen sich Wissenschaft rechtfertigt. Wissen-schaftstheorie ist ein unverzichtbarer Bestandteil wissenschaftlicher Praxis. An der Zweiseitigkeit wissenschaftlichen Erkenntnisgewinns lässt sich das verdeutlichen: Während alle vor- und außerwissenschaftliche Erkenntnisgewinnung nur auf Kenntniserweiterung zielt, schreitet Wissenschaft nach zwei Seiten vor. »Einmal erarbeitet sie *neue Kenntnisse,* indem sie sich immer weiter in die Gegenstandsstrukturen hineingräbt und diese nach Umfang, Zusammenhang und Begründung ausforscht; zum anderen arbeitet sie sich zurück in die *eigenen Voraussetzungen,* indem sie sich immer differenzierter die Bedingungen ihres gezielten Zugangs auf das Seiende verdeutlicht, ebenso die Vorfestlegungen und Beschränkungen solcher Bedingungen, die Notwendigkeit von Neuentwürfen in der Erkenntnis- und Verstehensbasis etc. Wissenschaft kann immer nur soweit (nach außen) voranschreiten, wie sie (nach innen) an Boden und Voraussetzung schafft und klärt«.[10] Zeitweise erleben einzelne Wissenschaften eine explosive Ausweitung ihrer Gegenstandserkenntnisse, zeitweise konzentrieren sich die Bemühungen der Wissenschaftler einer Disziplin verstärkt auf die Veränderung der Grundlagen und Voraussetzungen.

Soll die Verknüpfung von Wissen, Können und Verantwortung das berufliche Handeln des künftigen Sozialarbeiters und Sozialpädagogen auszeichnen, dann hat sie auch für Lehre und Studium an der Fachhochschule zu gelten. Die Überlegungen zum Verhältnis von Ausbildung und Bildung machten dies bereits bewusst. Im Blick auf die wissenschaftlichen Fächer, mit denen sich der Studierende befasst, bedeutet dies, dass die Vertreter der einzelnen Disziplinen nicht

---

9 Ebd.
10 *Heinrich Rombach:* Vorbegriff einer kritischen Wissenschaftstheorie. Wissenschaft und Wissenschaftstheorie. In: *H. Rombach* (Hrsg.): Wissenschaftstheorie 1. Probleme und Positionen der Wissenschaftstheorie. Freiburg-Basel-Wien 1974, 9.

nur die für die spätere berufliche Tätigkeit relevanten Kenntnisse vermitteln und die von ihnen bevorzugten Theorien in Beziehung zu anderen Positionen setzen, übereinstimmenden wie kontroversen, sondern auch einen Beitrag zur wissenschaftstheoretischen Grundbildung der Studierenden leisten:

(1) So sollten die Studierenden in jedem Studienfach auch in die »Werkstatt« von Wissenschaft hineinschauen können, damit sie zum einen die jeweiligen Grundvoraussetzungen und Letztzusammenhänge erkennen, zum anderen gegen Wissenschaftsgläubigkeit gefeit werden.

(2) Im Rahmen eines Einführungskurses oder eines philosophischen Seminars könnten allgemeine wissenschaftstheoretische Fragen erörtert werden, wie etwa folgende: Was ist, was verstehen wir (heute) unter Wissenschaft? Welche Entwicklung hat das Wissenschaftsverständnis im Laufe der Jahrhunderte durchgemacht, mit welchen Umbrüchen und Folgen? Welche Einteilungsversuche der Wissenschaften überhaupt und der für das Studium an Fachhochschulen im Bereich Sozialwesen in Frage kommenden Disziplinen gab es, gibt es, und was taugen sie? Wie lassen sich die nichtwissenschaftlichen Studieninhalte den wissenschaftlichen zuordnen und worin gründet ihre spezifische Relevanz für die Praxis der Sozialarbeit und Sozialpädagogik?

(3) Bezogen auf die einzelnen wissenschaftlichen Fächer sollten sich die Studierenden u.a. bewusst machen,
 – dass sich Wissenschaft ausdifferenziert in *Vor*wissenschaftlichkeit, *Einzel*wissenschaften und in Philosophie als Prinzipienwissenschaft;
 – dass die *Erfahrung* oder, wie wir von *Aristoteles* her wissen, der ›vorwissenschaftliche Umgang‹ die Basis jeder wissenschaftlichen Erkenntnis ist;
 – dass, »wenn man diese Basis als Wirklichkeit oder Realität bezeichnet, . . . übersieht . . ., daß beides nicht der Erkenntnis gleichsam als Äußeres gegenübersteht, sondern daß der erkennende Mensch in seiner Lebenspraxis handelnd, herstellend und sprechend mit dieser Wirklichkeit, ›Umgangswelt‹ genannt, dauernd kommuniziert, so daß Erkenntnis im Grunde nichts anderes ist als ›Aufklärung‹ des unmittelbaren Weltumgangs, und zwar in dem je in Frage stehenden zu untersuchenden Erfahrungsbereiche«;[11]
 – dass es neben der vorwissenschaftlichen und wissenschaftlichen Erfahrung und Erkenntnis auch die der Kunst, der Poesie, . . . und des Glaubens gibt, dass Wissenschaft und wissenschaftlicher Zugang zur Wirklichkeit deswegen nicht alles ist;
 – . . . .

(4) Es müsste den Studierenden im Laufe ihres Studiums deutlich werden, dass den Erfahrungs- und Erkenntnisebenen (vorwissenschaftliche – wissenschaftliche – Kunst – Glaube . . .) spezifische *Sprachen* und Ausdrucksformen korrespondieren, dass das Sprachelement der Wissenschaft nicht das Fremdwort,

---

11 *Josef Derbolav:* Grundriß . . ., 250.

sondern das Begriffswort (= der Fachausdruck, der Terminus) ist, dass die Benennung eines Sachverhaltes nicht hinreicht, dass man sich vielmehr einen Begriff erarbeiten muss, damit man die konstitutiven, die unverzichtbaren Merkmale kennt, die die Sache, den Gegenstand zu dem machen, was das Begriffswort bezeichnet.

(5) Das in (3) und (4) Gesagte sollte unter einem Appell stehen, den *R. Guardini* einmal so formulierte: Die »Grenze zum Gesetz der Vollkommenheit machen«! Die an der Fachhochschule wissenschaftlich Lehrenden sollten den Studierenden die *Grenze* des eigenen wissenschaftlichen Zugangsweges zu den Problemen der sozialarbeiterischen/-pädagogischen Praxis aufzeigen (sie muss vorher erkannt und akzeptiert werden), um der Erfahrung, Sicht und Erkenntnis von *Ganzheit* nicht im Wege zu stehen, sondern um dem Weg dorthin zu eröffnen.

(6) Zur wissenschaftlichen Grundbildung gehört auch die Vermittlung des Unterschiedes von *wissenschaftlichen Methoden* – ihre Lehre ist die Methodologie – und *Methoden in der Praxis,* die Gegenstand der Methodik sind. Ebenso die Unterscheidung der zwei Verständnisweisen von Theorie: der bereits umschriebenen *»Theorie des Theoretikers«,* der wissenschaftlichen Theorie als eines systematisch konstruierten Gebäudes von Sätzen, und der *Theorie des Praktikers* als Alltags- oder Handlungswissen und Erfahrungsregel, wie sie in der Wissens-Dimension menschlicher Praxis enthalten ist. Die Praxis wird durch die Theorie des Praktikers bestimmt, nicht durch die des Theoretikers. Aber der mit Gewinn Studierende wird die im Studium gewonnenen Einsichten selbstverständlich in seiner späteren beruflichen Tätigkeit für seine Praxis nutzbar machen – vorausgesetzt, dass ihm *Einsichten* ermöglicht wurden. Die Hochschule sollte dem Trend des Computerzeitalters gegensteuern, die der menschlichen Neigung Vorschub leistet, »aus dem Denken in das Wissen zu fliehen« (*H. v. Hentig*).

Unter »wissenschaftlichem Arbeiten« verstehen Studierende oft ein Aneinanderreihen von Fakten und wissenschaftlichen Forschungsergebnissen, die sie mit viel Fleiß ermittelt haben. Das ist ein Missverständnis. Wer *»wissenschaftlich«* zu arbeiten gelernt hat, hat sich Wissen erworben bzw. ist in der Lage, sich Wissen anzueignen.

Wissen aber ist nicht ein Aggregat, eine Anhäufung von Einzelinformationen, sondern die »Sammlung in sich geordneter Aussagen über Fakten oder Ideen, die ein vernünftiges Urteil oder ein experimentelles Ergebnis zum Ausdruck bringen und dies anderen über irgendein Kommunikationsmedium in systematisierter Form übermitteln« (Daniel Bell).

Informationen sind Bestandteile des Wissens und nicht persongebunden; das Wissen jedoch ist abhängig von der individuellen Aufnahme- und Verarbeitungsfähigkeit der einzelnen Person, die sich um einen Gegenstand müht. Diese Fähigkeiten lassen sich nur einüben durch Aufnehmen und Verarbeiten.

2. Zusammenarbeit mit anderen; Gruppenarbeit, Teamarbeit

Rudolf Knapp

Zur Einführung

Als Mitarbeiter in einer Institution ergeben sich z.b. für Sozialarbeiter und Sozialpädagogen generell folgende *Kooperationen,* die je nach spezifischer Aufgabenstellung bzw. dem speziellen Dienstleistungsangebot zu differenzieren sind:
- *Kooperation* mit Einzelpersonen oder Gruppen den sog. Adressaten, Klienten oder der Zielgruppe in den Formen des Gesprächs (Hilfeplangespräche), gemeinsamen Tuns (Gruppenarbeit, Einzelarbeit), der Beratung, Förderung, Therapie,
- *Kooperation* innerhalb der Institution mit Kolleginnen und Kollegen, Vorgesetzten . . . Hier wird zusammengearbeitet z.b. bei Teamsitzungen, Dienstbesprechungen, Konferenzen, im Rahmen der »fachlichen Begleitung/Supervision«, der »Fort- und Weiterbildung . . .« u.a.m.,
- *Kooperation* mit anderen Dienststellen, Einrichtungen, Kooperationspartnern, behördlichen und politischen Instanzen usw.

Viele unterschiedliche Formen und Dimensionen von Kooperation sind dienstlich notwendig und fest verankert, andere lassen sich nach eigenen Zielen neu knüpfen oder ausgestalten. Die folgenden Überlegungen beziehen sich vorrangig auf Situationen, wo Einzelne von sich aus Kooperation mit anderen suchen und einen Neuanfang planen. Viele Aspekte hierbei sind aber auch bei der Ausgestaltung von Beziehungen untereinander von Bedeutung.

Zusammenarbeit (Kooperation) mit anderen ist in den verschiedensten Bereichen unseres Lebens selbstverständlich und unverzichtbar. Dabei wird immer wieder behauptet, dass »konkurrierende Individuen« im Studium wie im Beruf weniger erfolgreich seien als Gruppen, bei denen das »Klima« der Zusammenarbeit stimmt, die arbeitsteilig vorgehen, sich gegenseitig stützen usw. Es gibt hier sicherlich nicht das klare »Ja« oder »Nein«. Bei einseitiger Befürwortung von *Gruppenarbeit* wird oft unterschlagen, dass es auch ganz individuelle Wünsche, Interessen, Begabungen, Arbeitszugänge und -weisen gibt, die nur selbstbestimmt voll wirksam werden können. Bei der Gruppenarbeit/Arbeit im Team darf das gruppendynamische Konfliktpotential nicht vergessen werden, das die Mitglieder der Gruppe nicht immer nur »bereichert«, sondern auch individuell stark belasten kann.

Beurteilungskriterien zur Werteinschätzung der Zusammenarbeit mit anderen lassen sich danach finden, ob die Kooperation durch die eigene Überzeugung motiviert ist und damit einen hohen Grad an Bindungsfreiheit aufweist oder ob Kooperation z.B. am Arbeitsplatz zur Abstimmung von Zielen (Teambesprechung der Mitarbeiter einer Erziehungsberatungsstelle, Konferenzen in sozialen Institutionen usw.) und Bearbeitung von Problemen sachlich geboten und erforderlich ist.

Zur Orientierung

Im Folgenden geht es um die Punkte:

- Klären, was die Zusammenarbeit mit anderen bedeuten kann;
- Informationen über einige Aspekte beruflich orientierter Teamarbeit erhalten;
- Näheres über die Aufgaben eines Moderators eines Teams erfahren;
- Vorzüge und Probleme von Gruppenarbeit bei Veranstaltungen kennen lernen;
- Möglichkeiten für die Gestaltung der Anfangsphase der Kooperation unterscheiden;
- Anregungen zur Akzeptanz und Bearbeitung eigener Ängste bei der Zusammenarbeit mit anderen erhalten;
- Beispiele zur Klärung und Ausgestaltung von Beziehungen zu anderen analysieren und im Hinblick auf Weiterverwenden prüfen.

2.1 Was für oder gegen eine Gruppenarbeit spricht

- Franz H., Student der Sozialpädagogik im 4. Semester, gelingt es, eine Arbeitsgruppe zur Vorbereitung auf die Fachprüfung in Erziehungswissenschaft bzw. Theorien sozialer Arbeit aufzubauen. Das gemeinsame Ziel: gegenseitige Unterstützung bei Literaturrecherchen und beim Zusammenstellen wichtiger Textauszüge. Die Gruppenmitglieder gehen systematisch an die Themengebiete heran und teilen sie auf. Alle 14 Tage wollen sie sich gegenseitig die durchgearbeiteten Aspekte vorstellen. Durch die Kurzreferate und die anschließende Diskussion setzen sie sich intensiv mit verschiedenen Inhalten auseinander. Sie verschaffen sich so ein breites Fundament an Wissen und Einsichten. Dieser aktive Kommunikationsprozess (und Lernprozess!) hilft allen Gruppenmitgliedern:

  - Ängste vor der Prüfung können abgebaut, die Lernmotivation kann gestärkt werden;
  - es werden viele Denkansätze und unterschiedliche Formen der Verarbeitung und Darstellung von Erziehungsproblemen kennen gelernt;
  - die gemeinsame Arbeit lässt die zwischenmenschlichen Kontakte wachsen, das Zusammengehörigkeitsgefühl bereichert jeden.

- Ein pädagogisch geleitetes Jugendzentrum stellt neben Kindergarten und Schule im außerfamiliären Bereich besonders für Jugendliche einen wichtigen erzieherischen Raum dar. Zusammenarbeit zwischen

Lehrkräften und den Mitarbeitern in Jugendfreizeitstätten scheint auf freiwilliger Basis wichtig, damit sie mehr über die Lebenswelt der betreffenden Schüler bzw. Jugendlichen erfahren und Kenntnisse zum besseren Verständnis austauschen, vielleicht auch mal punktuell an einem Stadtteilprojekt gemeinsam arbeiten.

• Sozialpädagogen/Sozialarbeiter können offene Jugendarbeit in einem Freizeitheim erst dann wirkungsvoll leisten, wenn sie sich ausreichend Zeit für Teamsitzungen nehmen. Auch Klausurtage müssen vorgesehen werden, bei denen die Einzelprobleme, Gesamtkonzepte, Formen und die Effizienz der Zusammenarbeit überdacht werden. Zur Entwicklung einer klaren Haltung z.b. gegenüber dem Drogenkonsum müssen gemeinsam einheitliche pädagogische Vorgehensweisen erarbeitet und abgestimmt werden. – Jugendeinrichtungen eines Stadtteils oder Einzugsbereichs entwickeln evtl. eine gemeinsame Strategie im Kampf gegen die Sucht ...

• Der Erziehungsberater einer stationären Jugendhilfeeinrichtung sagt: »Im Erziehungsalltag gehört für uns die Zusammenarbeit mit Eltern bzw. Familien dazu. Sie sind als unsere Vertragspartner letztlich die Sorgeberechtigten. Mit ihnen stimmen wir den individuellen Erziehungsplan für ihr Kind ab. Dazu arbeiten unsere speziell für die Elternarbeit ausgebildeten Berater mit den Familien vor Ort oder bei uns im Heim. Natürlich besuchen uns Erziehungsberechtigte häufig. Manche organisieren Feste mit uns zusammen und setzen sich hier engagiert ein.«

Für die Zusammenarbeit in Arbeitsgruppen lassen sich viele weitere sach- und personenbezogene Argumente finden. Es ist daher verständlich, dass Arbeitsgruppen und Teamarbeit auch außerhalb von Prüfungsvorbereitungen in vielen gesellschaftlichen Bereichen beliebt sind.
Es gibt natürlich auch Gründe gegen die Arbeit in der Gruppe oder im Team. Sie beruhen oft auf negativen Erfahrungen, die jemand gemacht hat. Hier einige *Meinungsäußerungen:*

»*Die Arbeit in der Gruppe erfordert viel Zeit von mir. Ich muß mich immer mit anderen abstimmen. Da ist es mir lieber, ich gestalte das Lerntempo und die Pausen nach eigenen Bedürfnissen!*«

»*Ich war es leid, daß P. und M. immer das Sagen haben sollten. Klappte es mal nicht in ihrem Sinne, gab es miese Stimmung. Das bedrückte mich. Ich hatte auch den Eindruck, daß ich mich nicht richtig entfalten konnte und verließ die Gruppe.*«

»*Die eigentliche Arbeit leisten nur zwei oder drei außer mir in der Gruppe.*
Die anderen machten auch dann nichts, wenn sie eine Aufgabe übernommen
hatten. Ich glaube, sie verließen sich darauf, daß wir schon alles tun würden
. . .«

»*Wir wurden einfach nicht mehr mit unseren permanenten Querelen fertig.*
Die Auseinandersetzungen glitten immer wieder stark ins Persönliche ab. Es
fehlte dann nach dem Streit der Nerv, sachlich weiterzuarbeiten . . .«

Bei der Zusammenarbeit mit anderen wirken bestimmte *individuelle Bedürfnisse* auf unser Verhalten ein:

– *Das Bedürfnis nach Anerkennung,* d.h. wir möchten möglichst gute Ergeb-
  nisse erzielen, aber auch von anderen geachtet und geschätzt werden.
– *Das Bedürfnis nach Kontakt,* d.h. wir möchten gern Beziehungen zu ande-
  ren Menschen haben, unsere Meinung mit anderen austauschen und den
  Zusammenhalt und die Unterstützung durch eine Gruppe erfahren.
– *Das Bedürfnis nach Sicherheit,* d.h. wir möchten Ziele mit größerer Gewissheit
  erreichen, Rückhalt bei anderen finden. Dazu kommt das Verlangen nach
  Ordnung und verbindlichen Regelungen im Kontakt zu anderen.
– *Das Bedürfnis nach Einfluss und Macht,* d.h. wir möchten gern Einfluss auf
  Situationen und andere Menschen haben und den Wert der eigenen Person
  durch andere bestätigt bekommen.

Bedürfnisse beeinflussen die Entscheidung des Einzelnen, dies oder das zu tun
oder auch nicht zu tun. Sie können allerdings von Tag zu Tag und von Situation
zu Situation in ihrer Stärke variieren und sich verändern, sogar in einer bestimmten Situation widersprüchlich auftreten.

Bevor Sie sich einer Gruppe anschließen möchten, sollten Sie sich daher Klarheit über Ihre Bedürfnisse verschaffen. Die folgenden *Fragen* könnten für Sie
dabei eine Orientierung sein. Vielleicht tragen Sie Ihre Antworten zu den Fragen in die Leerzeilen ein?

– Welche Ziele habe ich im Moment vor Augen?

_____

_____

– Welchen Wert messe ich dem angestrebten Arbeits- oder Prüfungsergebnis
  bzw. der bevorstehenden Aufgabe bei?

_____

_____

– Empfinde ich das Ziel als persönliche Herausforderung zur weiteren Selbstverwirklichung, oder hat es eigentlich nur eine untergeordnete Bedeutung für mich?

– Wie könnte ich das Ziel am besten erreichen?

– Welche Probleme und Aufgaben stellen sich mir im Hinblick auf das Ziel, und welche davon könnte ich gemeinsam mit anderen am besten meistern?

– Mit wem *könnte* ich fachlich gut zusammenarbeiten, mit wem verstehe ich mich auf der Beziehungsebene gut? Mit wem *möchte* ich gerne kooperieren?

– Wie stark ist mein Kontaktbedürfnis?

– Wie sensibel bin ich für die Gefühle anderer?

– Bin ich bereit, über die fachliche Zusammenarbeit hinaus Kontakte und ggf. enge persönliche Beziehungen zu anderen zu pflegen?

– Schaffe ich es, den Ansprüchen einer kontinuierlichen Zusammenarbeit mit anderen gewachsen zu sein?

– Wie fähig und bereit bin ich, auch Hinweise auf Verhaltenskorrekturen durch andere zu akzeptieren und umzusetzen?

– Bin ich ernsthaft dafür aufgeschlossen, meine Ideen und meine Arbeitskraft auch anderen zur Verfügung zu stellen?

– Kann ich ggf. eigene Bedürfnisse den Gruppeninteressen unterordnen?

– Bin ich fest entschlossen, zur verabredeten Gruppensitzung zu gehen, auch wenn ich mal keine Lust habe?

> ## *Gehen Sie die Pro- und Kontra-Argumente durch und überdenken Sie Ihre Bedürfnisse*

Diese Aufforderung, sich selbst über die eigenen Bedürfnisse und Überlegungen klar zu werden, soll nicht den Eindruck erwecken, dass alle positiven oder negativen Momente im Hinblick auf enge Zusammenarbeit mit anderen schon von jedem im Voraus erfasst werden könnten. Zusammenarbeiten (und Zusammenleben) mit anderen bleibt als interaktives Verhältnis mit wechselseitiger Beeinflussung nicht rein rational kalkulierbar und berechenbar. Es geht ja hierbei darum, thematische Aufgaben, soziale Beziehungen und persönliche Bedürfnisse in eine Balance zu bringen. Das ist ein sehr schwieriger Balanceakt!

Wie oft ergeben sich Zufriedenheit und persönliche Bereicherung in der Zusammenarbeit mit anderen erst im Verlauf des Zusammenseins! Die bessere Kenntnis des anderen lässt dann die anfängliche Skepsis gegenüber der Gruppenarbeit oft vergessen.

2.2 Beruflich orientierte Teamarbeit

In einem bestimmten Heim, der Jugendhilfeeinrichtung einer Großstadt, gibt es z.B. folgende unterschiedliche Teams, um die Arbeit effizient zu gestalten:

– *Teamsitzung und Teambesprechung:* Um über die einzelnen Kinder und Jugendlichen zu sprechen, treffen sich alle Mitglieder einer Gruppe einmal wöchentlich. Im Mittelpunkt stehen aktuelle Geschehnisse, Erlebnisse, die Vorgeschichte eines Kindes und das zukünftige Handeln. Erziehungspläne werden entworfen, das eigene pädagogische Handeln wird zusammen mit anderen reflektiert.

– *Gruppenleiterkonferenz:* Die einzelnen Gruppen informieren sich gegenseitig, z.b. über ihre Konzeptvorstellungen, und tauschen ihre Überlegungen und Erfahrungen aus. Darüber hinaus werden ggf. Veränderungen der Gesamtkonzeption der Institution unter Vorsitz des Heim- bzw. Erziehungsleiters diskutiert.

– *Erzieherkonferenz:* Stehen z.b. Veränderungen in der Einrichtung an, so wird dies im Kreis aller pädagogischen Mitarbeiter bekannt gemacht. Es werden die hiermit zusammenhängenden pädagogischen Aspekte diskutiert und organisatorische Fragen geklärt.

– *Praktikantenbesprechung:* Dieser Kreis dient dazu, den neu in der Heimerziehung tätig werdenden Praktikanten gezielt die Möglichkeit zu geben, ihr eigenes Handeln zu überdenken, Theorie und Praxis miteinander in Beziehung zu setzen und aus diesen Gesprächen Anregungen für das weitere pädagogische Tätigsein zu gewinnen.

– *Supervision:* Für alle an einem klärenden Gespräch über die eigene Arbeit interessierten Pädagogen besteht die Möglichkeit, an einer teamübergreifenden Supervision, die von einem externen Diplompsychologen angeboten wird, teilzunehmen.

– *Fortbildung:* Um den beruflichen Anforderungen weiter gewachsen zu bleiben, sind alle in der Institution Tätigen gehalten, an internen und externen Fortbildungen zu ihrem Arbeitfeld teilzunehmen.

Als *Merkmale* eines Teams können gelten: es stellt eine Sonderform einer Kleingruppe dar, die längere Zeit, also kontinuierlich, zusammenarbeitet. Hierbei findet ein regelmäßiger Austausch untereinander und ggf. mit anderen Organen der Institution statt. Die ziel- und aufgabenorientierte Arbeit findet strukturiert und ggf. mit entsprechender Aufgabenaufteilung statt.

Die Interessen der einzelnen Mitglieder werden berücksichtigt, ihre individuellen Fähigkeiten werden genutzt – Schwächen können u.U. ausgeglichen werden. Man kann auch von einer Verantwortungsgemeinschaft sprechen. Die Mitglieder sind gleichberechtigt, jedes Mitglied fühlt sich zur Gruppe gehörig. Oft lässt sich von einer gemeinsamen Vision des Teams sprechen.

Es wird also deutlich, dass Teamarbeit die Dimension der Sache, der Person(en) und der Beziehung berücksichtigt. Sie stellt somit eine anspruchsvolle Form der Zusammenarbeit dar, die in beruflichen Zusammenhängen eines Moderators bedarf, d.h. einer Person, die innerhalb des Teams vermittelt, aber auch ggf. zwischen den einzelnen Ebenen und Funktionsbereichen Mitverantwortung trägt.

Die Aufgaben des Moderators (hier Teamleiter genannt) im Team sind:

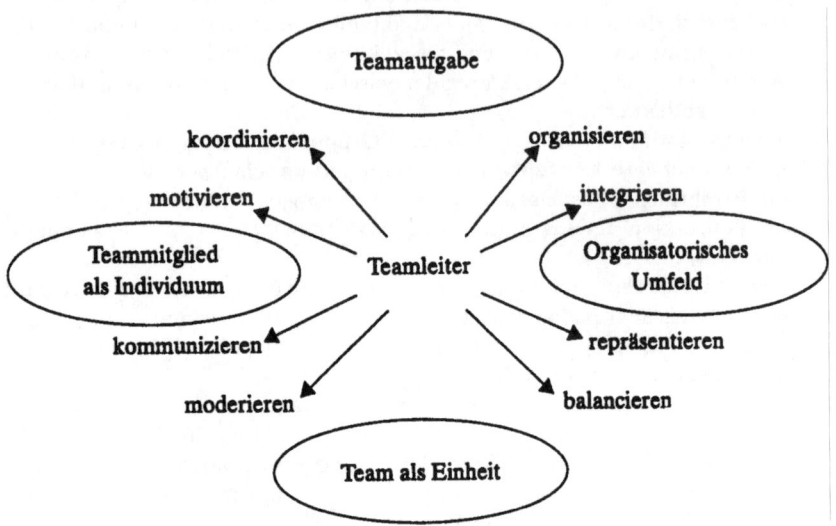

Quelle: Hang 1994, 103

Die Grafik verdeutlicht das Aufgabenspektrum. Der Moderator setzt die Sache (»Teamaufgabe«), die Person (»Teammitglied als Individuum«), die Beziehung (»Team als Einheit«) und den institutionellen Rahmen »Organisatorisches Umfeld« miteinander in Beziehung. Es geht um fachlich orientierte, aber auch um persönlich orientierte Gespräche, die zu einem Ergebnis führen sollen. Der Moderator schafft in Abstimmung mit dem Team den organisatorischen Rahmen, dazu auch, z.b. durch das Einführen von Spielregeln, die Bedingungen, die für das Finden von Lösungen und das faire Zusammenarbeiten erforderlich erscheinen. Verdeckte Konflikte sollen von ihm einfühlsam offengelegt, innerhalb des Teams analysiert und konstruktiv gelöst werden. Auch die Durchführung der Reflexion des Kooperationsprozesses nach bestimmten Arbeitsphasen oder am Ende der Teamsitzung ist Part des Moderators.
In diese anspruchsvollen Aufgaben muss der i.d.R. vom Team gewählte Moderator allmählich hineinwachsen. Ohne verständnisvolle Hilfe der Gruppe gelingt das nicht. Das Überwinden von Beziehungshürden und Bewältigen von Sachproblemen verlangt von allen Teammitgliedern neben fachlichen Fähigkeiten gegenseitiges Vertrauen, die Bereitschaft zum offenen, fairen Umgang miteinander, Einfühlungsvermögen, Toleranz- und Kompromissbereitschaft sowie ein gewisses Maß an intellektueller Beweglichkeit und beruflichem Engagement. Schwierig ist es immer wieder für die Moderation, abzuschätzen, wie viel Lenkung, Vorschläge zur Strukturierung von Prozess und Aufgaben erfor-

derlich sind und wie viel Selbstaktivität die Mitglieder zeigen bzw. einzubringen bereit sind.

2.3 Gruppenarbeit bei Veranstaltungen

Viele Seminar- und Bildungsveranstaltungen, aber auch Trainingskurse für Jugendliche und Erwachsene werden heute mit Phasen von Gruppenarbeit angekündigt. Gruppenarbeit ist hier kein Selbstzweck, vielmehr können Aspekte eines Themas oder Problems sowie komplexe Fragestellungen in Gruppen differenzierter durchdacht werden als in der diffusen Menge. Viele Teilnehmer kommen so auch aus der Zuhörerrolle heraus, sie werden selbst aktiv und kommen eher zu Wort als im Plenum.

Damit die Einzelgruppen effizient arbeiten können, dürfen sie nicht aus zu vielen Mitgliedern bestehen. Drei Teilnehmer, aber nicht mehr als sieben sollten eine Gruppe bilden. Sie brauchen für die Arbeit klare Aussagen mit eindeutigen Arbeitsaufträgen. Gerade dieser Teil muss sorgfältig mit den Teilnehmern abgestimmt werden. Die Gruppen müssen auch über die zur Verfügung stehende Zeit Bescheid wissen, und die Raumfrage für die Gruppenarbeit muss beantwortet werden. Auch muss gemeinsam geplant werden, in welcher Weise die Arbeitsergebnisse der Gruppen festgehalten und später den anderen Gruppen bekannt gemacht werden sollen.

Die *Gruppenbildung* bei *Veranstaltungen* entwickelt sich zumeist entsprechend den Aspekten der Veranstaltungsthematik, den Unterthemen oder speziellen Arbeitsaufträgen. Der Einfluss der Veranstaltungsleitung ist hierbei oft gar nicht erforderlich. Die Teilnehmer können sich nämlich thematisch oder gemäß den sie interessierenden fachlichen Schwerpunkten orientieren und gruppieren.

Scheiden diese individuellen Gesichtspunkte aus und soll die Gruppenbildung rasch erfolgen, könnten die Veranstaltungsleiter vorschlagen:»Jeder nimmt sich bitte aus dem bereitliegenden Stoß von Karten, die immer von 1 bis 5 durchnumeriert wurden, je eine Karte heraus. Diejenigen alle, die z.B. die Nr. 3 gezogen haben, bilden dann die Gruppe Nr. 3, . . . usw.«

Manchmal geht die Gruppenbildung im Einverständnis mit den Teilnehmern durch Abzählen der Anwesenden von 1 bis 5 noch schneller. Alle mit der Ziffer 1 bilden die Gruppe 1 alle mit der Ziffer 2 die Gruppe 2 usw.

Sind mehrere Teilnehmer aus demselben Ort oder derselben Region anwesend, so ergibt sich die Gruppenbildung häufig dadurch, dass sie gern in einer Gruppe zusammenarbeiten möchten. Sie könnten dann ihre weitergehende Kooperation absprechen und planen.

Während des Arbeitsprozesses steuern die Gruppen sich selbst. Manchmal wählen sie aus ihrer Mitte jemanden, der den Prozess moderiert, d.h. z.B. für einen geregelten Gesprächsablauf sorgt, sich um das Notieren der Arbeitsergebnisse kümmert und mit allen gemeinsam die Darstellung der Ausarbeitungen für das Plenum vorbereitet. (Zur Moderatorrolle s. Kap. Nr. 9.4) Es müsste

auch jemand aus der Gruppe gefunden werden, der bereit ist, die Gruppenergebnisse vorzustellen.

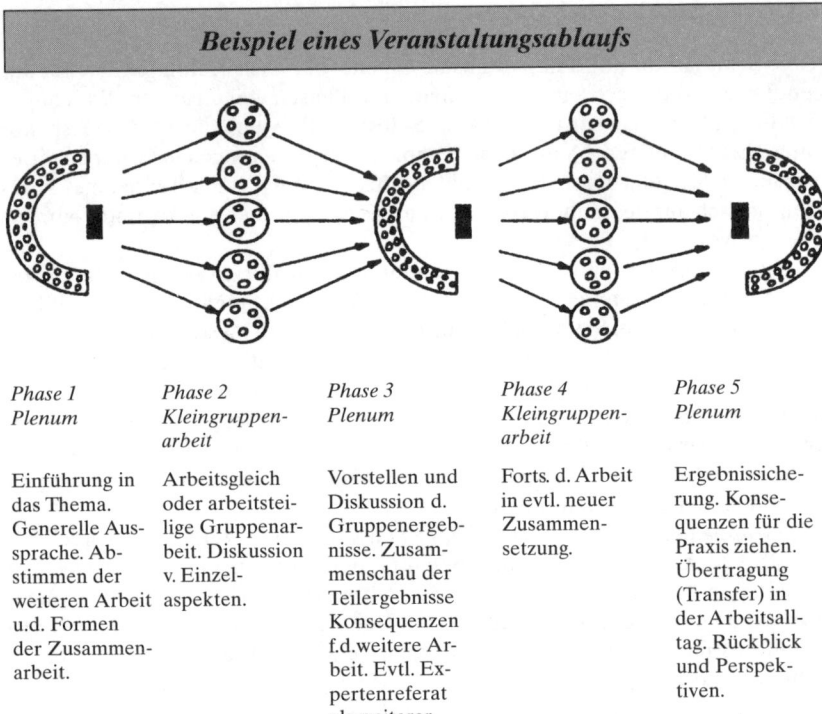

Beispiel eines Veranstaltungsablaufs

Phase 1	Phase 2	Phase 3	Phase 4	Phase 5
Plenum	*Kleingruppen-arbeit*	*Plenum*	*Kleingruppen-arbeit*	*Plenum*
Einführung in das Thema. Generelle Aussprache. Abstimmen der weiteren Arbeit u.d. Formen der Zusammenarbeit.	Arbeitsgleich oder arbeitsteilige Gruppenarbeit. Diskussion v. Einzelaspekten.	Vorstellen und Diskussion d. Gruppenergebnisse. Zusammenschau der Teilergebnisse Konsequenzen f.d.weitere Arbeit. Evtl. Expertenreferat als weiterer Impuls.	Forts. d. Arbeit in evtl. neuer Zusammensetzung.	Ergebnissicherung. Konsequenzen für die Praxis ziehen. Übertragung (Transfer) in der Arbeitsalltag. Rückblick und Perspektiven.

Wenn während der Gruppenarbeit Teilergebnisse auf einer Tapetenbahn, Tafel
(z.B. Stecktafel aus Styropor) oder »flip-chard« festgehalten werden, so lassen
sie sich relativ leicht den anderen Gruppen beim Austausch der Ergebnisse
mitteilen.
Der *Austausch* könnte z.b. so verabredet werden, dass jede Gruppe die anderen
nach und nach an ihrem Arbeitsplatz aufsucht und sich reihum informieren
lässt. Das bezeichnet man als »offene Marktsituation«. Zumeist referieren aber
die Berichterstatter der einzelnen Gruppen im Plenum, in das sich alle Teilnehmer an der Veranstaltung einfinden, ihre Ergebnisse. Manchmal ist es vorteilhaft, die Gruppenergebnisse gleich mit Schreibmaschine zu tippen und die Ko-
pien allen für die Weiterarbeit zur Verfügung zu stellen.
Sehr intensive Gespräche im Zusammenhang mit der Auswertung können sich
ergeben, wenn jeweils ein Mitglied der bisherigen Gruppe in eine neu zu bil-

dende Gruppe geht und hier das gemeinsame Ergebnis zur Diskussion stellt.
Die Neubildung der Gruppen könnte sich z.b. so vollziehen:

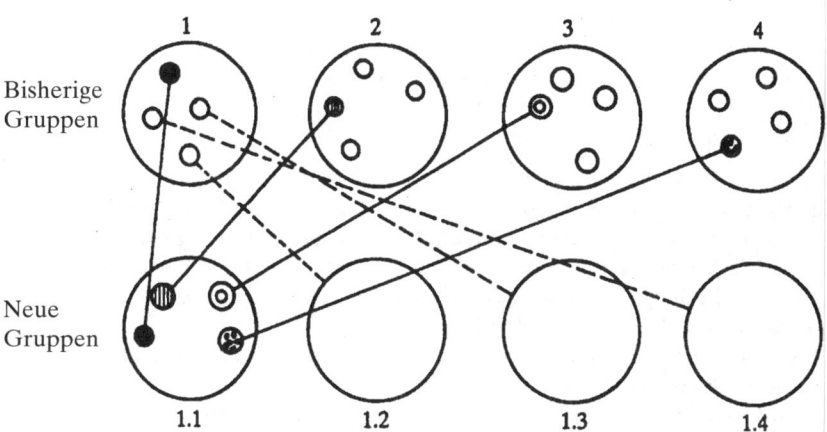

2.4 Sich vorstellen und einander kennen lernen

Der Beginn der Zusammenarbeit mit anderen stellt immer eine schwierige Situation dar. Wird die Gruppe nicht nur punktuell für Stunden (z.b. zur Bearbeitung eines Themenaspektes) gebildet, sondern soll sie länger zusammenbleiben, stellt sich die Frage, inwiefern auch die eigene Person mit ihren Gedanken und Gefühlen zum Aufbau guter Beziehungen der Mitglieder untereinander ein Gesprächsthema ist. Gefühle und Selbstwahrnehmung in eine Gruppe einzubringen, ist keine leichte Sache. Nehmen sich die Mitglieder einer Gruppe nicht vor, hierbei sehr behutsam und rücksichtsvoll miteinander umzugehen, wächst Misstrauen statt Vertrauen. Wenn keiner auf diesem Gebiet bisher Erfahrungen gemacht hat und keiner geschult ist, sollte die Gruppe besser Abstand von solchen Experimenten nehmen, die den einzelnen psychisch stark belasten können. Vor lauter Aufregung und ansteckender Unsicherheit ist dann nämlich ein sachorientiertes Arbeiten kaum noch möglich.
Wie könnte die Anfangsphase der Zusammenarbeit in einer Gruppe gestaltet werden?

Beispiel:

Eine neu gebildete Studentengruppe führte ein »*Paarinterview*« durch, um sich besser kennen zu lernen. Sie einigte sich darauf, dass jeweils zwei sich gegenseitig vorstellten und vor allem auf folgende Punkte näher eingingen:

- Mein Name und wie ich angeredet werden möchte;
- wo ich herstamme und wo ich jetzt wohne;
- meine Studienrichtung und die belegten Fächer und Seminare;
- welche Prüfung ich als erste anstrebe oder bereits abgelegt habe;
- was mir am Studium gefällt, was mich am Studium belastet;
- wie ich auf diese Gruppe aufmerksam wurde;
- was ich von der Gruppe erwarte, meine Vorstellungen und Wünsche;
- wovor ich in der Gruppe Angst habe.

Solch ein Paarinterview stellt eine Übung zur Überwindung eigener Hemmungen gegenüber relativ fremden Menschen dar. Man braucht sich zunächst nur einem Menschen gegenüber zu öffnen. Dies mit einer Betonung von Sachthemen zu tun, ist für eine erste Kontaktnahme recht günstig. Beide Partner teilen sich ihre Empfindungen und Vorstellungen mit und können dabei feststellen, dass sie mit vielen Problemen nicht allein sind.

Nach dem Interview sollte sich die Gruppe wieder zusammensetzen und über das weitere Vorgehen beschließen. Jeder könnte z.b. reihum versuchen, die neuen Kenntnisse über die Partnerin/den Partner aus der Erinnerung den anderen mitzuteilen. Das geht am besten in der Form:»Ich bin jetzt Ute und möchte auch so angeredet werden. Ich bin geboren . . . und wohne im Studentenheim im Köln . . .« usw. Alle Gruppenmitglieder müssen sich so in die Rolle des anderen versetzen. Gleichzeitig stellen sie fest, wie gut sie zugehört haben, sich erinnern können und ob sie die Äußerungen ihres»Partners«im Interview sachlich richtig mit eigenen Worten wiedergeben.

Der frühere Interviewpartner sollte während dieser Zeit zunächst zuhören und erst nach Ende der Darstellung Stellung nehmen zu den Fragen:»Trafen die Aussagen meines Interviewpartners zu? Wo möchte ich etwas korrigieren oder ergänzen?« usw. Auch spontane Einwände oder Richtigstellungen sollten erlaubt sein.

Eine andere Möglichkeit, sich vor- oder selbst darzustellen, bietet z.B. folgende grafische Aufgabe. Ein»Kuchen«wird in verschiedene Kreissegmente aufgeteilt. Jedes»Stück«zeigt die Intensität an, die man ihm im Verhältnis zu den anderen Kreissegmenten zumisst.

Beispiel:

»Worauf ich meine Zeit und Interessen im Moment konzentriere . . .«

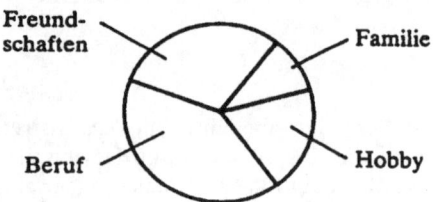

Eine andere grafisch zu bearbeitende Aufgabe könnte lauten: »Die Ängste in meinem Leben verteile ich im Moment folgendermaßen . . .« Diese Grafiken, die ohne großen Aufwand und schnell angefertigt werden können, sind dann Grundlage von Zweier- oder Dreiergesprächen. Auch ein Wechsel der Gruppen ist sinnvoll und schafft neue Gesprächsimpulse. Wichtig ist, von Anfang an eine zeitliche Begrenzung dieser Gespräche vorzusehen, sonst gerät die Interpretation und Aussprache ins Uferlose, es zeigen sich Ermüdungserscheinungen. Es bleiben später genug andere Möglichkeiten, sich und andere intensiv zu erleben.

Beispiel:

Bei einer Seminarveranstaltung für Pädagogen aus dem Bereich der Weiterbildung wurde eine selbst erstellte *Collage* als Mittel des Sich-Kennenlernens verwendet. Alte Zeitungen und Illustrierten lagen bereit, dazu Schere, Klebstoff und für jeden ein DIN-A4-Blatt. Die Teilnehmer wurden gebeten, aus Titeln, Textausschnitten und Fotos eine Collage zu erstellen, mit der sie der Gesamtgruppe erläutern konnten,

– welche Träume und Hoffnungen sie im Berufsleben haben,
– welche Enttäuschungen sie erlitten bzw. erleiden,
– was sie von der Veranstaltung im Hinblick auf ihre berufliche Tätigkeit erwarten.

Mit dem Entwickeln der Collagen und der Interpretation der Bilder sowie der anschließenden Aussprache stand der ganze erste Nachmittag zur Verfügung. Und das war gut so. Am Abend äußerten einzelne Teilnehmer zu dieser Form des Kennenlernens: »Es war ein gelungener Einstieg, – ohne jede Verkrampfung!« – »Ich wußte bei jeder Collage gleich Bescheid. Dennoch, was an Interpretation dann kam, das machte mir den anderen gleich vertraut. Ich konnte sofort nachempfinden, was ihn bedrückte.« – »Die Verknüpfung der Collagenarbeit mit den Erwartungen an die Tagung war etwas zu schwierig. Gut, meine beruflichen Träume und Hoffnungen mal symbolisch darzustellen, motivierte mich . . . Die Fülle an Erwartungen der Teilnehmer morgen auf das Machbare innerhalb der kommenden Tage zu reduzieren, wird nicht ganz einfach sein. Nun, da sind wir dann alle gefordert!«

Beispiel:

Das *Kennenlernen bei einem Elternabend* kann ohne viel Zeitaufwand so gestaltet werden, dass jeder Anwesende auf einen DIN-A4-Karton seinen Namen schreibt, sich kurz vorstellt, den Namen seines Kindes nennt . . . Es können auch Tischgruppen gebildet werden, bei denen die Eltern zu viert oder fünf zusammensitzen. Sie stellen sich in dieser kleinen Runde vor und erzählen, was sie vor allem von der Zusammenarbeit mit der Einrichtung erwarten. Ein Mitglied der Gruppe schreibt stichwortartig das Wesentliche auf einen großen Karton und heftet nach der ersten Gesprächsrunde diesen Karton zu den anderen der übrigen Gruppen an die Wand. Es kann sich auf diese Weise nicht nur jeder mit Namen anreden, sondern es ist auch genügend abendfüllender Gesprächsstoff vorhanden.

Beispiel:

Eine Wochenveranstaltung für Lehrkräfte der Sekundarstufe I aus verschiedenen Regierungsbezirken begann mit einer Tasse Kaffee für jeden (»Stehkaffee«), als ganz zwanglos. Jeder holte sich vorher bei der Tagungsleiterin sein Namensschildchen ab. Erste Gespräche und Kontakte ergaben sich ohne Aufforderung, eigentlich sehr natürlich.

2.5 Ängste

Am Anfang der Zusammenarbeit mit unbekannten anderen Menschen gelingt es uns nur selten, dass wir uns so geben, wie wir sind. Oft ist Angst mit im Spiel. Da ist z.B. der Student Hans M., das »ältere Semester«. Er strahlt eine gewisse Souveränität aus. Wie sicher fühlt er sich aber wirklich? – Stefanie G. sieht stets ein bisschen hilflos aus. Sie erregt bei vielen Mitlied. Ist sie aber wirklich so auf die Hilfe anderer angewiesen wie es den Anschein hat? – Herfried Th. ist in jedem Seminar für die »gute Stimmung« zuständig. Er spielt diese Rolle offensichtlich gerne. Wie humorvoll ist er aber in seinem Kern, oder zeigt er nur eine Maske?

Nun, bitten Sie einmal einen Menschen, von dem Sie meinen, er zeigt nur seine »Fassade«, er solle mal er selbst sein! Geht das so ohne weiteres? Ich glaube nicht. Dazu gehört mehr als solch eine Aufforderung. Zunächst müsste ihm ja klargemacht werden, wie er auf andere wirkt. Wenn dies nicht sehr einfühlsam gemacht wird, ist sofort ein belastender Konflikt da. Zur Annahme solcher persönlicher Äußerungen muss zudem Vertrauen zum Gesprächspartner vorhanden sein.

Greifen wir noch ein paar Beispiele zur Verdeutlichung unserer Ängste heraus.

- *Angst vor eigenen Gefühlen, Gedanken, Verhaltensweisen*
  Frau Sch. beim Elternabend: »Ich habe keinen Mut, in dieser Gruppe etwas zu sagen. Meine Meinung interessiert sicher sowieso keinen hier. Ich kann mich auch nicht gewählt genug ausdrücken . . .«
- *Angst vor bestimmten Situationen*
  Student H. L.: »Kleine Seminare hasse ich. Da sitze ich so auf dem Präsentierteller. Permanent muss ich da was sagen . . .« Studentin Cl. E.: »Das Vollzeitpraktikum beginnt in 14 Tagen. Hoffentlich haben die in der Erziehungsberatungsstelle auch etwas Zeit für mich! . . .«

– *Angst vor dem Verhalten anderer*
Tagungsleiter E. Z.: »Wie wird die Gruppe diesmal zusammengesetzt sein? Machen alle konstruktiv mit oder sind wieder zwei oder drei Miesmacher dabei? Bin ich auch provozierenden Teilnehmern sachlich gewachsen? Werde ich als verantwortlicher Leiter von der Mehrzahl der Teilnehmer akzeptiert?«

Masken und Fassaden, oft erkennbar an betonter Selbstsicherheit, Wichtigtuerei oder übertriebener Hilflosigkeit, stellen ein Vermeidungsverhalten dar. Wir wollen z.b. nicht von anderen verletzt, abgelehnt oder angegriffen werden. Man könnte daher von einem selbst entwickelten Schutz sprechen. Bei einer längeren Zusammenarbeit mit anderen ist solches Vermeidungsverhalten, entstanden aus Ängsten, hinderlich für den Aufbau einer vertrauensvollen Zusammenarbeit. Es gehört daher zur wichtigen Aufgabe einer Gruppe, alles zu tun, um persönliche Ängste abzubauen oder auf ein Minimum zu reduzieren (s. auch Kap. 2.5.5).

Vor der Zusammenarbeit mit anderen und den hiermit verbundenen Ängsten ist es vorteilhaft, sich individuell in die zu erwartenden Situationen hineinzuversetzen, um besser mit ihnen fertig werden zu können.

Hinweise für das mögliche Vorgehen

– Denken Sie sich so konkret wie möglich in die Angst machende Anfangssituation hinein.
– Notieren Sie, bezogen auf die zu erwartenden Situationen, in welcher Weise Sie sich hier gern angstfrei verhalten möchten.
– Schreiben Sie sich die Faktoren heraus, die Sie ängstlich machen oder Ihre Angst verstärken.
– Entwerfen Sie leichte und schwierige Übungssituationen und spielen Sie diese nach und nach für sich allein durch. Beobachten Sie hierbei Ihre Körpergefühle, Ihre Angstgefühle und wie Sie sich ggf. verändern. Entspannen Sie sich nach jeder Übungsphase durch tiefes Ein- und Ausatmen. Versuchen Sie dabei, die Muskeln ganz locker werden zu lassen.
– Zerlegen Sie vielschichtige Aufgaben in kleinere und bearbeiten Sie sie schrittweise.

2.6 Klärung von Beziehungen und Arbeitsformen

2.6.1 Wertschätzung des Anderen

Bei der Zusammenarbeit mit anderen beeinflusst das Ausmaß an Wert- oder Geringschätzung, das anderen Gruppenmitgliedern entgegengebracht wird, deren Einstellung und Verhaltensweisen. Wenn ein Gesprächspartner das Gefühl hat, anerkannt zu werden und vertrauen zu können, verliert er nicht nur seine anfänglichen Spannungs- und Angstgefühle, sondern ist auch eher in der

Lage, auf die Äußerungen seines Gegenübers oder der anderen wertschätzend und akzeptierend einzugehen. Das positive Klima gegenseitiger Wertschätzung animiert auch zur Beteiligung am Gruppengeschehen. Bereitschaft zum Zuhören, Verständnis und Wertschätzung werden auch auf der nonverbalen Ebene signalisiert z.b. durch den freundlichen zugewandten Blick, ein Nicken mit dem Kopf usw.

Schätzen Sie einmal selbst ein, wie folgende Äußerungen von Teilnehmern während der gemeinsamen Arbeit auf das Beziehungsklima gewirkt haben mögen:

- »Was du da über die ständigen Aggressionen von Hildegard gegenüber der Sozialpädagogin äußerst, ist doch Schwachsinn!«
- »Mensch, Jochen, wenn du ewig dazwischenquatscht, können wir natürlich keinen Millimeter vorwärtskommen!«

Es ist verständlich, dass diese Äußerungen, besser: Maßregelungen, verletzend gewirkt haben. Solch ein Mangel an Wertschätzung wie hier kann sich auf drei Ebenen auswirken:

- *auf der emotionalen Ebene*
  (Hildegard und Jochen werden vor allen anderen zurechtgewiesen. Sie fühlen sich herabgesetzt. Sie werden sich vielleicht in sich zurückziehen.)
- *auf der kognitiven Ebene*
  (Die Kritiker von H. und J. werden wahrscheinlich als wenig tolerant, ja selbstherrlich und mit nur wenig Verständnisbereitschaft eingeordnet.)
- *auf der Verhaltensebene*
  (H. und J. werden sich vielleicht nicht direkt oder lautstark wehren. Sie halten sich zurück, sind frustriert, haben keine Lust, sich weiter zu beteiligen. Evtl. revanchieren Sie sich bei passender Gelegenheit?)

Bei der Zusammenarbeit mit anderen hat das Zuhören eine wichtige Funktion. Geht man hierbei aus der Rolle des schweigenden Zuhörers heraus, fragt freundlich nach oder bestätigt das Verstehen des Gehörten, so sprechen wir vom *aktiven Zuhören*. Die Kommunikation läuft reibungsloser, wenn der Sprecher erfährt: der Zuhörer versteht mich, er kann sich in meine Lage versetzen. Manchmal ist es daher beim Meinungsaustausch gut, den Kern der Aussage des Erzählers mit eigenen Worten zu wiederholen, z.B. »Du hast offensichtlich das Gefühl, dir wäre hier . . .« – »Sehe ich das richtig, dass es . . .?«
Verständnis und Akzeptanz werden in der Wiederholung deutlich, ohne dass der Zuhörer die Aussage wertet. Dazu gehört, dass der Erzähler auch äußert, dass er dies oder das anders gemeint hat oder anders verstanden werden möchte.
Um Zuhörer beim Kommunikationsprozess gut und umfassend zu informieren, können folgende Punkte als Orientierung beim Sprechen gelten:

- möglichst den Bezug des eigenen Parts zur Aussage des Vorredners herstellen;

- die eigenen Gedanken gut gliedern, so dass für die Zuhörer ein »roter Faden« erkennbar ist,
- sich möglichst kurz und prägnant fassen;
- nur wenige Ideen (oder nur eine!) äußern, die aber einfach ausdrücken;
- versuchen, Bilder und Vergleiche einzubeziehen, um Interesse zu wecken;
- zu erwartende Einwände, aber auch die aus der These sich ergebenden Konsequenzen anreißen;
- ggf. zum Abschluss den besonders wichtigen Aspekt noch einmal herausstellen oder eine kurze Zusammenfassung formulieren.

2.6.2 Metakommunikation

Nach Gesprächsphasen der Gruppe bietet es sich an, kurz *Rückblick zu* halten und den Arbeitsprozess bzw. Gespräche, Diskussionen und Ergebnisse noch einmal zu überdenken (Metakommunikation). Besonders, wenn sich ein Mitglied gestört fühlt oder meint, nicht mehr mitarbeiten zu können, ist Metakommunikation erforderlich. Es geht dann darum, dass jeder kurz darstellt

- was bisher offensichtlich an Ergebnissen oder Teilergebnissen, evtl. auch an Perspektiven aus seiner Sicht vorliegt,
- was bisher sinnvoll, nicht sinnvoll, was erfreulich oder unerfreulich war,
- inwiefern eigene persönliche Anliegen von der Gruppe aufgenommen oder abgelehnt wurden und wie sich das auf ihn ausgewirkt hat usw.

Ein »Stimmungsbarometer«

An einer solchen Fläche können die Teilnehmer im Verlauf der Veranstaltung ihre augenblickliche Stimmungslage mit Hilfe von Klebepunkten eintragen. Sie werden hierzu am Ende des Vormittags und Nachmittags aufgefordert. Es besteht aber kein Zwang, dies zu tun. Sinkt die Stimmung auf dem Barometer einmal deutlich sichtbar ab, so sollte dies ein Anlass zur Metakommunikation sein.

Die Metakommunikation kann mündlich, grafisch oder schriftlich erfolgen. Die Teilnehmer könnten z.b. auch bildlich-symbolisch darstellen, wie sie die Situation in der Gruppe empfinden. Die Darstellungen sind dann Medium der Aussprache und Ansatz für die Verbesserung der Kommunikation. Bei einer schwerwiegenden Störung in der Zusammenarbeit ist es manchmal besser, anstelle mündlicher und damit spontanerer Reflexion grafische oder schriftliche Verfahren zu verwenden. Ein einfaches schriftliches Vorgehen wäre z.b., wenn die Teilnehmer gebeten werden (jeder für sich allein), folgenden Satz zu vervollständigen:»Die Zusammenarbeit mit euch würde mir besser gefallen, wenn . . .« Steht dieser Satz auf einem Kartonstreifen, so könnten alle Streifen an eine Wandfläche geklebt und hier gemeinsam ausgewertet werden.

2.6.3 Blitzlicht

Ein Blitzlicht sollte möglichst am Anfang jeder Gruppenarbeit stehen. Wichtig ist hierbei, dass

– jeder kurz sich zum anstehenden Problem äußert (was interessiert mich besonders, was erwarte ich?),
– die Diskussion über die jeweilige Äußerung erst einsetzt, wenn alle gesprochen haben,
– die Zuhörer nicht während des Blitzlichtes verbal oder nonverbal Stellung nehmen bzw. die Aussagen werten.

Auch am Ende der Gruppenarbeit sollte das Blitzlicht stehen und klären helfen, was die Arbeit gebracht hat, was den einzelnen gefreut oder geärgert hat, wie die Arbeit weitergehen könnte usw.

2.6.4 Brainstorming

Beim Brainstorming werden die Äußerungen von Teilnehmenden als Anregungen oder Provokationen für die Formulierung eigener Ideen zur Lösung oder Bewältigung von Problemen benutzt. Das Brainstorming stellt daher einen formalen Rahmen zur Anwendung kreativen Denkens z.B. bei Problemlösungsprozessen dar. Es bilden sich freie Assoziationen. Die Gruppenmitglieder äußern Ideen, stellen ihr Wissen dar. Einer von ihnen schreibt dann diese Gedanken ungeordnet auf die Tafel oder auf einen bereitstehenden Karton. Dies wäre die Form des Brainstormings auf Zuruf. Es lässt sich auch in schriftlicher Form durchführen (sog. Brainwriting). Die Teilnehmenden schreiben hier ihre spontanen Ideen auf Arbeitskarten. Allerdings sollte es dann so sein, dass nur ein Gedanke in deutlicher, gut lesbarer Schrift vermerkt wird. Die Karten werden dann eingesammelt und an eine Wand zur weiteren Auswertung geheftet. Jede Idee ist hier willkommen, auch wenn sie vermeintlich unvernünftig klingt. Die Qualität ist nicht ausschlaggebend, sondern es soll ein Maximum an Ideen produziert werden. Während dieser Assoziation sind Kritik und Selbstkritik verboten, d.h. das Wahrnehmen und Zur-Kenntnis-Nehmen der Ideen anderer soll jeden unbeeinflusst inspirieren. Insofern müssten den Teilnehmenden, die im Brainstorming ungeübt sind, zunächst die Regeln erläutert werden.

Brainstorming kann auch schriftlich in der Form eines »Roulettes« geführt werden. Dabei haben alle zunächst ein unbeschriftetes Blatt vor sich liegen. In einer bestimmten Zeitspanne schreibt jemand das, was ihm zu einer genau formulierten Problemstellung einfällt, deutlich lesbar auf. Er gibt sein Blatt – in gleicher Weise tun das alle anderen – im Kreise an seinen Nachbarn weiter. Die Ideesammlungen führen dann dazu, dass neue eigene Gedanken entwickelt werden. Auch diese werden dann schriftlich festgehalten. Das Blatt wird weitergereicht. Es kann ein mehrmaliger Umlauf verabredet werden. Dann werden die Blätter eingesammelt und ausgewertet. Es ist deutlich, dass das Brainstorming eine große Disziplin der Teilnehmenden erfordert, denn die Kritik muss zurückgehalten und hinausgeschoben werden bis zur Auswertungsphase. Zumeist ist es so, dass das Brainstorming erst dann voll wirksam wird, wenn es mehrmals von den Teilnehmenden durchgeführt wurde und somit erlernt worden ist.

2.6.5 Feedback

Wenn das Verhalten eines Mitgliedes aus der Gruppe angenehme oder unangenehme Gefühle in uns auslöst, dann ist es wichtig, diese Gefühle auch mitzuteilen. So kann ggf. über diese Mitteilung ein Lernprozess in Gang kommen. Unangenehme Gefühle sollte man nicht in sich hineinfressen, ganz sicher ist es meistens wenig sinnvoll, sich bei einem Dritten über jemanden zu beklagen. Wenn man von jemandem erfährt, welche Wirkung die eigene Person und unser Verhalten auf ihn hat, dann nennen wir das »Feedback«, – Rückmeldung. *Rückmeldungen* über unser Verhalten bekommen wir im Lebensalltag ständig. Sie helfen uns, dass wir uns selbst und die Umwelt realistischer wahrnehmen. Feedback ist auch erforderlich, wenn in einer Beziehung Störungen auftreten, um herauszufinden, wodurch sie entstanden sind. So erhält man Informationen, die für die Entwicklung der Beziehung und für die eigene Person hilfreich sein können.

Wie Feedback am besten gegeben und angenommen werden sollte:

- Beim Feedback sollen *Informationen,* ohne jemanden damit analysieren oder eine Verhaltensänderung unmittelbar bewirken zu wollen, gegeben werden.
- Im Feedback sollen vor allem positive Gefühle und Wahrnehmungen ausgedrückt werden sowie Vermutungen als Vermutungen benannt werden.
- Es wird dann sehr günstig aufgenommen, wenn es sich der Gesprächspartner wünscht.
- Es soll möglichst unmittelbar erfolgen.
- Feedback soll gegeben werden, wenn es der andere auch hören kann.
- Es soll so konkret wie möglich sein und die Aufnahmefähigkeit des anderen berücksichtigen.
- Feedback soll man nur annehmen, wenn man sich dazu in der Lage fühlt.
- Bei der Annahme von Feedback soll man ruhig zuhören und erst danach reagieren.

Manchmal ist es sinnvoll, nicht zu antworten, also das Gehörte erst zu verarbeiten. In bestimmten Situationen trägt es zur sachlichen Weiterarbeit der Gruppe bei, wenn geäußert wird, dass eine Rückmeldung später beabsichtigt ist. So kann u.U. der Verzicht auf eine spontane Reaktion bei einem als unangenehm und unangemessen empfundenen Feedback den Feedbackgeber zu einer veränderten Aussage anregen.

2.6.6 Einige Kommunikationsregeln

Zwischenmenschliche Kommunikation im Studium und im Beruf geschieht immer, wenn Menschen zusammen sind. Bei diesem mehrdimensionalen und vielschichtigen Prozess kann mal der Inhaltsaspekt, mal der Beziehungsaspekt besonders im Vordergrund stehen. Während der Schulzeit wird zumeist die inhaltliche Seite der Kommunikation trainiert und reflektiert. Im Studium und später im Beruf ist es im Hinblick auf die Zusammenarbeit mit anderen Menschen von großer Bedeutung, auch über Aspekte der Beziehung, z.B. Nähe und Distanz, Macht, Selbstoffenbarung und deren Auswirkung auf die *Gestaltung des Beziehungsverhältnisses* gründlich nachzudenken. Zu den schon angesprochenen Punkten sollen daher ein paar ergänzende Hinweise erfolgen.

Zuhören

Wenn sich Menschen begegnen, spricht jeder oft nur von sich, der andere hört mehr oder weniger schlecht oder unruhig zu, weil er doch vorrangig mit eigenen Problemen beschäftigt ist. So etwas hat Auswirkungen auf die Qualität der Beziehungen. Das weiß jeder aus eigener Erfahrung.

Viele Menschen, nicht nur in sozialen Bereichen, wollen sich allerdings häufig aussprechen, d.h. sich vom bestimmten Ärger, von belastenden oder freudigen Ereignissen »befreien«. Hier ist es wichtig, aufmerksam und geduldig zuzuhören und damit auszudrücken: Ich nehme mir Zeit für dich, meine eigenen Angelegenheiten stelle ich zurück. Ich will mich bemühen, deine Probleme und dich als Person ganz ernst zu nehmen ... Dabei ist oft ein Rat oder eine Meinungsäußerung von Ihrer Seite nicht gefragt. Das aufmerksame Zuhören und der Verzicht darauf, über seine eigenen Probleme zu reden, ist häufig eine Frage von Selbstdisziplin.

Wenn Sie eine Rückmeldung (Feedback) auf eigenes Verhalten bekommen, ist es in der Regel klug, sich zunächst mit einer Verteidigung zurückzuhalten. Versuchen Sie, auch wenn es schwer fällt, positiv zu denken. Der Gesprächspartner äußert mit seiner Kritik an Ihrer Person subjektive Gefühle und Wahrnehmungen. Er erzählt von seinem Problem, das er mit Ihnen hat. Ihm liegt etwas daran, mit Ihnen darüber zu sprechen. Das ruhige Zuhören und Aussprechen lassen des anderen versetzt Sie in die Lage, die Aussage besser und zusammenhängender aufnehmen zu können. Bei Ihrer Reaktion sollten Sie dann nicht gleich das Verhalten des anderen werten (»maßregeln«) und interpretieren, sondern zuerst erwähnen, was das Feedback bei Ihnen gefühlsmäßig ausgelöst hat. Dann sollten Sie zum Sachverhalt kommen. Sie müssen nicht unbedingt Feedback geben, sollten es aber tun, wenn es erwartet wird oder Sie selbst das Bedürfnis dazu spüren. Machen Sie hierbei durch die Verwendung von »ich« statt »man« oder »wir« deutlich, dass Sie jetzt persönlich sprechen – ohne Rückendeckung durch andere.

Aktiv sein

Vermeiden Sie bei Meinungsäußerungen Monologe. Fassen Sie sich kurz und achten Sie dabei auf das Verhalten (die nonverbalen Signale, wie z.B. Körperhaltung, Blicke, Gestik) des Zuhörers oder der Zuhörer. Versuchen Sie möglichst partnerzentriert auf die Äußerungen anderer zu reagieren und dann erst die eigene Meinung zu formulieren.
Sie erregen bei anderen dadurch im positiven Sinne Aufmerksamkeit, dass es Ihnen gelingt, *Vertrauen zu erwecken.* Dazu gehört außer dem notwendigen »Schuss Selbstvertrauen«, dass Sie versuchen, eigene Vorstellungen mit den Interessen des anderen zu verbinden, d.h., dass Sie ihn als Gesprächspartner so akzeptieren, wie er ist, und verdeutlichen, dass Sie Wert auf die Kooperation mit ihm legen. Hierbei haben es allerdings diejenigen besonders schwer, denen andere ihre momentane Missstimmung oder ihr angestrengtes Bemühen um Kontakte sofort ansehen. Dem heiteren, fröhlichen Menschen fällt es eben leichter, Verbindungen zu knüpfen.

Aktiv sein im Hinblick auf Zusammenarbeit mit anderen heißt auch, dass Sie auf Gesprächspartner zugehen, dass Sie selbst aktiv werden. Das muss aber behutsam geschehen. Suchen Sie nach vermutlich gemeinsamen Interessen. Machen Sie sich klar, was der andere aus der Zusammenarbeit mit Ihnen für sich und seine Arbeit profitieren könnte.

Bei der Zusammenarbeit mit anderen im Studium und im Beruf wird selbstverständlich auch Ihre Meinung als aktiver Beitrag zur Zusammenarbeit erwartet. Die Äußerung einer eigenen Meinung wird erfahrungsgemäß mehr geschätzt, als wenn Sie inquisitorische Fragen stellen. Solche Fragen erwecken manchmal nämlich den Eindruck, als ob Sie sich hinter ihnen verstecken wollten.

Wenn Sie bei der Zusammenarbeit mit anderen über bestimmte Äußerungen ärgerlich werden oder sich persönlich verletzt fühlen, so sollten Sie dies offen ansprechen. Eine solche für Sie (vielleicht auf für mitfühlende andere) störende Kommunikationsblockade kann die Arbeit so belasten, dass Sie sich nicht auf die Sache oder das Problem konzentrieren können. – Diese angemeldete Störung müsste dann jedoch auf der Metaebene weiter bearbeitet werden, damit sie für die Entwicklung der weiteren Zusammenarbeit konstruktiv genutzt werden kann.

Kontrollieren Sie bei Ihren Äußerungen auch bitte die Lautstärke und das Sprechtempo. Das zu laute, aber auch zu leise, zu schnelle und undeutliche Sprechen wird als störend empfunden.

Überprüfen Sie bei Ihrem Wortschatz, ob Sie gern (und damit zu häufig!) ein bestimmtes Lieblingswort (z.B.»Klasse«,»Das ist richtig!«,»O. K.«,»Ach nee . . .«) benutzen und damit Gesprächspartner ärgern. Bemühen Sie sich auch immer wieder um eine einfache und klare Ausdrucksweise und versuchen Sie, ohne nichtssagende Floskeln auszukommen.

3. Arbeitsort und Arbeitsplatz

Hans Gerhard Stockinger

Zur Einführung

Eine bewusste Organisation der eigenen Arbeit, ein zielgerichtetes Einsetzen geeigneter Arbeitsmittel und eine konkrete Planung der einzelnen Arbeitsschritte stellen die Voraussetzungen für eine effektive Erledigung der uns gestellten Aufgaben dar. Ebenso wichtig ist auch der gezielte Umgang mit der verfügbaren Arbeitszeit, der insbesondere dem weniger geübten Studenten oft große Schwierigkeiten bereitet. Mit ein bisschen Übung und Selbstdisziplin lassen sich aber Techniken des Selbstmanagements trainieren, die wertvolle Hilfe bei der Bewältigung der gestellten Aufgaben versprechen.

Beim Arbeitsplatz Schreibtisch reicht uns zumeist die rein funktionale Nutzung nicht aus. Wir wollen uns hier, wie im Arbeitsraum insgesamt, auch wohlfühlen. Das Umfeld des Arbeitsraumes beeinflusst in hohem Maß die Lern- bzw. Arbeitsbereitschaft, denn das menschliche Verhalten wird nicht nur rational bestimmt, sondern hängt zu einem sehr wesentlichen Teil auch von Stimmungen und Emotionen ab. Stimmungen und Emotionen sind aber oft ausschlaggebend für die Motivation zur Arbeit; bis zu einem gewissen Maß können wir hier durch die Veränderung tatsächlicher Gegebenheiten positiv Einfluss ausüben.

Zur Orientierung

Im Folgenden geht es um die Punkte:

– Technisch-organisatorische Hilfen und Hinweise zur Organisation und Einrichtung von Arbeitsort und Arbeitsplatz erhalten und
– Möglichkeiten der Zeitplanung kennen lernen.

3.1 Arbeitsort

Für in Beruf und Arbeit stehende Mitarbeiter in der sozialen Arbeit stellt sich die Frage des Arbeitsorts kaum: Der Arbeitgeber stellt jedem Mitarbeiter in der Regel einen festen Arbeitsplatz in einem Raum zur Verfügung, der unmittelbar mit der von ihm zu verrichtenden Tätigkeit im Zusammenhang steht. Nur in sehr seltenen Fällen hat der sich in einem Angestelltenverhältnis befindliche Mitarbeiter tatsächlich Einfluss auf die Wahl seines Arbeitsortes. Studenten können dagegen wählen, ob sie lieber zu Hause im eigenen Zimmer oder in der Bibliothek ihrer Hochschule arbeiten wollen. Diese Entscheidung muss jeder nach seinen eigenen Vorlieben und Arbeitsgewohnheiten treffen, da sich für jeden Lernort verschiedene Vor- und Nachteile gegenüberstehen.

Für das Arbeiten im eigenen Zimmer ergeben sich unter anderem folgende
Vorteile:

– man befindet sich in einer vertrauten Umgebung,
– alle benötigten Arbeitsmittel stehen bereit,
– Wegezeiten zum Lesesaal entfallen,
– alle benötigten Unterlagen und Hilfsmittel stehen am gewohnten Platz zur
  Verfügung und müssen nicht mitgenommen werden.

Diesen Vorteilen stehen jedoch auch einige Nachteile gegenüber, beispielsweise:

– eventuell benötigte Literatur muss erst beschafft werden,
– Nachschlagewerke stehen nur im beschränkten Umfang zur Verfügung,
– man ist für Freunde und Familienangehörige leicht erreichbar,
– man ist anderen Ablenkungen wie Telefon, Radio usw. leichter ausgesetzt.

Überwiegen bei einer persönlichen Prüfung der Arbeitsgewohnheiten und der
eigenen Möglichkeiten die Nachteile des eigenen Zimmers, so erscheint es sinnvoll, den Lesesaal der Bibliothek oder des Seminars als Arbeitsort zu nutzen.
Dieser bietet unter anderem folgende Vorteile:

– die geschilderten Ablenkungsmöglichkeiten sind nahezu ausgeschlossen, man
  ist nur schwer erreichbar,
– die allgemeine Ruhe und die konzentrierte Arbeitsatmosphäre können sti-
  mulierend auf die eigene Arbeitsleistung wirken,
– es stehen alle Bücher und Nachschlagewerke, auch die, die erst kurzfristig in
  unsere Arbeit einbezogen werden müssen, zur Verfügung.

Gegen die Arbeit im Lesesaal sprechen u.a. folgende Nachteile:

– für die Fahrt zum Lesesaal und wieder nach Hause wird Fahrzeit benötigt,
– die erforderlichen Arbeitsunterlagen (Manuskripte, Schreibgeräte, Papier,
  Karteikarten) müssen immer mitgebracht werden,
– das Arbeiten mit dem Personalcomputer bzw. Laptop ist nicht immer möglich,
– die Öffnungszeiten des Lesesaals binden die eigene Arbeitszeit.

Die Frage, welches nun der beste Arbeitsort für den einzelnen Studenten ist,
muss jeder für sich selbst prüfen und entscheiden. Sie hängt oft auch von der
konkreten Arbeit ab. Zur Nachbereitung der gehörten Lehrveranstaltungen
könnte für viele das eigene Zimmer der geeignetere Arbeitsplatz sein, wenn die
erforderliche Literatur zu Hause zur Verfügung steht. Die Erstellung eines Referats oder einer Diplomarbeit im Entwurf wird schwerpunktmäßig wohl besser im Lesesaal der Bibliothek erfolgen können, das Ausarbeiten des Entwurfs
wird am besten konzentriert am eigenen Arbeitsplatz vorgenommen.
Zur Ermittlung des geeigneten Arbeitsorts kann folgende *Checkliste* herangezogen werden:

1. Welche wissenschaftlichen Arbeiten muss ich in der nächsten Zeit verrichten?
2. Habe ich die hierzu notwendige Literatur zu Hause (als Eigentum oder Leihgabe)?
3. Welche Hilfsmittel benötige ich zu meiner Arbeit?
4. Wie oft werde ich durch Eltern, Freunde, Telefon usw. gestört?
5. Welchen Zeitaufwand benötige ich für die Fahrt zum Lesesaal und zurück?
6. Wann ist der Lesesaal geöffnet und wie vereinbaren sich diese Öffnungszeiten mit meinen Arbeitsmöglichkeiten und -gewohnheiten?

3.2 Arbeitsplatz

Im Gegensatz zum Arbeitsort haben sowohl der Student als auch der Mitarbeiter in der sozialen Arbeit wesentlich mehr Möglichkeiten, ihren eigenen Arbeitsplatz zu gestalten. Hierzu reicht jedoch eine nur funktionale Gestaltung nicht aus. Es ist auch sehr wichtig, sich am Arbeitsplatz wohl zu fühlen. Er soll zumindest unser körperliches und emotionales Wohlbefinden nicht beeinträchtigen. Eine anregende Atmosphäre ist eine wichtige Voraussetzung für effektives Studieren und Arbeiten und somit die Grundlage für den erstrebten Arbeitserfolg.

Zum Arbeitsplatz im engeren Sinn zählen wir Schreibtisch und Schreibtischstuhl; im weiteren Sinn sind noch Faktoren wie Beheizung, Belüftung, Geräuschbelästigung und/oder Ausgestaltung des Raumes zu beachten.

Kunz stellt die verschiedenen *Einflussfaktoren* des Arbeitsplatzes auf die Lern- und Arbeitsbereitschaft in einer schematischen Übersicht zusammen:

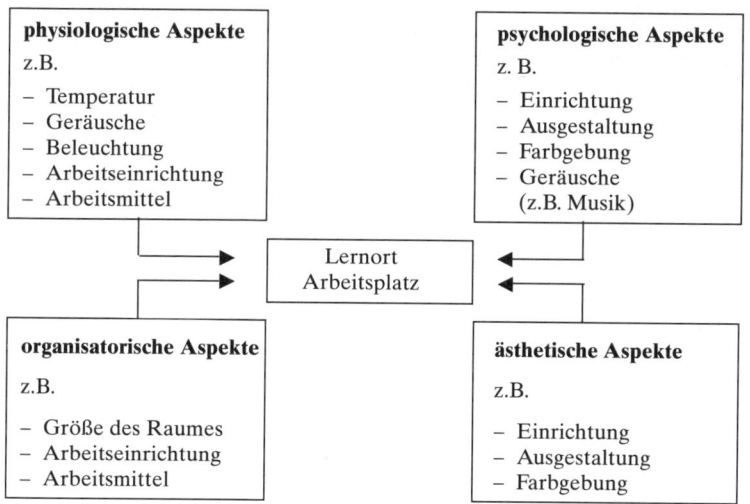

»Schreibtische sind Werkbänke der Kopfarbeiter. So wie die Werkstatt ihr eigenes Universum bildet und die Anordnung der Werkzeuge an der Werkbank dem Ablauf des Arbeitsprozesses logisch folgen muss, so geschieht dies auch am Schreibtisch. Die scheinbare entspricht nicht nur den Gedankengängen, die sie geschaffen haben; Schreibtischplatten sind die Visitenkarten der darauf geleisteten Arbeit.« Diese Ausführungen von *Anatol von Aaron* (manager magazin [1989] Heft 4, 313f.) geben sehr gut den Zweck des Schreibtisches wieder: Er ist nicht Repräsentationsinstrument des Managers, sondern Arbeitsplatz des geistigen Arbeiters, also auch des Studenten und des in der sozialen Arbeit Beschäftigten. Dabei geht es nicht darum, mit einem gähnend leeren Schreibtisch zu kokettieren, sondern den Schreibtisch als sinnvolles Arbeitsmittel zu nutzen, das den individuellen Arbeitsbedürfnissen angepasst sein muss. Die Schreibtischplatte muss ausreichend groß sein, um sämtliche zur Arbeit benötigten Hilfsmittel auflegen zu können und darüber hinaus noch ausreichend Platz zum Arbeiten bieten. In Zweifelsfällen ist die Platte lieber größer als zu klein zu bemessen; nach Möglichkeit sollte sie die Fläche von ca. 160 x 80 cm nicht unterschreiten. Für den Studenten sei noch darauf hingewiesen, dass ein großer Schreibtisch nicht unbedingt auch ein teurer Schreibtisch sein muss: eine ausreichend große Tischlerplatte, die auf zwei Holzböcken ruht und preiswert selbst anzufertigen ist, ist immer besser als ein teurer aber zu kleiner Schreibtisch vom Möbelhändler. Das Vorhandensein von Fächern und Schubladen ist erst in zweiter Linie von Bedeutung; auf sie kann zugunsten einer größeren Platte und eines gelegentlich zu beschaffenden Containers gerne verzichtet werden. Als eigentlicher Arbeitsbereich dient die Schreibtischplatte nicht als Ablage, vor allem aber nicht zur Unterbringung von Unterlagen, die nur selten gebraucht werden. Diese sind besser in Regalen oder Schränken aufzubewahren, wobei oft benötigte Nachschlagewerke (Lexika, Wörterbücher) möglichst so nahe beim Schreibtisch untergebracht werden sollten, dass sie ohne aufzustehen vom Schreibtischstuhl aus zu erreichen sind.

Weitere Hilfsmittel, die aus der Erfahrung heraus immer bei geistigen Arbeiten gebraucht werden, sollen gleich in einer bestimmten Ordnung auf dem Schreibtisch liegen, damit sie stets zur Verfügung stehen und nicht erst gesucht werden müssen. Zu diesen Hilfsmitteln zählen neben den bereits erwähnten Nachschlagewerken u.a. noch Schreibgeräte, Konzeptpapier, Karteikarten, Büroklammern, Locher, Schere oder Klebeband. Zur Aufnahme dieser Utensilien sind eine oder zwei Schalen hilfreich, mehr würden den Schreibtisch wieder zu sehr als Ablagefläche missbrauchen.

Die folgende *Checkliste* soll den Weg zur eigenen effektiven Schreibtischorganisation finden helfen:

Effektive Schreibtischorganisation

1. Liegen auf meinem Schreibtisch mehrere Papierstapel oder Bücher herum?
2. Muss ich häufig Unterlagen suchen oder schichte ich die Papierstapel mehrfach täglich um?
3. Könnte mein Schreibtisch eine »Entrümpelungsaktion« vertragen?
4. Bereitet es mir Probleme, zwischen wichtigen und unwichtigen Unterlagen zu unterscheiden?
5. Kann ich entscheiden, welche Unterlagen aufgehoben und welche vernichtet werden sollen?
6. Bin ich mit der Ablage und dem Aufräumen im Rückstand?
7. Verlasse ich mehrmals täglich den Schreibtisch, um benötigte Arbeitsmittel zu holen?
8. Liegen auf meinem Schreibtisch bereits erledigte Unterlagen?

Wie der Schreibtisch soll auch der Schreibtischstuhl der Körpergröße angepasst und zweckmäßig sein. Besonderer Wert ist auf einen körpergerechten Schreibtischstuhl zu legen, der durch einige Verstellmöglichkeiten den individuellen Körpermaßen entsprechend eingestellt werden kann. Ein Drehstuhl auf fünf Rollen ist am zweckmäßigsten, wobei härtere Polsterungen in der Regel gesünder sind als weichere. Schließlich ist der Schreibtischstuhl ein Arbeitsmittel und kein »Relax-Möbel«! Während beim Schreibtisch gute Empfehlungen über Kostenersparnisse gemacht werden konnten, sollte – auch beim Studenten – am Schreibtischstuhl nicht gespart werden, da eine durch einen schlechten Stuhl hervorgerufene schlechte Arbeitshaltung nicht nur die derzeitige Arbeit erschwert, sondern gerade bei sitzender Tätigkeit bleibende Körperschäden bewirken kann.

Zur Entlastung des Gedächtnisses empfiehlt sich in der Nähe des Schreibtisches eine *Pinnwand*, die man beispielsweise aus einer etwas dickeren Styropor- oder Korkplatte leicht selbst anfertigen kann. Sie dient neben dem Wochenarbeitsplan zur Aufnahme beliebig vieler Notizzettel, die uns an verschiedene Aufgaben und Besorgungen erinnern können.

Zu hohe *Raumtemperaturen* führen bei geistiger Tätigkeit zu früher Ermüdung; ebenso senkt schlechte Luft die Arbeitsleistung, auch eine zu trockene Luft wirkt sich nachteilig aus. Die Raumtemperatur sollte bei 18° Celsius liegen, aber nicht niedriger sein. Mindestens vor Beginn der Arbeit sollte der Raum gründlich durchgelüftet werden, auch wenn bei Aufnahme der Arbeit die Temperatur kurzfristig als etwas zu niedrig empfunden wird.

Gute *Lichtverhältnisse* sind für die Schreibtischarbeit eine unerlässliche Voraussetzung. Jeder Arbeitsraum sollte über mindestens zwei künstliche Lichtquellen verfügen: Die allgemeine Raumbeleuchtung, die üblicherweise an der Zimmerdecke angebracht ist, und eine spezielle Lampe am Schreibtisch, die beweglich gehalten werden sollte. Eine moderne Leuchtstoffröhre leuchtet den Schreibtisch oft schon mit geringerer Lichtleistung besser aus als eine im Vergleich stärkere herkömmliche Glühbirne. Rechtshänder profitieren von einem Lichteinfall von links oben, Linkshänder entsprechend von rechts oben. Die allgemeine *Ausgestaltung* des Arbeitsplatzes sollte sich nach persönlichen Bedürfnissen richten (vgl. *Kunz* 1986, 40 ff.). Der Raum sollte nach Möglichkeit nicht zu groß und nicht zu klein sein (ca. 16 bis 20m^2). Warme Farbtöne (z.b. beige, leichtes gelb oder rose) an der Wand fördern nach Aussagen der Arbeitspsychologen eine positive Einstellung zu geistiger Arbeit. Schließlich sollte ein individueller Blumen- oder Bilderschmuck nicht vergessen werden, da diese unsere Stimmung nicht unerheblich beeinflussen und somit zur Leistungsbereitschaft sehr viel beitragen können.

Dauerlärm oder auch länger anhaltende ungewöhnliche Geräusche (z.B. Baulärm), die am Arbeitsplatz wahrgenommen werden können, beeinflussen den Lern- und Arbeitserfolg negativ. Sie können sogar der Grund dafür sein, dass der Arbeitsort für eine gewisse Zeit gewechselt werden muss. Anders verhält es sich dagegen mit der Auswirkung von Musik auf den Arbeitserfolg. Ernstzunehmende Forschungen haben bewiesen, dass bei Routinearbeiten Musik durchaus förderlich sein kann. Auch bei geistiger Arbeit kann durch Musik die Leistungsbereitschaft erhöht werden. *Tepperwein* (1996, 228 f.) hat eine Zusammenstellung von Musikstücken erstellt, die sich bei dezenter Einspielung besonders positiv auf den Lern- und Arbeitsprozess auswirken sollen. Diese Empfehlungen beziehen sich ausschließlich auf Werke der Barockmusik, da es sich dabei um einthematische Stücke handelt, die sowohl in ihrer Dynamik als auch in ihrer Klangfarbe nicht oft wechseln und deshalb entspannend wirken (z.B. J. S. Bach, Largo aus dem Konzert für Klavier und Streichorchester in f-Moll, BWV 1056; A. Vivaldi, Largo aus dem »Winter«, Konzert Nr. 4 in f-Moll der »Vier Jahreszeiten«, op.8). Aber auch andere Musikstücke aus anderen Zeitepochen sind durchaus zur Steigerung der Arbeitsleistung geeignet. Jeder sollte daher selbst ermitteln, inwieweit überhaupt Musik und wenn, dann welche für seinen Lern- und Arbeitserfolg förderlich ist.

4. Zeit- und Selbstmanagement

Hans Gerhard Stockinger

Zur Einführung

Zeit ist ein wertvolles Gut. Es lässt sich nicht speichern, nicht kaufen und nicht vermehren. Der gezielte Umgang mit der zur Verfügung stehenden Arbeitszeit bereitet oft Schwierigkeiten. Dabei sind es weniger die feststehenden Termine (z.B. Vorlesungen, Seminare, ehrenamtliche Arbeit usw.), die uns Probleme bereiten, sondern vielmehr die Tätigkeiten, die wir mit uns selbst verabreden müssen. Im Studium sind dies die Zeiten, die wir für das Nachbereiten von Lehrveranstaltungen, für das Vorbereiten auf Prüfungen und für das Lernen schlechthin benötigen. Wie viel Geschirr wurde schon frühzeitig gespült, wie viele Zimmer auf- oder umgeräumt und wie viel Wäsche einmal mehr gewaschen, um das oft unangenehme Lernen zu verhindern oder zumindest hinauszuschieben! Im Beruf ist es der Umgang mit der Arbeitszeit, die wir selbst und nicht fremdbestimmt gestalten können, wie beispielsweise Korrespondenz erledigen, Akten studieren oder Ausarbeitungen anfertigen.

Wir müssen deshalb mit der uns zur Verfügung stehenden Arbeitszeit sorgfältig umgehen, damit wir sie möglichst effektiv verwenden können. Effektiv bedeutet in diesem Zusammenhang »mehr in kürzerer Zeit« *(Covey/Merrill/Merrill,* 1997, 21). Falsch geplante Zeit vermindert den Arbeitserfolg und die Freude an der Arbeit, sie geht vor allem aber zu Lasten der Freizeit, die wir dringend für Gesundheit und Erholung benötigen.

Zeitplanung kann uns helfen, besser mit unserer Zeit umzugehen und zum Stressabbau beitragen. Der Grundgedanke des Zeitmanagements ist deshalb, mehr aus sich selbst zu machen und sein Leben mehr selbstbestimmt als fremdbestimmt zu führen. Zeitmanagement ist demnach – wie *Alec Mackenzie,* einer der Väter des Zeitmanagements zu Recht feststellt (1995, 25 f.) – im eigentlichen Sinne Selbstmanagement: Durch eine sinnvolle Zeitplanung gestalten wir unser Leben, indem wir Selbstmanagement in Relation zur uns zur Verfügung stehenden Zeit betreiben und damit eine Kontrolle über unseren Umgang mit der Zeit erhalten, denn – so *Mackenzie* (1995, 26): »Wir haben nicht die Wahl, ob, sondern lediglich, wie wir unsere Zeit nutzen wollen«.

Je früher sich der Student mit den Grundzügen des Zeitmanagements beschäftigt und seine Planungen danach ausrichtet, desto erfolgreicher gestaltet er sein Studium und die Vorbereitung auf das Arbeitsleben. Ohne Zielsetzung wird jedoch jeder Versuch eines Zeitmanagements in Ansätzen stecken bleiben. Die einzelnen Teile dieses Kapitels, das sich an *Lothar J. Seiwert* (2000), der als der führende Zeitmanagement-Experte gilt, anlehnt, sollen Hilfestellungen in erster Linie für Studenten geben. Auf diesen Grundlagen lässt sich dann auch Zeitmanagement im Berufsleben aufbauen.

Zur Orientierung

Im Folgenden geht es um die Punkte:

- Den Umgang mit der eigenen Zeit besser einschätzen,
- Grundkenntnisse über Zielsetzung kennen lernen,
- Zeitpläne aufstellen und Prioritäten setzen,
- einen persönlichen Arbeitsstil prägen.

4.1 Der Einstieg in das Zeitmanagement

Lothar J. Seiwert definiert:»*Zeitmanagement* ist die konsequente und zielorientierte Anwendung bewährter Arbeitstechniken in der täglichen Praxis, um sich selbst und die eigenen Lebensbereiche so zu führen und zu organisieren (= ›zu managen‹), daß die zur Verfügung stehende Zeit sinnvoll und optimal genutzt wird« (2000, 14). Zeitmanagement hilft uns, unsere Arbeit besser zu organisieren und die uns gestellten Aufgaben mit weniger Aufwand zu erledigen. Weniger Hektik und Stress sowie eine größere Zufriedenheit mit der erfolgreich abgeschlossenen Arbeit geben gleichzeitig eine höhere Arbeitsmotivation.

4.1.1 Die Selbstanalyse

Wer seine Zeit künftig besser einsetzen will, muss mit einer Analyse seiner bisherigen Zeit- und Arbeitsgewohnheiten beginnen. Über einen Zeitraum von zwei Wochen hinweg sollte Tag für Tag *jede* verrichtete Tätigkeit aufgeschrieben und am Abend analysiert werden. Hierzu empfiehlt sich das folgende Formblatt:

Art der Tätigkeit	von – bis	Dauer (in Min.)	A	B	C
– Aufstehen, Morgentoilette	06.45 – 07.30	45			
– Frühstück	07.30 – 08.00	30			
– Fahrt zur Hochschule	08.00 – 08.30	30			
– Zeitung lesen	08.30 – 09.00	30			
– Vorlesung	09.00 – 12.15	195			
– Mittagspause	12.15 – 13.15	60			
– Referat vorbereiten	13.15 – 14.00	45			
– Seminar	14.00 – 16.00	120			
– Fahrt zur Wohnung	16.00 – 16.45	45			
– Entspannen, Aufräumen	16.45 – 18.00	75			
– Telefonieren	18.00 – 18.10	10			
– Eingegangene Post sichten	18.10 – 18.25	15			
– Briefe schreiben	18.25 – 18.55	30			
– Vorlesung nachbereiten	18.55 – 19.30	35			
– Besuch der Freundin	19.30 – 21.00	90			
– Kinobesuch	21.00 – 24.00	180			

Am Ende der beiden Aufzeichnungswochen gehen wir die angelegten Tätigkeitsformblätter Stück für Stück durch und stellen dabei folgende Fragen:

– War die Tätigkeit wirklich notwendig?
Die Antwort – ja oder nein – tragen wir in die Spalte »**A**« ein.
– War der angefallene Zeitaufwand gerechtfertigt?
Die Antwort – ja oder nein – tragen wir in die Spalte »**B**« ein.
– War die Ausführung zu diesem Zeitpunkt sinnvoll?
Die Antwort – ja oder nein – tragen wir in die Spalte »**C**« ein.

Tätigkeiten bewerten

Die nunmehr erhaltene Übersicht gibt uns generell Aufschluss über unseren Umgang mit der Zeit. Wir können erkennen,

– ob die ausgeübten Tätigkeiten notwendig und sinnvoll waren,
– ob der Zeitaufwand für jede einzelne Tätigkeit gerechtfertigt war,
– ob die Reihenfolge der Tätigkeiten sinnvoll war und
– ob die Tätigkeiten zur jeweils richtigen Tageszeit ausgeübt wurden.

Stellen wir bei der Auswertung der Analyse fest, dass mehr als 10% der Tätigkeiten nicht unbedingt notwendig waren, haben wir Schwierigkeiten bei der *Prioritätensetzung*. War bei mehr als 10% der Tätigkeiten der Zeitaufwand zu groß, können wir mit *neuen Arbeitstechniken,* mit mehr *Konzentration und Selbstdisziplin* Abhilfe schaffen. War bei mehr als 10% der Fälle der Zeitpunkt der Ausführung falsch, helfen uns bessere *Planung und Disposition unserer Arbeitszeit* weiter.

Zeitfresser erkennen

Neben der soeben kennen gelernten Zeitanalyse sollten wir noch unsere »Zeitfresser« näher betrachten. Dies sind die häufigsten und zeitintensivsten Urheber von Zeitverlusten. Die in Anlehnung an *Seiwert* (2000, 38) erstellte *Checkliste* soll dabei helfen:

Zeitfresseranalyse

Falsche Arbeitsmethodik und Arbeitstechnik
• Unklare Zielsetzung   o
• Keine realistische Prioritätensetzung   o
• Zuviel auf einmal erledigen zu wollen   o
• Mangelnde Übersicht über anstehende Aufgaben   o
•. Fehlende oder schlechte Tagesplanung   o

Mängel beim persönlichen Arbeitsstil
- Persönliche Desorganisation   o
- Überhäufter Schreibtisch   o
- Zuviel Papierkram   o
- Schlechtes Ablagesystem   o
- Suche nach Notizen, Adressen, Telefonnummern   o

Persönliche Schwachstellen
- Mangelnde Motivation   o
- Unfähigkeit, »Nein« zu sagen   o
- Fehlende Selbstdisziplin   o
- Aufschieben von anstehenden Entscheidungen   o
- Aufgaben nicht zu Ende führen   o

Störungen durch Dritte
- Unangemeldete Besucher   o
- Telefonische Unterbrechungen   o
- Ablenkungen, Lärm   o
- Privater Schwatz   o

Mangelnde innerbetriebliche Zusammenarbeit
- Mangelnde Koordination   o
- Zuviel Kommunikation   o
- Mangelnde Delegationswilligkeit und -fähigkeit   o
- Unvollständige oder verspätete Information   o
- Vermeidbare Wartezeiten   o
- Mangelnde Vorbereitung auf Gespräche, Besprechungen   o

In dieser Checkliste sollten die häufigsten fünf Zeitfresser angekreuzt werden. Mit deren Bekämpfung kann bereits eine erhebliche persönliche Leistungssteigerung erreicht werden. Hilfestellung hierzu geben sowohl die nachfolgenden Anregungen als auch die Erforschung der persönlichen Ursachen für die aufgedeckten Zeitfresser.

4.1.2   Funktionen des Zeitmanagements

Seiwert (2000, 40) vergleicht die Bewältigung der täglich zu erledigenden Aufgaben mit einer Reihe von verschiedenen Aktivitäten, die zueinander in einem bestimmten Zusammenhang stehen und in der Regel auch in einer bestimmten Reihenfolge ablaufen.
Dieser Prozess des Zeitmanagements lässt sich in sechs Funktionen aufteilen:

1. *Zielsetzung:* Mit Hilfe einer Situationsanalyse werden Ziele gefunden und formuliert.
2. *Planung:* Pläne für die eigenen Tätigkeiten werden erstellt; sie dienen der Vorbereitung zur Verwirklichung der Ziele.

3. *Entscheidung:* Durch Prioritätensetzung erfolgt die Entscheidung über die durchzuführenden Aufgaben.
4. *Realisation und Organisation:* Dient der Tagesgestaltung der einzelnen Arbeitsabläufe und führt zur Entwicklung eines persönlichen Arbeitsstils.
5. *Kontrolle:* Stellt die geplante Leistung sicher und ermöglicht eventuelle Korrekturen.
6. *Information und Kommunikation:* Ergänzt und begleitet die bisher aufgezählten Funktionen und ist bei allen Teilaktivitäten des Zeitmanagement-Prozesses unabdingbar.

Die Funktionen des Zeitmanagements werden von *Seiwert* (2000, 41) in einem *Regelkreis* besonders anschaulich dargestellt:

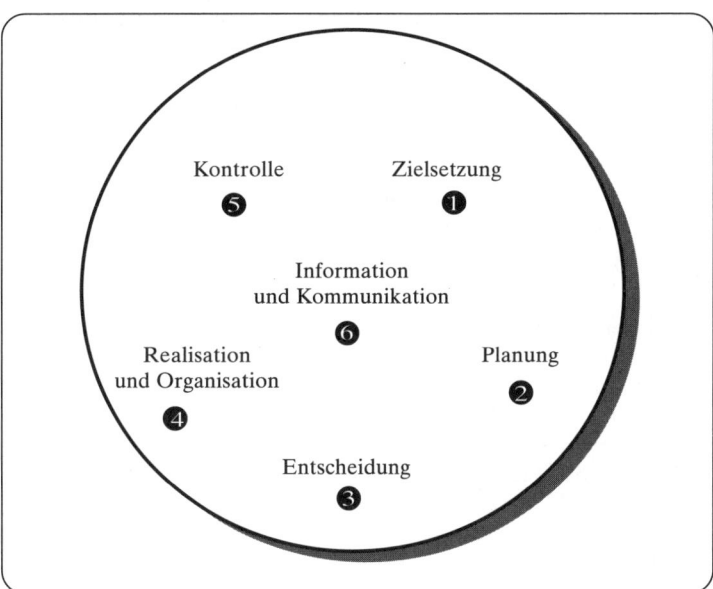

4.2 Die Orientierung des Zeitmanagements

Zeitmanagement ist – wie bereits gesagt – die zielorientierte Anwendung bestimmter Arbeitstechniken. Diese Techniken alleine sind uns jedoch noch keine Hilfe bei der Festlegung des Inhalts unserer Ziele und der Werte, an denen diese Ziele ausgerichtet werden. Bevor wir uns deshalb mit der Zielsetzung unter 4.3 näher beschäftigen, müssen wir uns erst Klarheit über unsere *Werte* und *Wünsche* verschaffen. Haben wir zu wenig Klarheit über die eigenen Wertvorstellungen, dann haben wir auch wenige oder gar keine Maßstäbe zur Unterscheidung von Wichtigem und Unwichtigem. Dies führt zwangsweise zu Schwierigkeiten bei der Prioritätensetzung, d.h. bei der Frage, welche Aufgaben erledige ich in welcher Reihenfolge.

Zufriedenheit und Erfolg

Bei der Festlegung unserer Werte sollen wir uns nicht nur an Erfolgen, sondern auch an Zufriedenheit und Glück orientieren. Entscheidend für die Zeit nach dem Studium werden deshalb Überlegungen über die künftige Gestaltung des Lebens sein. Jeder sollte sich Klarheit über das verschaffen, was er künftig erreichen will. Erfolg und Zufriedenheit können verschiedenartig ausfallen: Macht und Einfluss, materieller Reichtum auf der einen, der Wert zwischenmenschlicher Beziehungen und innere Harmonie auf der anderen Seite rangieren in der persönlichen Werteskala eines jeden einzelnen mit unterschiedlichen Stellenwerten. Wichtig ist dabei, dass wir uns einmal bewusst und grundsätzlich hierüber Gedanken machen.

Die folgende Checkliste soll als eine Orientierungshilfe bei der Suche nach Werten und Wünschen dienen.

Hilfen zur Orientierung

- Was ist mir wichtig in meinem Leben?
- Was gibt mir im Leben ein Gefühl von glücklich sein?
- Was bedeutet für mich Erfolg?
- Wann bin ich erfolgreich?
- Womit wäre ich so richtig zufrieden?
- Was wünsche ich sehnlichst, dass es in meinem Leben eintritt?
- Was möchte ich, dass es auf keinen Fall in meinem Leben eintritt?
- Was bedeutet es für mich, Anerkennung von anderen zu erhalten?
- Was bedeutet es für mich, Selbst-Anerkennung zu erhalten für das, was ich denke und tue?
- Was bedeutet für mich Geborgenheit?
- Was bedeutet für mich berufliche Karriere?
- Was bedeutet für mich Selbstbestimmung?

Sicher wird die Beantwortung dieser Fragen einigen Lesern nicht leicht fallen. Für andere mag es die erste Gelegenheit sein, sich einmal in Ruhe Klarheit über die eigenen Zukunftsvorstellungen zu machen. Um den verbindlichen Charakter der Antworten sicherzustellen, müssen die gestellten Fragen unbedingt *schriftlich* beantwortet werden. Die Antworten sollten aufbewahrt werden und uns bei der späteren Zielfindung unterstützen.

4.3 Zielsetzung

Ziele sind die Voraussetzung für Erfolg und Zufriedenheit. Dies gilt sowohl für den privaten als auch für den beruflichen Teil unseres Lebens. Doch viele haben keine oder nur vage Zielvorstellungen. Bei manchen erscheint der Gedanke, sich selbst Ziele zu setzen, gar als bedrohlich: sie haben Angst, sich – zu frühzeitig – festlegen zu müssen und allzu konkrete Gedanken für die Zukunft machen zu müssen. Dies gilt insbesondere für Studenten, die sich – je nach Lage am Arbeitsmarkt – möglichst viele Wege offen halten wollen. Doch diese Auffassung ist falsch. Die Entscheidung, Erfolg im privaten und beruflichen Leben zu haben, oder sich treiben zu lassen, liegt bei jedem selbst.

Ziele müssen konkret sein

Ziele sind nach *Seiwert* (2000, 50) »Zukunftsvorstellungen, zu deren Realisierung ich etwas tun will – und auch tue. Sonst bleibt es nur bei einem *Vorsatz*«. Ein Ziel ist deshalb ein von mir vorgestelltes, ersehntes und erstrebtes Ereignis, eine Idee oder Vorstellung, die auf ein gewünschtes Ergebnis gerichtet ist. Ein Ziel ist erst dann wirklich ein Ziel, wenn ich das Ergebnis klar vor Augen sehen und mich gefühlsmäßig voll in die angestrebte Situation hineinversetzen und darin wohlfühlen kann. Je konkreter meine Vorstellungen, meine Visionen vom angestrebten Ziel sind, desto größer sind meine Chancen, es auch wirklich zu erreichen. In unseren Zielen verwirklichen sich unsere Bedürfnisse und Interessen. Es kommt bei der Verwirklichung unserer Ziele aber maßgeblich darauf an, unser Handeln auf diese Ziele auszurichten, d.h. konkret an der Umsetzung unserer Zielvorstellungen zu arbeiten. Geschieht dies nicht, haben wir keine Ziele, sondern allenfalls Vorsätze.

Wer morgens den Tag mit der Vorstellung beginnt, das zu erledigen, was heute anliegt, liegt falsch. Die richtige Einstellung lautet: Ich erledige das, was *ich* heute erreichen will! Zur Realisierung dieser Vorstellungen soll der Prozess der Zielsetzung, der ein permanenter ist, beitragen. Er gliedert sich in die Bereiche

- Zielfindung,
- Situationsanalyse und
- Zielformulierung.

4.3.1 Zielfindung

Grundlegende Voraussetzung für eine erfolgreiche Gestaltung unseres Privat- und Berufslebens ist die Klarheit unserer Ziele; persönliche Lebensziele zu definieren, seinem Leben eine Richtung zu geben. Ziele lassen sich leichter festlegen, wenn man sie in unmittelbare, konkret bestimmte Handlungen umsetzen kann. Zur Verdeutlichung mögen die folgenden Beispiele dienen:

1. *Nicht:* Ich will abnehmen.
   Sondern: Ich esse zwei Wochen lang keine Süßigkeiten und trinke keinen Alkohol.
2. *Nicht:* Ich will öfter lernen.
   Sondern: Ich lerne von Montag bis Freitag täglich 45 Minuten.
3. *Nicht:* Ich sollte mich einmal um meine Diplomarbeit bemühen.
   Sondern: Morgen vereinbare ich einen Termin in der Sprechstunde meines betreuenden Professors und bespreche das Problem mit ihm.

Ziele werden immer schriftlich festgelegt

Das wichtigste Prinzip der Zielsetzung – wie übrigens später auch der Planung – ist die *Schriftlichkeit.* Nur schriftlich festgehaltene Ziele besitzen uns selbst gegenüber Verbindlichkeit; sie regen zur Auseinandersetzung und zur Präzisierung an.

Der Prozess der Zielfindung beginnt mit der Erarbeitung eines *Lebenswunschbildes* (vgl. *Seiwert,* 2000, 54 ff.). Wir stellen uns vor, wie unser künftiges Leben verlaufen könnte (z.B. Diplomprüfung, konkreter Berufseinstieg, Familiengründung, Ort des Lebensmittelpunktes, Führungsposition in der sozialen Arbeit erringen). Die gefundenen Vorstellungen werden *schriftlich* festgehalten.

Wunsch- und Lebensziele

Im nächsten Schritt werden die Wunsch- und Lebensziele nach zeitlichen Kriterien differenziert. Dabei werden auch unsere wichtigsten Bezugspersonen (Eltern, Partner, Kinder, Chef) berücksichtigt. Die Wunsch- und Lebensziele werden differenziert nach:

- *Langfristig:* Was wollen wir in unserem Leben erreichen?
- *Mittelfristig:* Was wollen wir in den nächsten 1 bis 5 Jahren erreichen?
- *Kurzfristig:* Was wollen wir in den nächsten zwölf Monaten erreichen?

Das folgende Formblatt kann bei der Zusammenstellung helfen (nach *Seiwert,* 2000, 59).

Meine Wunsch- und Lebensziele
Private Wünsche
Langfristig (Lebensziele):
Mittelfristig (die nächsten 5 Jahre):
Kurzfristig (die nächsten 12 Monate):
Berufliche Wünsche
Langfristig (Karriereziele):
Mittelfristig (die nächsten 5 Jahre):
Kurzfristig (die nächsten 12 Monate):

Der dritte Schritt der persönlichen Zielfindung ist die Entwicklung eines beruflichen Leitbildes. Dies mag für einen Studenten, der als sein wichtigstes Ziel die Diplomprüfung vor Augen hat, etwas weitgegriffen erscheinen. Dies sollte aber niemanden davon abhalten, seine Vision seines Wunschberufes zu entwickeln. In Frage kommen beispielsweise im Bereich der sozialen Arbeit: Leiter eines Jugendamtes, Geschäftsführer eines Wohlfahrtsverbandes, Leiter einer Bildungseinrichtung, selbständige Tätigkeit als Betreuer oder Coach.

Auf die Festlegung des beruflichen Leitbildes sollte auf keinen Fall verzichtet werden, da von ihm eine starke Arbeits- und Leistungsmotivation ausgeht. Auch steuert es unsere Aktivitäten, Orientierungen und Berufsentscheidungen auf diesen Wunsch hin.

4.3.2 Situationsanalyse

Während im Zielfindungsprozess bei Zielanalyse die Antwort auf die Frage »Was will ich?« in Gestalt der Wunschziele gegeben wurde, bietet die Situationsanalyse die Antwort auf die Frage »Was kann ich«. Sie offenbart unsere Stärken und Schwächen und gibt so Hinweise, was aus- oder abgebaut werden muß. Wir erhalten auf diese Weise einen Überblick über unsere persönlichen Ressourcen, also den Mitteln zur Zielerreichung.

Stärken und Schwächen erkennen

Die Situationsanalyse beginnt mit Leitfragen zur beruflichen und persönlichen Situationsanalyse, die uns Aufschluss über unseren gegenwärtigen Standort geben (die Leitfragen sind teilweise übernommen aus *Seiwert*, 2000, 64 ff.). Auch unabhängig von jeder Zielsetzung oder Planung ist eine solche persönliche Analyse eine wertvolle Bestandsaufnahme unserer Fähigkeiten und Defizite. Selbstverständlich erfolgt die Beantwortung der Fragen wieder *schriftlich!*

Leitfragen zur persönlichen Situationsanalyse
Welches sind meine wichtigsten Charaktervorzüge und Stärken?
Welches sind meine Schwächen?
Welches sind meine Harmonien?
Welches sind meine Konflikte mit meiner Umwelt?
Wie und wann fühle ich mich stark?
Wie und wann fühle ich mich schwach?
Welche Erfolge konnte ich bisher erreichen? Warum?
Welche Erfolge konnte ich bisher nicht erreichen? Warum?
Welche Menschen fördern meine Entfaltung?
Welche Menschen behindern meine Entfaltung?
Wo kann ich mein Können entfalten?
Wo kann ich mein Können nicht entfalten?
Wem kann ich Nutzen bieten – jetzt und in Zukunft?
Was kann ich konkret tun, um anderen Nutzen zu bieten oder eine Freude zu machen?

Leitfragen zur beruflichen Situationsanalyse
Habe ich klare Zielvorstellungen über den Verlauf meines Studiums?
Weiß ich, was von mir als Student erwartet wird?
Kenne ich die zu meinem Studium gehörenden routinemäßig wiederkehrenden Aufgaben?
Plane ich meine Aufgaben?
Habe ich jederzeit einen Überblick über die anstehenden Aufgaben?
Kenne ich die Dringlichkeit und Wichtigkeit meiner Aufgaben?
Setze ich Prioritäten?
Erledige ich meine Aufgaben rechtzeitig?
Schiebe ich Aufgaben vor mir her?
Nehme ich Aufgaben selbständig in Angriff?
Wie groß ist der Einfluss des Studiums auf meinen persönlichen Lebensbereich?
Welche Erfolge und Teilerfolge kann ich in absehbarer Zeit erzielen?

Die Fragen zur beruflichen Situationsanalyse sind ausschließlich auf die Situation des Studenten abgestellt, da der Leser dieses Buches in aller Regel studiert. Für die berufliche Situationsanalyse nach Abschluss des Studiums wird *Seiwert*, 2000, 66 f., empfohlen. Aus den im bisherigen Leben erzielten Erfolgen und der Frage, warum diese erreicht werden konnten, erhalten wir Auskunft über unsere Stärken. Die bisherigen Misserfolge und Niederlagen lassen Rückschlüsse auf unsere Schwächen zu. Stärken und Schwächen sollen *schriftlich* niedergelegt werden. Diese können in folgenden Bereichen liegen:

- Berufliche Kenntnisse und Erfahrungen
- Soziale und kommunikative Fähigkeiten
- Persönliche Fähigkeiten
- Führungsfähigkeiten
- Denkfähigkeiten
- Arbeitstechniken

Nach diesen gewonnenen Erkenntnissen gilt es künftig, die erkannten Stärken aus- und die festgestellten Schwächen abzubauen.

4.3.3 Zielformulierung

Der letzte Schritt des Zielsetzungsprozesses ist die konkrete Zielformulierung. Aus ihr werden dann die jeweiligen Handlungsziele für die darauffolgende Stufe der Planung abgeleitet. Die persönlichen und beruflichen Ziele werden herangezogen und mit einem Termin oder Zeitpunkt versehen. Ebenso werden die konkreten Ergebnisse und die zur Realisierung notwendigen Schritte formuliert. Der persönliche Bereich, also Gesundheit und Wohlfühlen darf ebenso wenig vergessen werden wie Fort- und Weiterbildung. Für die spätere Karriereplanung ist es wichtig, dass ein kleiner Schritt sofort begonnen wird. Dies bringt oft mehr als umfangreiche strategische Überlegungen, die nur sehr schleppend in Gang kommen können.
Ein Lebens- und Karriereplan aus der Sicht des Studenten könnte wie folgt aussehen:

Lebensziel, Wunschziel	Wichtigkeit	Termin	Handlungsziele	Termin	Kontrolle
Diplom-Prüfung	hoch	2004	– Prüfungsvorbereitungen	ab sofort	
			– Thema für Diplom-Arbeit besorgen	2003	
SP im Jugendamt	hoch	2004	– Kontakt zu Jugendamts- leiter suchen	ab sofort	
			– Bewerbung fertigen	2004	
Familie gründen	hoch	2006			
als Betreuer selbständig machen	sehr hoch	2008	– Kontakte schaffen	ab 2006	
			– Existenzgründung vorbereiten	2007	
Eigenheim	hoch	2012	– Bausparverträge abschließen	2006	
			– Grundstückssuche	2009	

4.4 Planung

Zeitplanung ist die Vorbereitung zur Verwirklichung unserer Ziele *und* die Strukturierung der Zeit. Mit der Zeitplanung setzen wir die uns zur Verfügung stehende Zeit erfolgreich ein und wollen unsere angestrebten Ziele in einem möglichst geringen Zeitaufwand erreichen. *Mackenzie* (1995, 38 ff.) weist nach, daß
ein etwas größerer Aufwand für Planung weniger Zeitaufwand bei der Durchführung zur Folge hat. Im Ergebnis führt Zeitplanung also zu Zeitgewinn.

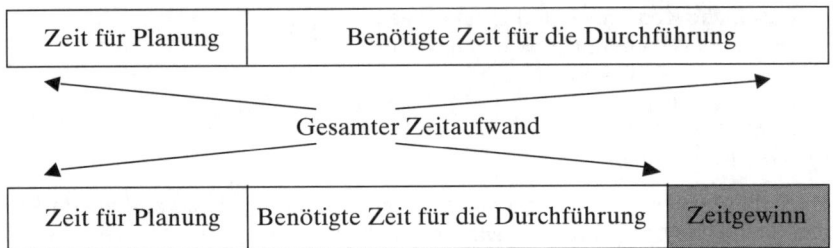

Zu Beginn der persönlichen Zeitplanung beträgt der Zeitaufwand für die Tagesplanung ca. 10 bis 15 Minuten. Doch schon nach kurzer Übung reduziert sich
der Aufwand für die Zeitplanung auf weniger als 10 Minuten. Wie die obige
Grafik zeigt, schlagen sich diese zur Planung eingesetzten Minuten in einem
deutlich größeren Zeitgewinn nieder. Als Faustregel gilt, dass für die zu planende Zeitperiode ca. 1 % als Planungszeit anzusetzen ist; das sind für einen achtstündigen Arbeitstag etwa 10 Minuten.

Die wichtigsten Vorteile der Zeitplanung stellen sich kurz zusammen gefasst
wie folgt dar:

– Besseres und schnelleres Erreichen der persönlichen und beruflichen Ziele;
– Zeitersparnis und Zeitgewinn für die wirklich wichtigen Aufgaben;
– Bessere Zeiteinschätzung bei den Aufgaben;
– Setzen von Prioritäten bei der Erledigung der verschiedenen Aufgaben;
– Strukturierung und damit rationellere Ausnutzung des Tagesablaufs;
– weniger Hektik und mehr Vorhersehbares im Tagesablauf.

4.4.1 Die zehn wichtigsten Prinzipien der Zeitplanung

Häufig wird gegen Zeitplanung der Einwand erhoben, man wolle und könne
doch nicht seinen gesamten Tag von vornherein verplanen – man komme sich
vor wie in einer selbst übergezogenen Zwangsjacke. Dieser Einwand zeigt, daß
dessen Urheber entweder von Zeitplanung nichts versteht oder die wichtigste
Grundregel der Zeitplanung nicht beherrscht. Sie lautet:

1. Nur 60 % der zur Verfügung stehenden Arbeitszeit werden verplant

Der Rest steht für Unvorhergesehenes, für Störzeiten und für nicht planbare Aktivitäten zur Verfügung. Bei einem achtstündigen Arbeitstag werden daher etwa fünf Stunden geplant.

Tägliche Arbeitszeit		
60 % geplante Arbeitszeit	**20%** unerwartete Aktivitäten (Pufferzeiten)	**20%** spontane Aktivitäten

2. Führen einer Aktivitätencheckliste

Das zweite Prinzip der Zeitplanung stellt das Anlegen einer Aktivitätencheckliste dar. In diese Liste werden alle zu erledigenden Aufgaben laufend eingetragen und ergänzt. Es empfiehlt sich, diese Liste ständig mitzuführen. Sie ist ein einfaches Mittel, um keine Aufgabe, die irgendwann einmal zu erledigen ist, zu vergessen. Gleichzeitig ist die Aktivitätencheckliste – zusammen mit dem Terminkalender – der Ausgangspunkt für die konkrete Tagesplanung.

3. Unerledigtes übertragen

Die Aufgaben, die am Ende eines Arbeitstages nicht erledigt werden konnten, werden sofort auf den nächsten Tag übertragen, so dass keine Aufgabe verloren oder vergessen werden kann.

4. Resultate statt Tätigkeiten festlegen

Anstelle der Aufgabe »Thomas anrufen« sollte in die Tagesplanung übernommen werden: »Termin für Arbeitsgruppe mit Thomas klären«. Oder: Statt »Brief an Dr. Fischer« plant man besser: »Dr. Fischer Tagessätze ab 01.01. mitteilen«. Auf diese Weise werden die Aufgaben zielorientiert festgehalten; dies dient einer wesentlichen Konzentration bei der Erledigung der betreffenden Aufgabe.

5. Zeitvorgaben machen

Oft kann man folgende Feststellung machen: Jede Arbeit zieht sich in der Regel so lange hin, wie Zeit zur Verfügung steht. Man stellt sich zur Erledigung einer Aufgabe mental auf das mögliche Zeitreservoir ein und nützt es auch völlig aus. Ein Beispiel aus der täglichen Praxis mag dies belegen: Man trifft sich zu einer Routinebesprechung. Die Tagesordnung sieht deutlich weniger Punkte vor als üblich. Trotzdem dauert die Besprechung genauso lang wie immer – wertvolle Zeit wurde demnach mehr oder weniger sinnlos vergeudet (zur rationellen Besprechungstechnik vgl. unten 4.8.5). Was für Besprechungen gilt, ist auch auf andere Tätigkeiten anwendbar. Wenn wir genaue Zeitvorgaben machen und nur die Zeit in unserem Plan ansetzen, die zur Erledigung der jeweiligen Aufgabe wirklich notwendig ist, können wir relativ viel Zeit pro Tag einsparen.

6. Erledigungstermine setzen

Für jede Tätigkeit sollte ein Endtermin für die Erledigung gesetzt werden. Dies zwingt zur Selbstdisziplin und vermeidet Unentschlossenheit, Verzögerungen und Aufschub. Erledigungen »so schnell wie möglich« oder »baldmöglichst« sind vage und geben keine Garantie für eine wirklich unverzügliche Beendigung der jeweiligen Arbeit. Auch in der Zusammenarbeit mit anderen sollte auf derartige Versprechungen verzichtet werden; sie bieten nur den Nährboden für Vorwürfe und Konflikte.

Deshalb ist bei der Planung einer jeden Aktivität auch der Erledigungstermin vorzusehen. Man trifft mit sich selbst bzw. anderen eine verbindliche Vereinbarung über die Fertigstellung einer Tätigkeit. Eine solche Vereinbarung zwingt uns auch, die – manchmal ungeliebte – Arbeit in Angriff zu nehmen.

7. Prioritäten festlegen

Oft wird nicht zwischen *Wichtigkeit* und *Dringlichkeit* einer Aufgabe unterschieden. Man ist stets geneigt, der dringlichen Aufgabe den Vorrang vor der wichtigen Aufgabe zu geben. Dabei sind die wichtigen Aufgaben diejenigen, die uns voranbringen, die dringlichen Aufgaben halten uns oft von der Zielerreichung ab. Wir müssen deshalb lernen, das Wichtige vom Dringlichen zu unterscheiden und dürfen uns nicht der *Tyrannei des Dringlichen* unterwerfen (siehe hierzu ausführlich unten 4.5).

8. Auch freie Zeiten werden geplant

Auch freie Zeiten, z.B. Warte- und Reisezeiten, sollten geplant und sinnvoll genutzt werden. Sie können für das Studium längerer Berichte, für die Lektüre von Fachpublikationen oder für konzeptionelle Überlegungen eingesetzt werden. Das *Zeitplanbuch* (siehe unten 4.4.4) hilft hier weiter. Auch bieten sich

diese Zeiten zur Nutzung für planerische und vorbereitende Überlegungen ebenso wie zur Weiterbildung an.

9. Zeitblöcke bilden

Zeitblöcke helfen, bestimmte Tätigkeiten »am Stück« zu erledigen und tragen
zu einer schnellen und effizienten Aufgabenerfüllung bei. Verschiedene Telefonate, das Erledigen der Tagespost oder das serienweise Abarbeiten mehrerer
kleinerer Aufgaben bieten sich an, in einer hierfür eingeplanten Zeit erledigt zu
werden. Hierzu werden beispielsweise am Vormittag und am Nachmittag Zeitblöcke von ca. 30 Minuten vorgesehen (siehe auch unten 4.4.4). Der Vorteil
dieser Technik liegt darin, dass der Arbeitsablauf nicht durch einzelne Telefonate oder Diktate immer wieder unterbrochen wird. Jede Unterbrechung einer
Tätigkeit erfordert wieder ein neues Einarbeiten und hemmt den zügigen Fortgang der Arbeit.

10. Für Abwechslung bei den Aktivitäten sorgen

Eine nach Möglichkeit abwechslungsreich gestaltete Tagesplanung lockert den
Tagesablauf auf und motiviert zu zügigem Arbeiten. Bei der Tagesplanung soll
daher ein Ausgleich zwischen kurz- und langfristigen Projekten, Einzelarbeit
und Besprechungen geschaffen werden. Dies schafft Abwechslung und erhöht
die Motivation. Auch der Student kann bei seiner Tagesplanung dieses Prinzip
berücksichtigen, indem er beispielsweise an Tagen mit relativ langen Lehrveranstaltungen die Zeiten für das häusliche Lernen nur kurz ansetzt, dafür aber
bewusst häusliche Tätigkeiten, Besorgungen oder ehrenamtliches Engagement
einplant.

4.4.2 Das System der Zeitplanung

Zeitplanung ist ein geschlossenes System, das aus langfristigen, mittelfristigen
und kurzfristigen Plänen besteht. Diese Pläne orientieren sich an den jeweiligen Zielen. Aus den langfristigen Plänen werden die mittelfristigen, hieraus wiederum die kurzfristigen Pläne entwickelt. Am Ende der entsprechenden
Planungszeiträume werden durch Soll-Ist-Vergleiche die erzielten Ergebnisse
ermittelt, die dann gegebenenfalls als Anpassungen bei den entsprechenden
Zeitplänen Berücksichtigung finden. Wer dagegen Zeitplanung lediglich als
Tagesplanung versteht, kann zwar einige Fortschritte erreichen, bekommt aber
dann Schwierigkeiten, wenn es darum geht, Prioritäten zu setzen.

Ziele und Planungszeiträume	
Langfristige Ziele (mehrere Jahre)	Mehrjahrespläne
Mittelfristige Ziele (3 Monate bis 1 Jahr)	Quartals- und Jahrespläne
Kurzfristige Ziele (1 Tag bis 1 Monat)	Tages-, Wochen- und Monatspläne

Das System der Zeitplanung wird bei *Seiwert,* 2000, 101, besonders anschaulich dargestellt:

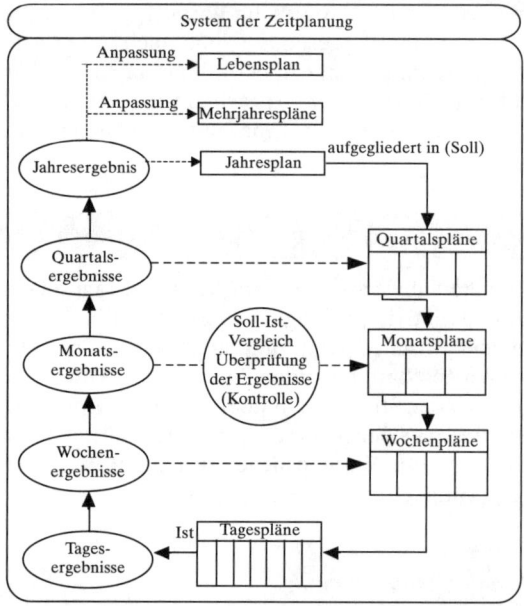

Vom Mehrjahresplan zum Tagesplan

Mehrjahrespläne orientieren sich an unseren Wunsch- und Lebenszielen. Hieraus wird der *Jahresplan* entwickelt, der die Ziele für ein Jahr enthält. Der *Quartalsplan* ist das Kontrollinstrument des Jahresplans, der uns dazu anregt, während des Jahres in regelmäßigen Abständen die abgelaufene Periode zu überdenken und eventuell notwendige Änderungen einzuplanen. Der *Monatsplan* wird aus dem Quartalsplan entwickelt, der *Wochenplan* enthält die Aktivitäten für eine Woche und ist eine detaillierte, möglichst genaue Vorschau für diese Zeitperiode.

Die feinste Stufe der Planung ist der *Tagesplan,* der sich aus dem bestehenden Wochenplan ableitet. Er enthält alle Aufgaben und Termine eines Tages. Auch bei der Tagesplanung gilt das Prinzip der *schriftlichen Planung.* Tagespläne, die nicht schriftlich niedergelegt sind, verlieren an Überblick und werden leichter umgeworfen. Sie bedeuten gleichzeitig auch eine Entlastung des Gedächtnisses und fördern die Konzentration auf die festgelegte Planung. Nur die schriftlich fixierte Planung erlaubt eine wirkungsvolle Kontrolle der Tagesziele und erleichtert das Übertragen der unerledigten Aktivitäten. Schließlich bewirkt die konsequente Tagesplanung eine deutliche Verbesserung der persönlichen Arbeitstechniken.

Die Tagesplanung für den jeweiligen Arbeitstag wird am Ende des vorhergehenden Arbeitstages angesetzt. So bildet diese Planung in Verbindung mit der Nachkontrolle (siehe unten 4.4.3) sowohl einen konsequenten Abschluss des Arbeitstages als auch eine gute Einstellung auf den nächsten Tag. Durch diese abendliche Planung haben wir die Gewissheit, dass der neue Tag nicht eine unbestimmte Last darstellt, sondern uns als bestimmt und transparent begegnet. Überlegungen zu Beginn des neuen Arbeitstages, womit man denn beginnen solle, entfallen und Unentschlossenheit kann gar nicht erst aufkommen.

4.4.3 Tagesplanung mit der ALPEN-Methode

Zur Ausgestaltung der Tagesplanung gibt es verschiedene Modelle, die sich mehr oder weniger voneinander unterscheiden. Die nach Auffassung des Autors wirkungsvollste Methode ist die *ALPEN-Methode* (vgl. hierzu *Seiwert*, 2000, 107 ff.), die aus fünf aufeinander aufbauenden Stufen besteht.

1. **A**ufgaben zusammenstellen
2. **L**änge der Tätigkeiten schätzen
3. **P**ufferzeit für Unvorhergesehenes reservieren
4. **E**ntscheidungen über Prioritäten treffen
5. **N**achkontrolle – Unerledigtes übertragen

Aufgaben zusammenstellen

In einem für die Tagesplanung vorgesehenen Formular werden in der entsprechenden Spalte alle Tätigkeiten eingetragen, die am kommenden Tag erledigt werden müssen. Dies können sein:

- Aufgaben aus der Aktivitätencheckliste,
- Aufgaben aus dem Wochen- oder Monatsplan,
- Unerledigtes vom Vortag,
- neue Tagesaufgaben,
- wahrzunehmende Termine,
- periodisch wiederkehrende Aufgaben.

Eine Aufgabenzusammenstellung für einen *Studenten* könnte demnach so aussehen:

- Vorlesung besuchen,
- Auto zur Reparatur bringen,
- Praxisstelle aufsuchen,
- Essen einkaufen,
- Jugendtreff leiten,
- KJHG-Kommentar in Bibliothek besorgen,
- Susanne anrufen (Wochenende),
- Stefanie anrufen (Arbeitsgemeinschaft vorbesprechen),
- Matthias anrufen (Probleme mit der Praxisstelle).

Ein *Sozialpädagoge in der Erwachsenenbildung* könnte folgende Aufgabenzusammenstellung anfertigen:

- Programm der Jahrestagung im Team besprechen,
- Fa. City-Druck anrufen (Einladungen),
- Programme der »Konkurrenz« lesen,
- Fa. Supernet anrufen (Internet-Anschluss),
- Vorstellungsgespräch der Praktikantin,
- Korrespondenz erledigen,
- Abrechnung des letzten Seminars überprüfen.

Länge der Tätigkeiten schätzen

In der nächsten Stufe wird hinter jeder Aufgabe der Zeitbedarf, der ungefähr für die Erledigung veranschlagt werden muss, notiert, wobei man zweckmäßigerweise in halbstündigen Schritten plant. Das Schätzen der Länge der einzelnen Tätigkeiten mag am Anfang noch Schwierigkeiten bereiten, doch ergeben sich nach einiger Übung Erfahrungswerte, die künftig als Grundlage verwendet werden können. Die konkrete Vorgabezeit für eine bestimmte Tätigkeit zwingt uns auch dazu, sie einzuhalten. Darüber hinaus arbeitet man wesentlich konzentrierter und unterbindet Störungen konsequenter, wenn man sich für eine bestimmte Aufgabe auch eine bestimmte Zeit vorgegeben hat.

Die oben gezeigten beiden Beispiele werden wie folgt ergänzt, wobei die einzelnen Telefonate zu einem Telefonblock zusammen gefasst werden:

	Std.
– Vorlesungen besuchen,	4,5
– Auto zur Reparatur bringen,	0,5
– Praxisstelle aufsuchen,	1,0
– Essen einkaufen,	1,0
– Jugendtreff leiten,	4,0
– KJHG-Kommentar in Bibliothek besorgen	0,5
– Susanne anrufen (Wochenende),	–
– Stefanie anrufen (Arbeitsgemeinschaft vorbesprechen),	0,5
– Matthias anrufen (Probleme mit der Praxisstelle).	–
Summe:	12,0

	Std.
– Programm der Jahrestagung im Team besprechen,	2,5
– Programme der »Konkurrenz« lesen,	1,0
– Vorstellungsgespräch der Praktikantin,	1,0
– Korrespondenz erledigen,	0,5
– Abrechnung des letzten Seminars überprüfen,	1,0
– Fa. City-Druck anrufen (Einladungen),	–
– Prof. Schmitt anrufen (Referat),	0,5
– Fa. Supernet anrufen (Internet-Anschluss).	–
Summe:	6,5

Pufferzeit für Unvorhergesehenes reservieren

Wie bereits bei den Grundprinzipien der Zeitplanung oben ausgeführt, darf niemals die gesamte zur Verfügung stehende Arbeitszeit verplant werden. Nur etwa 60 % der Arbeitszeit sollen in die Zeitplanung eines Tages einbezogen werden, die verbleibenden 40 % dienen als Pufferzeit für unerwartete und spontane Tätigkeiten. Geht man also von einem achtstündigen Arbeitstag aus, werden ca. fünf Stunden in die Planung mit einbezogen. Sollte die Aufgabenzusammenstellung – wie in den beiden obigen Beispielen – eine längere Arbeitszeit für den Tag ergeben, muss der die 60% übersteigende Anteil verschoben werden. Eine Hilfe bei der Auswahl der Tätigkeiten, die verschoben werden müssen, ist die richtige Prioritätensetzung.

Entscheidungen über Prioritäten treffen

Zur Reduzierung des Zeitbedarfs der Tagesaktivitäten auf ca. fünf Stunden bieten sich die folgenden Möglichkeiten an:

- Überprüfung des veranschlagten Zeitbedarfs für jede einzelne Tätigkeit und *Kürzung* auf das unbedingt Notwendige.
- Eindeutige *Prioritätensetzung* unterscheidet die anfallenden Aufgaben nach Wichtigkeit und Dringlichkeit und bringt sie in die richtige Rangordnung. Zur Prioritätensetzung eignet sich die *ABC-Methode* (siehe unten 4.5.2), für schnelle Entscheidungen das *Eisenhower-Prinzip*.
- Ausnutzen aller *Delegations- und Rationalisierungsmöglichkeiten*. Rationalisierungsmöglichkeiten liegen in der Verbesserung des persönlichen Arbeitsstils (siehe unten 4.6.2). Die Delegation von Aufgaben ist für den Studenten nahezu unmöglich. Allenfalls bei ehrenamtlicher Betätigung ist es in Ansätzen möglich, bestimmte Aufgaben auf Helfer zu delegieren.

Nachkontrolle – Unerledigtes übertragen

Da in der Regel nicht alle Aktivitäten, insbesondere Telefonate, wie geplant erledigt werden können, müssen diese auf einen anderen Tag übertragen werden. Die Nachkontrolle findet am Ende des Arbeitstages statt und wird in die Tagesplanung des nächsten Tages mit einbezogen. Die folgenden Fragen helfen bei der Nachkontrolle in der Form des Tagesrückblicks:

- Welche Aktivitäten konnte ich erledigen?
- Was war störend?
- Welche Aktivitäten sind nicht gelungen?
- Warum?
- Wie kann ich es in Zukunft besser machen?
- Was habe ich gut gemacht?
- Warum?
- Welche Aktivitäten erledige ich morgen?

Die wichtigsten 20 Vorteile der ALPEN-Methode sind bei *Seiwert*, 2000, 116, gut zusammengestellt:

20 Vorteile der ALPEN-Methode

- Bessere Einstimmung auf den nächsten Arbeitstag
- Planung des bevorstehenden Tages
- Überblick und Klarheit über die Tagesanforderungen
- Ordnung Ihres Tagesablaufes
- Ausschaltung von Vergesslichkeit

- Konzentration auf das Wesentliche
- Reduzierung von Verzettelung
- Erreichung der Tagesziele
- Unterscheidung zwischen wichtigen und weniger wichtigen Vorgängen
- Entscheidung über Prioritätensetzung und Delegation

- Rationalisierung durch Aufgabenbündelung
- Abbau und Handhabung von Störungen und Unterbrechungen
- Selbstdisziplin in der Aufgabenerledigung
- Abbau von Stress und Nervenverschleiß
- Gelassenheit bei unvorhergesehenen Ereignissen

- Verbesserung der Selbstkontrolle
- Positives Erfolgserlebnis am Tagesende
- Erhöhung von Zufriedenheit und Motivation
- Steigerung der persönlichen Leistungsfähigkeit
- und **vor allem:** Zeitgewinn durch methodisches Arbeiten

4.4.4 Zeitmanagement by Zeitplanbuch

In den zurückliegenden Jahren hat sich das *Zeitplanbuch* zum effektivsten Arbeitsmittel des persönlichen Zeitmanagements entwickelt. Während der »klassische« Terminkalender nur der Terminsetzung und nicht der Zielsetzung von Aktivitäten dient, der weder deren Zeitdauer noch deren Reihenfolge berücksichtigt, ist das Zeitplanbuch Terminkalender, Notizbuch, Tagebuch, Planungsinstrument, Erinnerungshilfe, Adressenverzeichnis, Nachschlagewerk, Ideenkartei, Projektsteuerungsmittel und Kontrollwerkzeug in einem.
Ein Zeitplanbuch ist in der Regel ein in einem Arbeitsringbuch zusammengefasstes Loseblattsystem mit den aufgezeigten Funktionen. Empfehlenswert ist das DIN A 5 Format, denn kleinere Ringbücher bieten nicht ausreichend Platz für die vielen Eintragungen in den einzelnen Formularen (z.B. für Aktivitäten, Besprechungsvorbereitung, Reisekostenabrechnungen, Tages-, Wochen-, Monats-, Jahrespläne, Adressenverzeichnisse usw.). Das Zeitplanbuch garantiert auch das Prinzip der Schriftlichkeit der Zeitplanung, die immer mit dem *Bleistift* festgehalten werden sollte, damit eventuelle Änderungen durch Radieren gelöscht werden können. Die überaus zahlreich angebotenen Formulare

werden durch sinnvolle Hilfsmittel wie Klarsichthüllen, Klemmtaschen, Land-karten, Info-Blätter oder verschiedene Registerblätter zweckmäßig ergänzt. Marktführer bei den Zeitplanbüchern ist das für Deutschland in Hamburg er-schienene Time/system mit dem wohl umfassendsten Zubehörteil. Die einmali-gen Anschaffungskosten von ca. DM 300 für das komplette System und ca. DM 120 für die jährlich notwendigen Ergänzungslieferungen dürften in aller Regel für den studentischen Geldbeutel zu hoch gegriffen sein, doch für den im Beruf stehenden Sozialpädagogen ist es allemal eine lohnenswerte Ausgabe, die sich durch Zeitgewinn, Arbeitssystematik und insgesamt mehr Freude an der Arbeit schnell bezahlt macht.

Neu sind Zeitplanbücher in der Form der elektronischen Organizer oder einer entsprechenden Software für den PC oder Laptop, die fast ganz ohne Papier auskommen und nur die speziell gewünschten Formulare ausdrucken. Die elek-tronischen Hilfen entsprechen in ihrer Anwendung den klassischen Zeitplan-büchern.

4.5 Grundlagen der Entscheidungsfindung

Entscheidung im Sinne des Zeitmanagements bedeutet, zielorientierte und ein-deutige Prioritäten zu setzen. Oft hat man am Ende eines langen und harten Arbeitstages das unbefriedigende Gefühl:»Was habe ich eigentlich heute ge-schafft?«. Oft wollen wir zu viele Aufgaben auf einmal erledigen oder wir ver-zetteln uns in unwichtigen, scheinbar aber notwendigen Aufgaben.

Wie dieses Problem gelöst werden kann, zeigt das schon »klassische« Beispiel, das *Mackenzie, 1995, 59 f.*, erzählt:

Zu seiner Zeit als Vorstandsvorsitzender von Bethlehem Steel stellte Charles Schwab ei-nem Unternehmensberater namens Ivy Lee eine ungewöhnliche Aufgabe. Er sollte ihm eine Möglichkeit aufzeigen, mehr zu erledigen. Er versprach:»Sollte es funktionieren, werde ich Ihnen einen angemessenen Preis dafür zahlen.«

Lee reichte Schwab ein Stück Papier und bat ihn aufzuschreiben, was er am folgenden Tag zu erledigen habe. Als Schwab die Liste abgeschlossen hatte, forderte Lee ihn dazu auf, die Aufgaben nach ihrer wirklichen Bedeutung zu ordnen. Schwab legte die Reihenfolge fest, und Lee sagte ihm:»Beginnen Sie morgen früh sofort mit der Arbeit an Ihrer Aufgabe mit höchster Priorität. Bleiben Sie an dieser Aufgabe, bis sie abgeschlossen ist. Nehmen Sie sich dann die Aufgabe Nummer 2 vor. Fangen Sie nichts anderes an, ehe Sie diese Aufgabe abgeschlossen oder zumindest weitestgehend vorangebracht haben. Gehen Sie dann zu Nummer 3 über und so weiter. Sollten Sie nicht alles termingerecht erledigen können, braucht Sie das nicht zu beunruhigen. In jedem Falle werden Sie sich um alle wichtigsten Angelegenheiten gekümmert haben, ehe Sie sich von weniger wichtigen Dingen ablenken lassen.

Das Geheimnis liegt darin, Tag für Tag auf diese Weise zu verfahren. Schätzen Sie die relative Bedeutung der zu erledigenden Aufgaben ab, setzen Sie Prioritäten, halten Sie Ihren Maßnahmenplan schriftlich fest und halten Sie ihn ein. Gehen Sie an jedem Arbeits-tag so vor. Haben Sie sich von dem Wert dieses Systems überzeugt, lassen Sie es Ihre Mitar-

beiter ausprobieren. Testen Sie das System, so lange Sie wollen. Zahlen Sie mir dann einfach den Betrag, den Ihnen diese Idee wert ist.«

Wenige Wochen später schickte Schwab Lee einen Scheck über 25 000 Dollar. Später bezeichnete er Lees Ratschlag als die Lektion, von der er in seiner gesamten beruflichen Laufbahn am stärksten profitiert habe.

Wir sehen, dass *Prioritätensetzung* praktisch nichts anderes ist als die Entscheidung darüber, welche Aufgaben erstrangig, zweitrangig usw. und welche nachrangig zu bearbeiten sind.

Durch die Aufstellung der persönlichen Reihenfolge der Aufgaben stellen wir sicher, dass nur an den wichtigen und notwendigen Aufgaben gearbeitet und diese in der festgelegten Zeit zielorientiert begonnen werden.

4.5.1 Das Pareto-Zeitprinzip

Das nach dem italienischen Volkswirt und Soziologen *Vilfredo Pareto* (1848–1923) benannte *Pareto-Prinzip* besagt, dass innerhalb einer gegebenen Menge einige wenige Teile einen weitaus größeren Wert aufweisen als dies ihrem größenmäßigen Anteil an der Gesamtmenge in dieser Gruppe entspricht. Einige Beispiele erläutern diese These:

– 20 % der Bestände eines Unternehmens machen normalerweise 80 % des Wertes einer Inventur aus. Oder: 80 % der Bestände erbringen nur 20 % des Wertes bei der Inventur.
– 20 % der Kunden bringen 80 % des Umsatzes bzw. des Gewinns. Oder: 80 % der Kunden bringen nur 20 % des Umsatzes bzw. des Gewinns.
– 20 % der Fehler verursachen 80 % des Ausschusses. Oder: 80 % der Fehler verursachen 20 % des Ausschusses.
– 20 % des Arbeitsaufwands bei der Belegung einer Bildungsstätte sind notwendig, um 80 % der Auslastung zu erhalten. Oder: 80 % des Arbeitsaufwands sind für die restlichen 20 % Auslastung erforderlich.
– 20 % Arbeitsaufwand sind in der Jugendhilfe erforderlich, um 80 % der Fälle zu bearbeiten. Oder: 80 % Arbeitsaufwand sind für die restlichen 20 % der Fälle erforderlich.

Für unsere tägliche Arbeit bedeutet das Pareto-Prinzip, das auch *80:20-Regel* genannt wird, dass man bereits mit den ersten 20 % der aufgewandten Zeit (Input) einen Anteil von 80 % der Ergebnisse (Output) erzielt. Oder: Die restlichen 80 % der aufgewandten Arbeitszeit erbringen nur noch 20 % der Gesamtleistung. Hieraus folgt, dass wir bei der Erledigung unserer Aufgaben *nicht* zuerst mit den leichtesten oder den Arbeiten mit dem geringsten Zeitaufwand beginnen sollen, sondern mit denen, die uns unseren Zielen näher bringen. *Seiwert* (2000, 132): »*>Lebenswichtige wenige< Probleme* vor den *>nebensächlich vielen< Problemen* in Angriff nehmen!«.

4.5.2 Prioritätensetzung

Bei der Arbeit müssen wir uns klar machen, dass wir nicht alles tun können. Wir müssen deshalb Prioritäten setzen, mit den wichtigsten Aktivitäten beginnen und lernen, Wichtigkeit von Dringlichkeit zu unterscheiden.

Die ABC-Analyse

Eine Hilfe bei der Prioritätensetzung ist die *ABC-Analyse,* die die verschiedenen Einzelaktivitäten nach deren Wichtigkeit für das Erreichen der persönlichen und beruflichen Ziele in drei Kategorien einteilt.

- *A-Aufgaben* sind die wichtigsten Aufgaben, die etwa 15 % der Menge aller Aufgaben und Tätigkeiten ausmachen. Der eigentliche Wert dieser Aufgaben im Sinne eines Beitrags zur Zielerreichung liegt jedoch bei 65 %.
- *B-Aufgaben* sind durchschnittlich wichtige Aufgaben, die etwa 20 % an der Menge und auch etwa 20 % am Wert unserer Aufgaben und Tätigkeiten ausmachen.
- *C-Aufgaben* sind weniger wichtige oder unwichtige Aufgaben, die 65 % an der Menge aller Aufgaben, aber nur 15 % am Wert aller unserer Aufgaben ausmachen.

Für die tägliche Planung ergibt sich folgende praktische Anwendung der ABC-Analyse:

Alle für den entsprechenden Tag anstehenden Aufgaben werden zunächst aufgelistet. Danach werden sie nach ihrer Wichtigkeit in der Reihenfolge ihres Wertes für unsere Tätigkeit geordnet und durchnumeriert. Schließlich werden die Tätigkeiten nach der ABC-Analyse bewertet. Die ersten 15 % aller Aufgaben, die sehr wichtig und von großem Wert sind, sind A-Aufgaben, die nächsten 20 % B-Aufgaben und die restlichen 65 % sind C-Aufgaben. Im beruflichen Alltag müssen A-Aufgaben unbedingt immer selbst, B-Aufgaben in aller Regel selbst und C-Aufgaben selten selbst erledigt werden, sie sind delegierbar.

Von der zur Verfügung stehenden Arbeitszeit (ca. 5 Stunden bei einem achtstündigen Arbeitstag) werden dann 65 % (ca. 3 Stunden) für A-Aufgaben, 20 % (ca. 1 Stunde) für B-Aufgaben und ca. 15 % (ca. 45 Minuten) für selbst zu erledigende C-Aufgaben angesetzt.

Die folgenden Hilfsfragen erleichtern uns am Anfang den Entscheidungsprozess *(Seiwert, 2000, 136 f.):*

- Durch die Erfüllung welcher Aktivitäten komme ich meinen Hauptzielen am nächsten?
- Kann ich durch die Erfüllung einer einzelnen Aktivität gleich mehrere andere erledigen?
- Durch die Erfüllung welcher Aktivität habe ich den größten Nutzen?

– Bei welcher Aktivität habe ich im Falle der Nichterfüllung mit den negativsten Folgen zu rechnen?

Das Eisenhower-Prinzip

Eine weitere Entscheidungshilfe, die insbesondere auf Wichtigkeit und Dringlichkeit abhebt, geht auf den US-General *Dwight Eisenhower* zurück.

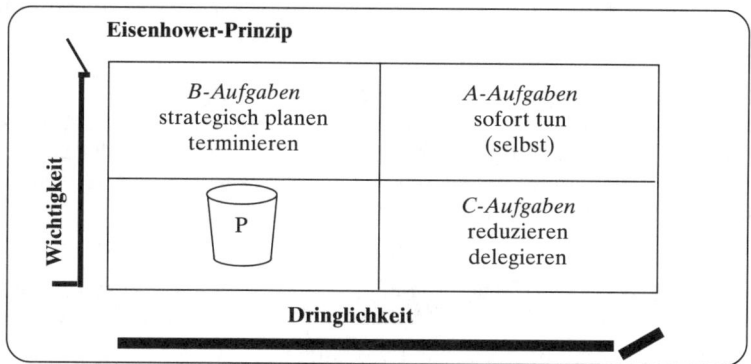

(*Seiwert* 2000, 138)

Aufgaben mit *hoher Wichtigkeit und hoher Dringlichkeit* werden *sofort* angegangen und von uns *selbst* erledigt. *Aufgaben mit hoher Wichtigkeit und geringer Dringlichkeit* werden ebenfalls *selbst* erledigt, *aber strategisch geplant* und zur Durchführung *terminiert. Aufgaben mit hoher Dringlichkeit,* die jedoch *weniger wichtig* sind, werden – nach Möglichkeit – *delegiert* oder *nachrangig selbst* erledigt. *Von weniger wichtigen und weniger dringlichen Aufgaben* sollte *Abstand genommen* werden. Hierzu gehört allerdings gerade am Anfang etwas Mut zum Risiko, aber die Entscheidung für den Papierkorb ist hier die beste!

4.5.3 Grundlagen der Delegation

Delegation ist die Übertragung von Aufgaben oder Tätigkeiten an Mitarbeiter. Sie umfasst nicht nur die Übertragung der reinen Erledigung einer Aufgabe, sondern auch die Übertragung von Kompetenzen und Verantwortung. Delegation ist für Führungskraft und Mitarbeiter gleichzeitig von Vorteil, da sie einerseits Selbstentlastung bedeutet und Zeit für Führungsaufgaben schafft, andererseits Mitarbeitern Chancen zur Entwicklung gibt.

Für Studenten stellt die Delegation *keine* Maßnahme des Zeit- und Selbstmanagements dar, da diese keine Möglichkeit zur Delegation haben. Man lernt selbst für sich selbst und bereitet sich selbst auf Prüfungen vor; auch die Diplom-Arbeit wird selbst geschrieben. Zeitliche Entlastung ist für den Studenten deshalb nur dann gegeben, wenn er beispielsweise in Arbeitsgruppen mit verteilter Schwerpunktsetzung lernt oder sich auf Prüfungen vorbereitet. Lediglich im Bereich eines ehrenamtlichen Engagements kann der Student von Delegationsmöglichkeiten Gebrauch machen, wenn er z.b. in der Jugendarbeit oder in der Erwachsenenbildung tätig ist.

Da sich dieses Buch jedoch auch auf die Praxis der Sozialen Arbeit bezieht, sollen die Möglichkeiten und Voraussetzungen der Delegation dennoch kurz aufgezeigt werden. Zur weiteren Information über die Delegation im Rahmen der Zeitplanung wird auf *Seiwert*, 2000, 141 ff., verwiesen. Als vertiefende, uns weiterführende Literatur zu diesem Thema werden empfohlen: *Hagemann, Gisela:* Die Hohe Schule der Motivation. Landsberg 1990; *Sprenger, Reinhard K.:* Mythos Motivation. Wege aus der Sackgasse. Frankfurt/New York, 12. Aufl. 1997.

Delegieren ist nicht einfach die Beauftragung eines anderen mit einer bestimmten Aufgabe. Richtiges Delegieren setzt eine bestimmte Technik der Delegation voraus. Wer erfolgreich delegieren will, muss dies *wollen* und *können*, d. h. er muss die *Bereitschaft* und die *Fähigkeit zur Delegation* haben.

Bereitschaft zur Delegation

Die folgenden – offen oder versteckt vorhandenen – Widerstände gegen eine Delegation können die Bereitschaft, bestimmte Aufgaben zu delegieren, lähmen:

- Man weiß selbst nicht genau über die Aufgabe und ihre Probleme Bescheid, so dass auch unklar ist, was an die Mitarbeiter weitergegeben werden muß.
- Man verzichtet auf eine Delegation, weil man der Meinung ist, die Arbeit selbst schneller als die Mitarbeiter zu erledigen.
- Man wird durch die allgemeine Arbeitssituation so sehr in Anspruch genommen, dass keine Zeit für die Erklärung zu delegierender Aufgaben bleibt.
- Es entsteht Angst vor Konkurrenz, weil man fürchtet, der Mitarbeiter kann die Aufgabe besser erledigen als man selbst.
- Man befürchtet, die Kontrolle über eine Arbeit zu verlieren, sobald sie aus den eigenen Händen gegeben wird.

Alle genannten Widerstände sind unnötig und überflüssig. Sofern einer dieser Widerstände tatsächlich gegeben ist, muss er analysiert und beseitigt werden.

Fähigkeit zur Delegation (Techniken)

Um richtig delegieren zu können, sind die folgenden Voraussetzungen zu beachten:

- Die Delegation soll so frühzeitig wie möglich erfolgen – am besten schon beim Aufstellen des Tagesplans.
- Der geeignete Mitarbeiter ist entsprechend seiner Fähigkeiten und zeitlichen Kapazitäten auszuwählen.
- Der Mitarbeiter ist ausreichend und rechtzeitig über seine auszuführende Tätigkeit zu informieren.
- Die Verantwortungsbereiche im Rahmen der Delegation sind abzugrenzen und zu überwachen.
- Nicht nur isolierte Teilaufgaben, sondern möglichst vollständige Aufgaben sollen delegiert werden.
- Gleichartige Aufgaben sollen möglichst dauerhaft an bestimmte Mitarbeiter delegiert werden.
- Bei der Delegation ist der Sinn und Zweck der Aufgabe zu erklären; dies fördert die Motivation der Mitarbeiter.
- In festgelegten Abständen erfolgt ein Bericht über den aktuellen Stand der Arbeit.
- Das Endergebnis der delegierten Arbeit ist zu überprüfen und der Mitarbeiter über das Ergebnis zu informieren.

4.6 Realisation und Organisation

Realisation und Organisation als vierte Zeitmanagement-Funktion umfasst die methodische und systematische Zusammenfassung unserer Aktivitäten in Richtung auf die gesetzten Ziele. Dabei geht es darum, die in den ersten drei Zeitmanagement-Funktionen gewonnenen Erkenntnisse konkret bei der Organisation des Arbeitstages umzusetzen und dabei weitestgehend selbst über die eigene Arbeit und Zeit zu verfügen.

4.6.1 Regeln zur Organisation der Tagesgestaltung

Mit Hilfe von 20 Regeln, die als Anregungen oder – in einzelnen Fällen auch – als Selbstverständlichkeiten verstanden werden wollen, kann der Ablauf des Arbeitsalltags positiv gestaltet werden (vgl. *Seiwert*, 2000, 161 ff.).

1. Mit positiver Einstellung den Tag beginnen: Man soll versuchen, bereits unmittelbar nach dem Aufstehen dem Tag etwas Positives abzugewinnen. Diese Grundeinstellung beeinflusst dann auch die Einstellung, mit der wir an die jeweiligen Aufgaben des neuen Tages herangehen.

2. Gutes Frühstück und ohne Hast in die Hochschule oder zur Arbeit: Ein gutes Frühstück gibt Energie für den ganzen Tag, auf die nicht verzichtet werden sollte. Die Fahrt zur Hochschule oder zur Arbeit sollte so eingeplant sein, dass sie ohne Hast durchgeführt werden kann.

3. *Arbeitsbeginn möglichst zu konstanten Zeiten:* Die Arbeit sollte an jedem Tag zur selben Zeit beginnen. Sollten die Vorlesungen nicht täglich zur selben Zeit stattfinden, empfiehlt es sich, zur Zeit des üblichen Vorlesungsbeginns eine Aktivität in der Tagesplanung anzusetzen, die am häuslichen Schreibtisch erledigt werden kann.

4. *Überprüfung des Tagesplans:* Zu Beginn der Arbeit sollte der am Vorabend erstellte Tagesplan noch einmal überprüft und gegebenenfalls geändert werden.

5. *Schwerpunktaufgabe und Kompliziertes am Morgen erledigen:* Mit der wichtigsten Tagesaufgabe (Schwerpunktaufgabe), die auch die höchste Priorität für diesen Tag hat, sollte zuerst begonnen werden. Man kann so sicherstellen, dass am Ende eines Arbeitstages wenigstens die allerwichtigsten Aufgaben erledigt oder zumindest in Angriff genommen wurden.

6. *Gute Arbeitsvorbereitung:* Die zu erledigenden Aktivitäten sollten gut vorbereitet sein. Die für die Durchführung notwendigen Unterlagen und Werkzeuge müssen im Moment des Arbeitsbeginns auf dem Schreibtisch vorliegen.

7. *Tätigkeiten mit Rückwirkungen vermeiden:* Aktive und kontaktfreudige Menschen neigen häufig dazu, sich immer wieder mit neuen Ideen zu beschäftigen, die in der Regel wieder neue Terminverpflichtungen nach sich ziehen. Alle Aktivitäten, die zusätzlich übernommen werden, engen unseren zeitlichen Spielraum ein. Es sollte deshalb vor deren Übernahme geprüft werden, welche Rückwirkungen auf unsere Arbeitszeit entstehen können.

8. *Zusätzliche Dringlichkeitsfälle ablehnen:* Immer gibt es zusätzliche Dringlichkeitsfälle oder unerwartete Entwicklungen, die zusätzliche Zeit und Energie kosten können. Grundsätzlich sind für diese Tätigkeiten 20 % der Arbeitszeit nicht verplant. Sollte der absehbare Zeitaufwand jedoch größer werden, muss geprüft werden, mit welchen Negativfolgen gerechnet werden muss, wenn diese Aktivität entweder unterbleibt oder von einer anderen Person erledigt wird.

9. *Ungeplante impulsive Aktivitäten vermeiden:* Wenn man während der Arbeit spontan etwas anderes tun will, z.B. irgendwelche Kleinigkeiten erledigen oder jemanden anrufen, soll überlegt werden, ob diese Unterbrechung für die derzeitige Aktivität notwendig und sinnvoll ist. In der Regel ist dies nicht der Fall – derartige Unterbrechungen sind leistungsmindernd und motivationshemmend.

10. *Rechtzeitig Pausen machen:* Zu langes Arbeiten ohne Pause lässt die Konzentrationsfähigkeit erschlaffen. Es sollten deshalb regelmäßige, kurze Pausen eingelegt werden, die der Entspannung dienen, in denen man sich – möglichst unter Sauerstoffzufuhr – kurz bewegt. Diese Pausen sollten ca. 5 bis maximal 10 Minuten dauern und etwa nach einer Stunde Arbeitszeit stattfinden.

11. Kleinere oder ähnliche Aufgaben als Arbeitsblock erledigen: Routine-tätigkeiten oder ähnliche Aufgaben, z.b. Telefonate, Postbearbeitung, Diktate, Lesestoff, der nur kurz zu überfliegen ist, sollen zu Arbeitsblöcken zusammen gefasst werden. Dies hat den Vorteil, dass man diese Arbeitsgänge nur einmal vorzubereiten braucht und bei Tätigkeiten gleicher Art bleibt. Durch diesen kontinuierlichen und konzentrierten Ablauf wird Zeit gespart.

12. Angefangene Arbeiten sinnvoll abschließen: Hat man sich einmal in einen Vorgang eingearbeitet, sich aber zwischendurch mit anderen Aufgaben beschäftigt und sich in die beiseite gelegte Arbeit erneut eingearbeitet, geht viel Zeit verloren. Dies kann vermieden werden, wenn man versucht, begonnene Tätigkeiten immer abzuschließen oder an sinnvoller Stelle zu unterbrechen.

13. Zeitüberhänge nutzen: Ungeplante Leerlauf- oder Wartezeiten darf man nicht ungenutzt verstreichen lassen. Auch die letzten Minuten vor der Mittagspause oder die Zeit, die wir durch schneller als geplant erledigte Aktivitäten gewonnen haben, sollte für vorbereitende, planende oder Routinetätigkeiten genutzt werden. Hierdurch gewinnt man im Lauf einer Woche zusätzlich verfügbare Zeit.

14. Antizyklisch arbeiten: Bei der Tagesplanung sind die störarmen und störanfälligen Zeiten zu berücksichtigen. Während der üblicherweise störarmen Zeit sollten die wichtigsten Arbeiten erledigt werden. Während der störanfälligen Zeiten sollten einkalkulierte Pufferzeiten oder C-Aufgaben eingeplant werden.

15. Stille Stunde einrichten: Da es für die Erledigung wichtigster Aufgaben sinnvoll ist, möglichst störungsfrei arbeiten zu können, sollte täglich eine Stille Stunde eingerichtet werden, in der man von niemandem gestört wird. Auch dieser Termin wird im Tagesplan schriftlich festgehalten.

16. Zeit und Pläne kontrollieren: Bei Besprechungen oder anderen Tätigkeiten neigt man dazu, zunächst am Anfang relativ viel Zeit zu verschwenden, die dann am Schluss der Aktivität fehlt. Mit Hilfe einer Armbanduhr, die ein Stundensignal sendet, kann dies unterbunden werden.

17. Unerledigtes am Ende des Arbeitstages abschließen: Kleinere Arbeiten, die sich im Laufe des Tages ergeben haben und liegengeblieben sind, sollten am selben Tag beendet werden. Jeder Aufschub erfordert einen zusätzlichen Arbeitsaufwand, der vermieden werden kann.

18. Ergebnis- und Selbstkontrolle: Im Hinblick auf die Zeiteinteilung und eventuelle Abweichungen ist ein Soll-Ist-Vergleich der persönlichen Tagesgestaltung am Ende eines jeden Arbeitstages ein wichtiger Bestandteil der gesamten Arbeitstechnik und die notwendige Voraussetzung für die Kontrolle.

19. Zeitplan für den nächsten Arbeitstag: Am Ende eines jeden Arbeitstages ist die Planung für den nächsten Tag vorzunehmen. Dies ist einerseits ein sinnvoller Abschluss des zu Ende gehenden Tages und andererseits eine gute mentale Einstimmung auf den nächsten.

20. *Mit positiver Stimmung nach Hause fahren:* Man sollte sich auf den wohlverdienten Feierabend freuen und sich bei der Heimfahrt auf den zweiten Teil des Tages einstimmen.

Über diese Regeln hinaus soll noch darauf hingewiesen werden, dass jeder Mensch in seiner Leistungsfähigkeit bestimmten Schwankungen unterworfen ist. Jeder kennt »Morgenmuffel« und »Abendmenschen«. Dieser *natürliche Tagesrhythmus* sollte bei der persönlichen Tagesgestaltung ebenso berücksichtigt werden wie die Erkenntnisse des *Biorhythmus,* auf die hier jedoch nicht näher eingegangen werden soll.

4.6.2 Der persönliche Arbeitsstil

Einen wichtigen Faktor für den täglichen Arbeitserfolg stellt der persönliche Arbeitsstil dar. Dieser hängt in erster Linie von den bisherigen Gewohnheiten und den Charaktereigenschaften eines jeden einzelnen ab. Will man dies ändern, ist es unabdingbar, sich seiner individuellen Stärken und Schwächen bewusst zu sein. Man muss *motiviert* sein, die Stärken zu erhalten und auszubauen, die Schwächen abzustellen. Die folgende Checkliste hilft, den *persönlichen Arbeitsstil* kennen zu lernen.

Persönlicher Arbeitsstil

Schiebe ich unangenehme Arbeiten und Aufgaben vor mir her?

Vertage ich fällige, aber unangenehme Entscheidungen des öfteren?

Nehme ich Arbeiten in Angriff, ohne mir vorher Gedanken über die beste Vorgehensweise zu machen?

Stelle ich schwierige Aufgaben nach begonnener Bearbeitung erst einmal zurück?

Bringe ich Arbeiten häufiger nicht zu Ende, weil ich immer wieder gestört werde?

Neige ich dazu, auch in solchen Bereichen nach perfekter Aufgabenerfüllung zu streben, wo sie nicht nötig ist?

Ursachen für diese Probleme können sein:

- Keine Ziele, Prioritäten oder Tagespläne zu haben.
- Der Versuch, zuviel auf einmal erledigen zu wollen.
- Die Angst, Fehler zu machen.
- Der Drang zum falsch verstandenen Perfektionismus.
- Fehlende Initiative und fehlende Motivation.

- Keine Bewertung der Arbeitsaufgaben.
- Der Versuch, innerhalb zu kurzer Zeit zu viel tun zu wollen.
- Die Unfähigkeit, »Nein« sagen zu können.
- Keine Endtermine für Aktivitäten zu setzen.
- Persönliche Desorganisation.

Maßnahmen zur Lösung dieser Probleme können sein:

- Ein Zeitplanbuch führen.
- Ziele formulieren und Prioritäten setzen.
- Erkennen, dass jeder Fehler die Möglichkeit neuer Erfahrungen bietet.
- Gründe für die Unzufriedenheit bei der Arbeit herausfinden.
- Ehrlich und mit guter Begründung »Nein« sagen zu lernen.
- Bei der Prioritätensetzung Wichtigkeit und Dringlichkeit unterscheiden.
- Endtermine für die Erledigungen setzen.
- Schreibtisch aufräumen.

Ein *Tagesrahmenplan,* der den Verlauf eines »idealen Tages« plant, enthält feste Bestandteile eines Arbeitstages, die regelmäßig wiederkehren. Hierzu zählen beispielsweise: Arbeitsbeginn, Stille Stunde, Vorlesungen, Arbeitsgruppen, Pausenregelung, Korrespondenzerledigung, Telefonblöcke, Tageskontrolle oder die Planung für den nächsten Arbeitstag. Diese Aktivitäten werden im Tagesrahmenplan an festen Zeiten vorgeplant und nach Möglichkeit regelmäßig realisiert. Dies ist zweifellos schwierig, da nicht ein Arbeitstag dem anderen gleicht, doch gibt der Tagesrahmenplan ein hilfreiches Korsett für die regelmäßige Tagesplanung.

4.7 Kontrolle

Die fünfte Funktion des Zeitmanagements, die Kontrolle, ist die letzte Funktion im äußeren Ring des Zeitmanagementskreises (vgl. oben 4.1). Die regelmäßige Kontrolle der Zeitpläne ist wichtig, denn jede Zielsetzung und Planung ist nur so gut wie ihre anschließende Realisierung und die abschließende Kontrolle ihrer Einhaltung. Kontrollen vermitteln darüber hinaus ein Erfolgserlebnis, wenn festgestellt wurde, dass eine bestimmte Aktivität zufriedenstellend erledigt werden konnte.

Die Kontrolle vollzieht sich in drei Stufen: Erfassung des *Ist-Zustands,* Vergleich des Erreichten mit der Vorgabe *(Soll-Ist-Vergleich)* und Einleitung *korrektiver Maßnahmen.*

Die Erfassung des *Ist-Zustands* beginnt mit einer Übersicht des tatsächlich Erreichten. Dabei wird nicht nur festgestellt, ob die fertiggestellte Aufgabe erledigt wurde, sondern wie dies geschah. Es wird ermittelt, ob die anstehenden Tätigkeiten auch tatsächlich nach ihrer Priorität in Angriff genommen wurden, ob kleinere Aufgaben wirklich zu einem Block zusammen gefasst wurden und

ob persönliche Störfaktoren und Zeitfresser bekämpft wurden. Diese Tätigkeits-
analyse ist *regelmäßig schriftlich* durchzuführen. Ein *Tages-Störblatt,* das alle
Störungen und Unterbrechungen schriftlich festhält, hilft, den persönlichen
Arbeitsstil laufend zu verbessern. Beim anschließenden *Soll-Ist-Vergleich* wird festgestellt, ob das angestrebte Ziel
tatsächlich erreicht wurde. Die Abweichungen von der geplanten Vorgabe wer-
den schriftlich festgehalten. Dabei geht es nicht nur um die Überprüfung einer
einzelnen Aktivität, sondern um die Überprüfung der Verwendung unserer gesamten Arbeitszeit im Rahmen eines Tages oder einer Woche. Im Ergebnis können so Verbesserungsmöglichkeiten zur Zeiteinsparung gefunden werden. Auch
muss die Frage erlaubt sein, was passiert wäre, wenn eine Tätigkeit ersatzlos
gestrichen oder delegiert worden wäre. Die in den beiden vorangegangenen Schritten gewonnenen Ergebnisse werden
schließlich bei festgestellten Abweichungen in korrektive Maßnahmen umge-
setzt. Diese Umsetzung ist besonders wichtig, denn nur aus der Feststellung,
was falsch gemacht wurde, fließen noch keine Verbesserungen unseres persönlichen Arbeitsstils. Die erkannten Abweichungen vom Ziel führen entweder zu
einer Änderung der Vorgaben *(Zielkorrektur)* oder zu einer Verbesserung der
Zeitplanung *(Maßnahmenkorrektur).* Wichtig ist, dass Kontrollen ebenso wie Aktivitäten frühzeitig geplant werden
müssen, damit Korrekturmaßnahmen noch rechtzeitig eingeleitet werden kön-
nen. Bei komplexen Aufgaben oder längeren Projekten sollten Zwischen-
kontrollen vorgesehen werden.

4.8 Information und Kommunikation

Mittelpunkt des Zeitmanagementkreises (vgl. oben 4.1) sind Information und
Kommunikation, um die sich die anderen Funktionen ständig drehen. Wegen
der immer mehr ansteigenden *Informationsflut* muss unsere Informationsver-
arbeitung im Hinblick auf unsere Lebens- und Arbeitsziele System und Ordnung haben. Die Funktion Information und Kommunikation ist ein wichtiges
Bindeglied zwischen den Zeitmanagementtätigkeiten, die wir bislang kennen
gelernt haben. *Kommunikation* ist der Austausch von Informationen mit anderen, sei es persönlich, am Telefon oder im Internet. Ebenso wie die Information nimmt sie
einen großen Anteil der täglichen Arbeitszeit in Anspruch. Dies wird im Berufsleben, also in der Zusammenarbeit mit anderen, noch häufiger festzustellen
sein als in der Studienzeit. Um auch die Zeiten, die für Information und Kommunikation notwendig sind, rationell und zielorientiert zu gestalten, soll ein
Überblick über die wichtigsten Arbeitstechniken das Kapitel »Zeit- und Selbstmanagement« abschließen, wobei bei der Auswahl der Techniken die Bedürfnisse eines Studenten schwerpunktmäßig berücksichtigt wurden. Die Techniken selbst werden *stichpunktartig* vorgestellt.

4.8.1 Rationelles Lesen

Bereits der Student merkt, dass die Fülle an Lesestoff, die uns erreicht, deutlich zugenommen hat. Im Berufsleben wird dies noch mehr zunehmen. Neben Briefen, Büchern und Fachzeitschriften werden wir dann noch mit Rundschreiben, Aktennotizen, Hausbriefen usw. eingedeckt. Untersuchungen haben ergeben, dass Führungskräfte heute etwa 30 % ihrer Zeit mit Lesen verbringen. Rationelles Lesen und eine Verbesserung der Lesetechnik können zu einer Zeitersparnis führen. Verbesserungen beim Lesen können wir in den Bereichen *vor* dem, *während* des und *nach* dem Lesevorgang einteilen. Die hier vorgestellten Techniken beziehen sich in erster Linie auf Akten und andere Schriftstücke; Hinweise, wie ein Buch erschlossen und verarbeitet wird, finden sich unten bei 7.1.

Methoden vor dem Lesen

Unabhängig von der Lesegeschwindigkeit kann man durch gezieltes, *selektives Lesen* Zeit einsparen. Der zur Verfügung stehende Lesestoff muss daher selektiert und nur das gelesen werden, was man wirklich zur Information benötigt. Bei der Auswahl helfen folgende Fragen *(Seiwert,* 2000, 226):

- Was *muss* ich alles lesen?
- Was *soll* ich alles lesen?
- Was *will* ich alles lesen?
- Was *will* ich damit anfangen?
- Was kann ich *später* lesen?
- Was brauche ich *überhaupt nicht* zu lesen?

Aus diesen Fragen folgt, dass Schriftstücke, die man nicht verpflichtet ist zu lesen ebenso wenig gelesen werden müssen wie solche, die nicht unmittelbar in unseren Arbeitsbereich hineinfallen. Auch sei nochmals daran erinnert, kleinere Leseeinheiten für Leseblöcke zusammenzufassen. Mindestens eine Stunde pro Woche sollte für – zwei – solche Leseblöcke reserviert werden.

Es sollte auch darauf geachtet werden, wirklich nur die Zeitschriften oder Periodika zu abonnieren, die für die Erreichung unserer Ziele regelmäßig wichtig sind. Benötigen wir eine Zeitschrift nur gelegentlich, müssen wir sie nicht regelmäßig beziehen. Bei den heutigen Preisen von Fachzeitschriften spart diese Überlegung nicht nur Zeit, sondern auch Geld!

Methoden während des Lesens

Nach der Selektionsphase kann – je nach Zielsetzung – mit einer der folgenden Methoden weitergelesen werden:

- *Orientierendes Lesen:* stellt ein erstes Erfassen des Inhalts dar, um abzuse-hen, was einen als Leser erwartet (letzte Prüfung, ob mit diesem Text weiter-gearbeitet werden soll).
- *Studierendes Lesen:* hilft beim Auffinden des Wesentlichen und stellt ein umfassendes und auswertendes Lesen dar.
- *Zusammenfassendes Lesen:* ist eine Zusammenschau des Inhalts und kriti-sche Wertung des Erarbeiteten.

Mit der Beachtung dieser Regeln kann *die Lesemethode verbessert* werden:

- Beim Durchlesen eines Textes daran denken, welche Informationen wir her-ausziehen wollen.
- Auf Leit- und Schlusssätze sowie auf Schlüsselwörter achten.
- Randbemerkungen, Kleingedrucktes, Statistiken oder ausgedehnte Beschrei-bungen übergehen.
- Dem Ideenfluss des Textes und nicht den Worten folgen.
- Die gedanklichen Wegweisungen des Autors – Überschriften, Unterstreichun-gen, eingerückte Sätze – suchen.
- Den spezifischen Aufbau verschiedener Textarten beachten:
  - *Nachrichtentexte* in Zeitungen und Zeitschriften enthalten die wichtigste Information am Anfang.
  - *Kommentare* und *Stellungnahmen* bringen die wesentlichen Schlussfolge-rungen des Autors am Ende.
  - *Fachartikel* beinhalten in der Einleitung eine Problembeschreibung, im Hauptteil den Lösungsweg und im Schluss eine Zusammenfassung.

Durch schnelleres Lesen kann die Lesegeschwindigkeit eines Erwachsenen von ca. 200 bis 250 Wörter pro Minute auf etwa 400 bis 500 gesteigert werden. Schnelleres Lesen kann vor allem dadurch erreicht werden, dass die Augen nicht nur ein Wort, sondern mehrere mit einem Blick, nach einiger Übung die ganze Spaltenbreite einer Zeitung, erfassen. Beim diagonalen Lesen, von dem drin-gend abgeraten wird, erfasst das Auge nur einen geringen Teil des Textes, wich-tiges außerhalb der diagonalen Blickspanne wird übersehen.

Methoden nach dem Lesen

Wirklich wichtige Texte dürfen nicht nur gelesen, sie müssen auch nachbearbeitet werden. Durch Markieren, dem Hervorheben wichtiger Textstellen, oder durch Exzerpieren, der Anfertigung von Textauszügen, wird eine deutliche Verbesse-rung der Verarbeitung und der eventuellen erneuten Beschäftigung mit diesem Text sichergestellt (siehe hierzu auch unten 7.4).

4.8.2 Rationelle Korrespondenz

Die täglich ein- und ausgehende Post hält sich bei Studenten durchaus noch in einem erträglichen Rahmen, die keine allzu großen Anforderungen an die Bearbeitung stellt. Eine Ausnahme könnte wiederum für den Fall vorliegen, in dem der Student ehrenamtlich, vielleicht sogar in überregionaler Funktion, tätig ist. In der späteren beruflichen Arbeit wird er aber in allen Arbeitsfeldern mit dem Problem der Erledigung der täglichen Korrespondenz konfrontiert. Die folgenden Hinweise geben Hilfestellung sowohl für die Bearbeitung der *Eingangs-* als auch der *Ausgangspost* (vgl. *Seiwert,* 2000, 280 ff.).

Rationelle Bearbeitung der Eingangspost

Ziel der rationellen Bearbeitung der Eingangspost ist es, jeden Brief und jeden Vorgang nur einmal in die Hand zu nehmen. Von den folgenden Hinweisen können die ersten drei nur mit Hilfe von Mitarbeitern realisiert werden; sind diese für diesen Zweck nicht vorhanden, beginnt man gleich mit dem vierten Tipp.

- Nur die Eingangspost vorlegen lassen, die von Bedeutung ist und auf »Routinepost« verzichten.
- Eingangspost (z.B. nach Prioritäten oder Kategorien) vorsortieren lassen.
- Bereits vorhandene Vorgänge zur Eingangspost als Unterlagen mit vorlegen lassen.
- Alles sofort in den Papierkorb werfen, was ohne Informationswert ist, nicht bearbeitet oder aufgehoben werden muss.
- Bereits beim ersten Lesen des Briefes wichtige Textstellen markieren, um die nachfolgende Bearbeitung zu erleichtern.
- Sofort Bearbeitungsvermerke wie Antwort-Stichwörter, Erledigungstermin, Verteiler usw. anbringen.
- Eingangsschreiben, die von einer *anderen* Stelle bearbeitet werden müssen, sofort an diese weiterleiten.
- Wann immer es möglich ist, wird der Eingangsbrief *sofort,* also *während der Postdurchsicht,* bearbeitet.
- Kein Schriftstück wird gelesen, ohne dass nicht irgendetwas damit getan, veranlasst oder vermerkt wird.

Rationelle Bearbeitung der Ausgangspost

Oberstes Gebot der rationellen Bearbeitung der Ausgangspost ist die Regel, *so wenig wie möglich und nur soviel wie unbedingt nötig zu schreiben und zu diktieren.* Das spart zwar im Einzelfall nur wenige Minuten, die sich aber in der Summe in einem Monat zu mehreren Stunden aufaddieren. Außerdem ist die schnelle und rationelle Erledigung der erhaltenen Post sowohl nach innen als auch nach außen ein Qualitätsmerkmal.

*   *Sofort-Antworten:* Die Antwort wird sofort beim Lesen des Briefes hand-schriftlich mit Datum und Unterschrift auf dem Eingangsbrief notiert, das Original für unsere Akten kopiert und wieder an den Absender zurückge-schickt.
*   *Kopie-Briefe:* Eine besondere Variante der Sofort-Antwort für die Fälle, in denen uns ein Angebot (Prospekt, Inserat, Artikel usw.) vorliegt und wir eine Anfrage oder Bestellung aufgeben möchten. Man legt eine Visitenkarte auf das Original des Schriftstücks und kopiert beides. Handschriftlich wird dann auf der Kopie das persönliche Anliegen (z.b. Bestellung, Anmeldung oder Anfrage) notiert.
*   *Pendel-Briefe:* Hierzu wird ein Formular erstellt, aus dem hervorgeht, dass es ausgefüllt bzw. ergänzt als Rückantwort verwendet werden soll; eine Kopie bleibt bei unseren Akten.
*   *Vorbereitete Antworthilfen:* Dem Empfänger werden zwei Exemplare eines Briefes übersandt. Auf einem der beiden wird vermerkt:»Bitte diese Kopie für eine kurze handschriftliche Antwort verwenden!« Für ein solches Ver-fahren sollte jedoch eine vorherige Abstimmung mit den entsprechenden Empfängern stattfinden.
*   *Kurz-Briefe: Im* Fachhandel erhältliche Formulare, auf denen die vorgege-benen Hinweise angekreuzt oder Stichworte eingefügt werden können, wer-den unseren Sendungen beigelegt.
*   *Anwendung von Textverarbeitung:* Im PC gespeicherte Texte, Textbausteine oder komplette Briefe erleichtern die schnelle Antwort bei in der Regel stan-dardisierten Vorgängen und wahren die traditionelle Form des Briefs.
*   *Zeitersparnis bei Individual-Briefen:* Auch individuell zu beantwortende Brie-fe können zeitsparend erledigt werden. Man sammelt die einzelnen Briefe und diktiert oder schreibt sie alle im Rahmen eines Arbeitsblocks. Außer-dem sollte vor jeder schriftlichen Beantwortung eines Briefes geprüft wer-den, ob die Antwort nicht doch durch ein Zeit und Geld sparendes Telefonat erledigt werden kann.

4.8.3 Rationelles Telefonieren

Das Telefon ist das heute am meisten benutzte Kommunikationsmittel, das uns aber auch die größten Schwierigkeiten bereitet. Es ist die häufigste Störquelle am Arbeitsplatz, da ein Eindringen in unsere Privat- oder Arbeitssphäre von außen jederzeit möglich ist. Aber auch das von uns selbst veranlasste Telefon-gespräch verleitet zu zeitraubenden und ineffektiven Plaudereien, die sich als ausgesprochene Zeitfresser negativ auf unseren Arbeitsablauf niederschlagen. Wenn das Telefon als effektives Arbeitsmittel eingesetzt werden soll, empfiehlt es sich, die folgenden sieben Regeln zu beachten.

Das Telefon als effektives Arbeitsmittel

1. *Telefonblöcke bilden:* Telefongespräche werden nicht mehr wahllos oder »zwischendurch« sondern gezielt und vorbereitet geführt. In der Tagesplanung werden zwei Blöcke von je etwa 30 Minuten für Telefonate vorgesehen. Diese Blöcke liegen erfahrungsgemäß am besten in der Zeit von 8.30 bis 9.30, 13.30 bis 14.00 oder ab 16.30 Uhr. Die Telefonblöcke eignen sich auch für *Rückrufe.* Zum Telefonieren gut geeignet sind auch Zeiten zwischen einzelnen Aufgaben und Besprechungen, die in kürzerer Zeit erledigt werden konnten als vorgesehen.

2. *Ist das Telefonat wirklich wichtig?* Wenn auch bei der rationellen Erledigung der Korrespondenz empfohlen wurde, anstelle eines Briefes ein Telefonat zu führen, soll doch der Hinweis erlaubt sein, vor jedem Telefonat die Frage nach dessen Berechtigung zu stellen. Vielleicht sind doch noch nicht alle Informationen, die für dieses Gespräch notwendig sind, vorhanden oder vielleicht können wir dieses Gespräch zusammen mit dem nächsten, das wir sowieso in ein paar Tagen führen müssen, erledigen.

3. *Schriftliche Vorbereitung des Telefonats:* Eine kurze schriftliche Vorbereitung eines Telefonats ist durchaus sinnvoll. Wir können uns besser auf die eigentliche Zielsetzung des Telefonats einstellen, auf eventuell notwendige Argumentationslinien vorbereiten und die benötigten Unterlagen bereithalten. Die schriftliche Vorbereitung kann entweder auf dem uns in dieser Sache vorliegenden Schriftstück oder – noch besser – auf einer kurzen *Telefoncheckliste* erfolgen.

4. *»Small-talk-Phase« straffen:* Die zu Beginn der meisten Telefonate stattfindende »Small-talk-Phase« hat durchaus ihren Sinn und dient der Schaffung einer angenehmen Telefonatmosphäre. Sie sollte jedoch auf keinen Fall zu lange ausfallen und sich auf einen höflichen Gesprächseinstieg beschränken. Ganz besonders wichtig ist es, den *Namen des Gesprächspartners* zu notieren, wenn wir ihn noch nicht kennen. Dasselbe gilt auch für die Mitarbeiter in Telefonzentralen oder – besonders – für Sekretärinnen und Assistenten. Wir hinterlassen einen hervorragenden Eindruck, wenn wir diese oft am Telefon unhöflich behandelten Mitarbeiter freundlich ansprechen – vielleicht verhilft es uns zu einer schnelleren Verbindung zum eigentlich gewünschten Gesprächspartner.

5. *Zunächst den Grund des Telefonats mitteilen:* Dem Gesprächspartner muss zuerst mitgeteilt werden, worum es bei diesem Gespräch geht. Der Bezug auf *bereits geführte Gespräche oder Korrespondenzen* ist unbedingt erforderlich; eventuell vorhandene *Aktenzeichen* sind bereitzuhalten. Unnötige Rückfragen und eventuell falsche Vermittlungen können so vermieden werden. Nach diesem Einstieg können dann die notwendigen Einzelheiten angeschlossen werden. Bei längeren Gesprächen sollten das Ergebnis oder even-

tuell vereinbarte Maßnahmen am Ende nochmals kurz zusammengefasst werden.

6. *Gespräch abbrechen, wenn das Gesprächsziel erreicht ist:* So manche Telefongespräche ziehen sich deshalb zu lange hin, weil beide Gesprächspartner kein Ende finden können. Ein freundlicher Satz des Dankes hilft uns, das Gespräch unsererseits höflich und dennoch zügig zu Ende zu bringen.

7. *Ergebnis in Stichpunkten festhalten:* Das Ergebnis eines jeden Telefonats sollte immer schriftlich festgehalten werden. Dies geschieht entweder in der Akte oder auf dem Schriftstück, das Ausgangspunkt des Gesprächs war. Wer sein Telefonat mit einer Checkliste vorbereitet hat, kann diese auch hervorragend zum Notieren des Gesprächsergebnisses verwenden.

Abschirmen am Telefon

Wie bereits erwähnt, kann das Telefon sehr störend wirken und uns in unserer Arbeit behindern. Insbesondere bei konzentrierten Tätigkeiten von hoher Wichtigkeit und in der Stillen Stunde können wir eine Unterbrechung durch das Telefon nicht gebrauchen. Eine *Sekretärin* kann uns nach Absprache gut abschirmen und die eingegangenen Anrufe sammeln. Wichtig dabei ist, dass der in Aussicht gestellte Rückruf auch tatsächlich erfolgt. Empfehlenswert ist es, beim Notieren der eingegangenen Gespräche den Grund des Anrufs aufzuschreiben.

Für den Fall, dass keine Sekretärin zum Abschirmen vorhanden ist (dies trifft im Bereich der Sozialen Arbeit häufig und bei Studenten immer zu), gibt *Mackenzie* (1995, 97) folgende Empfehlungen:

- Eine Absprache mit Kollegen treffen, die für uns eine gewisse Zeit lang das Telefon abnehmen; wir revanchieren uns dann zu gegebener Zeit dafür.
- Einen Anrufbeantworter oder ein Voice-Mail-System installieren.
- Anstelle der Telefonklingel ein Blinklicht installieren lassen, damit wenigstens die Störung durch das Läuten wegfällt.
- Das Telefon während entscheidender Arbeitsphasen einfach ausstöpseln.
- Und falls alles nichts hilft: Sich mit der Arbeit an einen Ort zurückziehen, wo es kein Telefon gibt.

4.8.4 Rationelle Schriftgutverwaltung

Eine rationelle Schriftgutverwaltung soll uns helfen, zu entscheiden,

- welche Schriftstücke aufbewahrt werden sollen und
- welches Ablagesystem für unsere Zwecke am geeignetsten ist, damit wir die abgelegten Schriftstücke möglichst schnell wieder auffinden können.

Eine sorgfältige Auswahl dessen, was aufbewahrt werden soll, ist alleine schon deshalb geboten, weil die Ablage im Laufe der Zeit immer mehr Platz in Anspruch nimmt. Neuere Untersuchungen haben ergeben, dass nur etwa 4 % der abgelegten Dokumente wiederverwendet werden. Allein diese Feststellung ist ein schlagkräftiges Argument für den »Rundordner«, der an jedem Arbeitsplatz vorhanden ist: der Papierkorb!

Welche Schriftstücke sollen aufbewahrt werden?

- Nur solche, die einen *Wert* für das Erreichen unserer Ziele haben. Allgemeine Informationen, mögen sie auch noch so interessant sein, haben in einer Ablage nichts zu suchen!
- Die Entscheidung, was aufbewahrt werden soll, muss bei der ersten Bearbeitung eines Schriftstückes fallen.
- Nur solche Schriftstücke, von deren *Inhalt* wir – wenn auch nur oberflächlich – Kenntnis haben, werden aufbewahrt. Ein Sammeln ungelesener Schriften nimmt nur Platz weg und stellt uns dann, wenn wir die Unterlagen benötigen, vor einen übergroßen Zeitaufwand beim Durchlesen.
- Schriftstücke, aus denen ein *Datum* der Herkunft bzw. Ablage nicht hervorgeht, sollten bei der Ablage mit einem Datum versehen werden, damit ein späteres Aussortieren erleichtert wird.
- Schriftstücke, die durchgelesen werden sollen, können in einem Schreibtischkorb gesammelt werden und in einem hierfür vorgesehenen Arbeitsblock gelesen werden. Dieser Korb ist regelmäßig – am besten monatlich – durchzusehen: Alles was dann nicht gelesen werden konnte, kann für unsere Arbeit so wichtig nicht sein und gehört – in den Papierkorb.
- Die eigentliche Ablage, also das Ablegen des Schriftstücks im Ordnungssystem, muss alltäglich erfolgen. Vermeintliche Zeitersparnisse durch wöchentliches oder gar monatliches Ablegen bringen nichts – eine effektive Zeitersparnis ist nicht erkennbar, es liegen Stöße unnötig auf dem Schreibtisch herum und das Schriftstück ist in dieser Zeit nur schwer auffindbar. Diese Tätigkeit lässt sich – sofern möglich – selbstverständlich delegieren.

Welches Ablagesystem ist am geeignetsten?

Wichtigster Grundsatz bei der Auswahl des Ablagesystems ist die schnelle Wiederauffindung eines Schriftstücks. Einmal abgelegte Dokumente müssen unter einem Schlagwort oder Ordnungsbegriff schnell griffbereit sein. Ablagesysteme mit möglichst kleinen Informationseinheiten sind deshalb grundsätzlich zu bevorzugen.

Die am häufigsten gebrauchten Ablagesysteme sind:

- *Ordnerablage:* Dieses »klassische« Ablagesystem eignet sich besonders für die Ablage von Massenbelegen, als Dauerablage wichtiger Unterlagen und ist die Standardablageform für Korrespondenz. *Vorteile:* Gute Übersicht, Erweiterungsfähigkeit und chronologische Ordnung innerhalb eines Vorgangs. *Nachteile:* Hoher Zeitaufwand für die Ablage, kein unmittelbarer Zugang zum Einzelvorgang und schlechte Platzausnutzung.
- *Pendelablage:* Diese Form eignet sich besonders für geheftete, nicht sehr umfangreiche Einzelakten. *Vorteile:* Große Flexibilität und gute Ausnutzung des Raumes. *Nachteile:* Großer Aufwand beim Heften, Anschaffung der Hängevorrichtung erforderlich und als Loseblattablage nicht geeignet.
- *Hängehefter:* Besonders geeignet für Handakten und Akten, die einem ständigen Zugriff, z.b. auf dem Schreibtisch oder bei Verhandlungen, unterliegen. *Vorteile:* Anpassungsfähig, schneller Zugriff auf eine bestimmte Akte und auch gut als Arbeitsplatzablage geeignet. *Nachteile:* Mehr Raumbedarf und höhere Kosten (Hängevorrichtungen!) gegenüber beispielsweise dem Stehsammler.
- *Stehsammlerablage:* Besonders für dünne Einzelakten in Loseblattform gut geeignet, auch einsetzbar für Beleg- und Zeitschriftensammlung. *Vorteile:* Platzsparend und preiswert. *Nachteile:* Größerer Planungsaufwand für die Ablageordnung erforderlich.
- *Stehablage:* Eine Kombination aus Hängeheftern und Stehsammlern: Schriftstücke werden in Einzelmappen mit entsprechend gekennzeichneten Reitern angelegt und in hierfür vorgesehenen Stehsammlern aufbewahrt. *Vorteile:* Preiswert und sehr übersichtlich; die Mappen können überallhin mitgenommen werden. *Nachteile:* Mehrmalige Wiederverwendung der Mappen schlecht möglich.

Jeder sollte sich seinen Bedürfnissen entsprechend das für ihn günstigste Ablagesystem auswählen. Eine Kombination mehrere System ist nicht empfehlenswert. Für den Studenten lautet aus Praktikabilitäts- und Kostengründen die eindeutige Empfehlung: Stehablage und die entsprechenden Stehsammler. Hingewiesen wird noch auf die Möglichkeit der *elektronischen Schriftgutverwaltung mit dem PC.* Spezielle Programme ermöglichen die Archivierung mittels Scanner; sie garantieren auch die schnelle Wiederauffindung der Schriftstücke über eine große Anzahl von Schlagworten. Die elektronische Archivierung ist nur dann sinnvoll, wenn genügend Mitarbeiter für die Erfassung und Pflege der Dokumente zur Verfügung stehen. Für »Einzelkämpfer«, wie sie Studenten oder Sozialpädagogen in vielen Berufsfeldern darstellen, ist diese Methode zu aufwendig.

4.8.5 Rationelle Besprechungen

Besprechungen sind zum Austausch von Informationen und zur Absprache des weiteren Vorgehens bei gemeinsamer Arbeit notwendig. Auch Studenten nehmen – beispielsweise in Seminaren – an Besprechungen teil. So notwendig dieser Gedankenaustausch ist, so wichtig ist auch die Feststellung, dass bei kaum einer anderen Tätigkeit so viel Zeit von so vielen Leuten gleichzeitig verschwendet wird wie eben bei Besprechungen. Techniken zur rationellen Führung von Besprechungen sind deshalb in der Zusammenarbeit mit anderen unbedingt nötig. Die folgenden 14 Hinweise sollen Anregungen für rationelle Besprechungen geben.

Vorbereitung, Durchführung und Auswertung von Besprechungen

1. *Ist die Besprechung wirklich nötig?* Auch bei turnusgemäß stattfindenden Besprechungen sollte jedes mal gefragt werden, ob diese wirklich notwendig sind. Manchmal sind mehrere Einzeltelefonate oder eine Telefonkonferenz oder auch die Zusammenlegung mit einer anderen Besprechung die bessere Lösung.
2. *Vorbereitung des Inhalts:* Von Anfang an muss Klarheit über den Inhalt der Besprechung bestehen. Hieraus muss sich die genaue Tagesordnung ergeben. Besprechungen ohne Tagesordnung verzetteln sich, sind nicht ziel- und ergebnisorientiert und laufen Gefahr, zu einer reinen Zeitverschwendung zu werden.
3. *Vorbereitung des Ziels:* Es muss vorab geklärt werden, was durch die Besprechung der einzelnen Tagesordnungspunkte erreicht werden soll: Handelt es sich hierbei um eine reine Information, um Problemlösung, um Entscheidungsvorbereitung oder um eine Entscheidung?
4. *Teilnehmerzahl möglichst gering halten:* Nur wer zur Besprechung unbedingt gebraucht wird, soll eingeladen werden. Andere, oft nur routinemäßig teilnehmende Gäste, werden nicht eingeladen.
5. *Geeigneten Zeitpunkt und Raum wählen:* Der Zeitpunkt der Besprechung sollte sich nach der zeitlichen Verfügbarkeit der Teilnehmer richten. Der Raum sollte möglichst störungsfrei sein und die benötigten Visualisierungsmedien (Tafel, Flipchart, Overhead-Projektor usw.) enthalten.
6. *Zeitliche Begrenzung festlegen:* Auf jeden Fall sollte die Einladung der Besprechung nicht nur den Beginn sondern auch den Endtermin beinhalten. Wenn möglich, sollten für die einzelnen Tagesordnungspunkte Vorgabezeiten angegeben werden.
7. *Tagesordnung und Material vorher bekannt geben:* Die Einladungen sind möglichst frühzeitig, mindestens eine Woche vorher, mit den eventuell zur Sitzungsvorbereitung notwendigen Materialien zu versenden.
8. *Pünktlicher Beginn:* Die Besprechung beginnt pünktlich zur angegebenen Zeit. Die bereits anwesenden Teilnehmer dürfen nicht durch Warten auf verspätete bestraft werden. Pünktlicher Beginn ist auch eine Erziehungsmaßnahme für notorisch zu spät kommende Besprechungsteilnehmer.

9. *Protokollführung bestimmen:* Falls kein »hauptamtlicher« Protokollant an der Besprechung teilnimmt, ist ein solcher zu Beginn der Sitzung zu benennen. Langwierige Fragen wer dies freiwillig übernimmt, sind in der Regel nur Zeitverschwendung.

10. *Unterbrechungen vermeiden:* Unterbrechungen der Besprechung sind zu vermeiden. Wer an einer Besprechung teilnimmt, ist für deren Dauer telefonisch nicht zu erreichen. Wer ein »Handy« besitzt, muss es in dieser Zeit abstellen. Auch benötigte Sitzungsgetränke sind vor der Besprechung bereitzustellen.

11. *Entscheidungen, Aufträge und Zwischenergebnisse wiederholen:* Bei der Besprechung getroffene Entscheidungen, erteilte Aufträge und erzielte Zwischenergebnisse sind zur Klarstellung aller kurz zu wiederholen. Dies vermeidet umständliche Rückfragen nach der Besprechung.

12. *Pünktliches Ende:* Das vorgegebene Ende der Besprechung ist exakt einzuhalten. Manche Teilnehmer haben die Gewohnheit, in der buchstäblich letzten Minute noch ein Problem anzusprechen, um es auf die Schnelle »durchzudrücken«. Dies ist allen anderen Teilnehmern gegenüber unfair und muss von Anfang an unterbunden werden.

13. *Eigenes Kurzprotokoll anfertigen:* Das »offiziell« geführte Protokoll sollte keinen der Besprechungsteilnehmer davon entbinden, seine eigenen Notizen über den Besprechungsverlauf und vor allem über die erzielten Ergebnisse zu machen. Am besten bereitet jeder Teilnehmer den Verlauf der Sitzung – natürlich auch mit seinen Beiträgen – schriftlich vor und verwendet dieses Formular für ein kurzes Ergebnisprotokoll.

14. *Erledigung des Besprochenen überwachen:* Der Leiter der Besprechung überwacht nach der Sitzung die Einhaltung der verteilten Aufgaben durch von ihm festgesetzte Kontroll- und Überwachungstermine.

5. Bericht, Protokoll und Thesenpapier

Elisabeth Badry

Zur Einführung

Wer einen Text verfasst, verfolgt mit dem Inhalt einen spezifischen Zweck und hat einen bestimmten Adressanten(kreis) vor Augen. Zur Typisierung von Texten gibt es die Einteilung nach »Gattungen« und »Sorten«. Innerhalb der Gattungen werden nach dem persönlichen Verhältnis des Schreibers zum Text (vorwiegend) *subjektive* (erlebnisbetonte) und (vorwiegend) *objektive* (erkenntnisbetonte) Darstellungsformen unterschieden.
Im Blick auf Studium und Berufspraxis sind besonders von Bedeutung:

- der *Bericht,*
- das *Protokoll* und
- das *Thesenpapier.*

Diese zählen zu den *objektiven* (erkenntnisbetonten) Darstellungsformen. Zu ihnen gehört auch die wissenschaftliche Arbeit.

Zur Orientierung

Im folgenden geht es um die Punkte:

- Eine informierte *Übersicht* über die Eigenart subjektiver und objektiver *Darstellungsformen* gewinnen;
- relevante *Berichtsformen* für das Studium (Praktikumsbericht) und die berufliche Tätigkeit (Aktennotiz und Pressemeldung bzw. -information) kennen lernen;
- *Protokollarten* unterscheiden und erfahren, was bei ihrer Abfassung zu berücksichtigen ist;
- ein *Thesenpapier* konzipieren;
- sich bewusst machen, wie wichtig *die sprachliche Gestaltung* ist.

5.1 Subjektive und objektive Darstellungsformen

Subjektive (erlebnisbetonte) Darstellungsformen	Objektive (erkenntnisbetonte) Darstellungsformen
– Der Schreiber lässt das eigene Erleben in den Text einfließen	– Die Person des Schreibers tritt zurück.
– Nicht der Gegenstand des Schreibens prägt den Stil, sondern das Verhältnis des Schreibers zum Gegenstand.	– Der Gegenstand prägt den Stil; die gefühlsmäßige Einstellung des Schreibers ist nicht erkennbar; bringt der Schreiber die eigene Meinung zum Ausdruck, so geschieht es sachlich, ohne Gefühlsregung.
– Große Freiheit in der Wahl der sprachlichen Mittel	– Die sprachlichen Mittel sind sachbetont.

Zu ihnen zählen	
– Erlebniserzählung, – Phantasieerzählung, – Schilderung.	– Der Bericht über Tatsachen und Ereignisse, Tätigkeiten und Handlungen, – die Beschreibung von Tätigkeiten und Vorgängen, Gegenständen und Personen, – die (wissenschaftliche) Abhandlung, – das Protokoll, – Das Thesenpapier u.a.

	Zweck:	
	Bericht	Beschreibung
Der Schreiber will sein Erlebnis aus der »Wirklichkeit« oder der Phantasie anderen vermitteln, sie miterleben lassen.	Ein einmaliger Sachverhalt soll objektiv-sachlich berichtet werden (Wer? Was? Wann? Wo? Wie?) Je nach dem Adressaten bzw. Empfänger wird die Wichtigkeit der einzelnen Tatsachen akzentuiert.	Eine Tätigkeit oder ein Vorgang werden so dargestellt, dass die vollzogen werden können (Gebrauchsanweisung, Arbeitsanleitung), ein Gegenstand so, dass eine richtige Vorstellung entsteht (z.B. Verlustanzeige), eine Person so, dass der Leser sie sich vorstellen kann (z.B. Steckbrief).

Grundsätze		
– Nur ein Erlebnis bringen! – Höhepunkt ausgestalten! – Wörtliche Rede! – Anschaulich, lebendig, spannend schreiben!	– Richtigkeit, Genauigkeit, Vollständigkeit der Angaben! – Reihenfolge einhalten! – Tatsachen und Meinungen streng trennen! – Evtl. Quellen angaben notwendig!	– Richtigkeit, Genauigkeit, Vollständigkeit der Angaben! – Evtl. richtige Reihenfolge!
Sprache und Zeitform (Tempus):		
Erlebnissprache! Zeitform der Vergangenheit (Präteritum)!	Sachsprache! Zeitform der Vergangenheit (Präteritum)!	Sachsprache! Zeitform der Gegenwart (Präsens)!

5.2 Bericht

Wenn Tatsachen und Ereignisse, Tätigkeiten und Handlungen Gegenstände von Berichten sein können, zeigt dieses breite Spektrum die Vielfalt möglicher Berichtsformen an: Presseberichte, Sportberichte, Wirtschaftsberichte, Börsenberichte, Unfallberichte, Situationsberichte, Kommissionsberichte, Geschäftsberichte, Wetterberichte, Tagungsberichte, Ausstellungsberichte ... Während im Studium der Sozialarbeit und Sozialpädagogik vor allem Berichte über abgeleistete Praktika verlangt werden, fallen im beruflichen Alltag unterschiedliche Berichtsformen mit unterschiedlichen Adressaten und Zwecken an, z.B.:

– Berichte über die Aktivitäten einer Einrichtung, z.B. für einen Jahresbericht über eine Ausstellung (Adressaten: Leser des Jahresberichts; Zweck: Information und Anregung);
– Berichte von Leitern einer sozialpädagogischen Maßnahme für Kinder und Jugendliche (Adressaten: Eltern, Dienstvorgesetzte Geldgeber; Zweck: Vorgesetzte und Eltern sollen die Sicherheit haben, dass die Leiter verantwortungsbewusst handeln; die Geldgeber sollen erfahren, dass die zur Verfügung gestellten Beträge sinnvoll ausgegeben wurden);
– Berichte über Unfälle in einer Institution (Adressaten: Versicherung, Arzt, Dienststelle; Zweck: Sicherung des objektiven Tatbestandes);
– Berichte über Diskussionen, Vorträge u.ä. (Adressaten: Kollegen; Zweck: Informationen zur Weiterbildung).

Zwei besondere Berichtsformen spielen im beruflichen Alltag von Sozialarbeiter und Sozialpädagogen eine nicht unerhebliche Rolle:

– die Aktennotiz und
– die Pressemeldung.

5.2.1 Praktikumsbericht

Besonderheit

Was allgemein für Berichte gilt, trifft grundsätzlich auch für Praktikumsberichte zu. Sie weisen jedoch eine Besonderheit auf: Ein sozialarbeiterisches bzw. -pädagogisches Praktikum wird in einer einschlägigen Institution durchgeführt. Dort will und soll der Praktikant durch Beobachten, Teilnehmen, Mithilfe und eigenständiges Handeln etwas Berufsspezifisches lernen. Nur wenn er sich in einer gründlichen Selbstüberprüfung seine Erfahrungen bewusst macht, wird die Praktikumszeit für ihn gewinnbringend und das weitere Studium gezielt zu planen sein.

Inhaltliche Schwerpunkte

Damit sind bereits die drei inhaltlichen Schwerpunkte eines Praktikumsberichts angezeigt:
Der erste stellt die *Institution* vor:

– Die äußeren Rahmenbedingungen: Name – Träger – Ort – Lage – bauliche Gestaltung – räumliche und sachliche Ausstattung – Finanzierung – Öffnungszeiten;
– die Zielsetzung (weltanschaulicher Hintergrund) und die spezifischen Aufgabenstellungen;
– die personale Struktur: Leitung Mitarbeiter (Qualifikation, Altersstruktur, Verwaltungs- und Hauspersonal); Zuständigkeiten und Weisungsbefugnis;
– die Adressaten bzw. Klienten der Institution;
– alltägliche Aufgaben und neue Herausforderungen.

Der zweite thematische Schwerpunkt bezieht sich auf die *Tätigkeit* im Praktikum. Sein Inhalt wird durch die Zielsetzung bestimmt, ob es sich vorwiegend um ein Orientierungs- oder ein Einübungspraktikum handelt. Die Darstellung kann entweder chronologisch oder thematisch geordnet werden, thematisch etwa nach folgenden Gesichtspunkten:

– Grundlegende und/oder weiterführende Informationen und Kenntnisse.
– Übernommene Aufgaben
  • durch Teilnahme an Gesprächen, Hausbesuchen, Beratungen, Veranstaltungen,
  • durch Mithilfe und Vorbereitung,
  • im selbständigen Gestalten.
– Probleme und Schwierigkeiten:
  Es empfiehlt sich, eine Problemsituation herauszugreifen und ausführlich darzustellen.

Der dritte Teil dient der *kritischen Auseinandersetzung* mit der eigenen Tätigkeit, z.b. unter den Aspekten:

- Was mir gelang, etwa
  - im Umgang mit den Adressaten und Klienten,
  - in der Erledigung der beruflichen Alltagsverpflichtungen,
  - in der Planung, Organisation und Durchführung einer Veranstaltung,
  - in der Meisterung einer unvorhergesehenen Situation.
- Was mir Schwierigkeiten machte.
- Worauf ich in Zukunft zu achten habe.

Der Erfolg lässt Rückschlüsse auf das eigene Können, der Misserfolg auf die eigenen Grenzen ziehen. Darüber hinaus sollte der Praktikant die persönliche Grundhaltung prüfen, die unverzichtbar zum beruflichen Handeln eines Sozialarbeiters und eines Sozialpädagogen gehört.

Form

- Das *Titelblatt* (Deckblatt) soll immer ein gesondertes Blatt sein und folgende Angaben aufweisen:
  - Name
  - Adresse
  - Semester
  - Hochschule
  - Praktikumsstelle und Praktikumszeit
  - Titel der Arbeit
  - Abgabedatum.
  Diese Angaben werden am besten zentriert, d.h. der Textblock wird in die optische Mitte zwischen dem seitlichen, dem oberen und dem unteren Rand gesetzt.
- Es folgt die *Gliederung.*
- Für den *Text* des Berichts gelten die für alle größeren schriftlichen Arbeiten gegebenen Hinweise (Vgl. Kap. 7.).

Hinweis

Diese Ausführungen gelten unter dem Vorbehalt, dass die für Vorbereitung, Betreuung und Auswertung eines Praktikums zuständigen Dozenten keine anderen Auflagen machen.

5.2.2 Aktennotiz

Für den Sozialarbeiter ist Soziale Einzelfallhilfe ohne sorgfältige Aktenführung undenkbar.
Die Aktennotiz ist bescheidener, aber deshalb nicht weniger hilfreich und sinnvoll im beruflichen Alltag. Sie wird auch Sozialpädagogen sehr empfohlen.

Funktion

Eine Aktennotiz ist ein Vermerk über ein Ereignis, in der Regel für die eigenen Unterlagen, und dient als Gedächtnisstütze. Bei dem »Ereignis« kann es sich handeln um

- ein Gespräch
- ein Telefonat
- einen Vorfall
- eine Organisationsfrage
- eigene Tätigkeiten.

Sie erweist sich als besonders hilfreich bei Differenzen oder Auseinandersetzungen mit Adressaten, Mitarbeitern, Angehörigen oder einer Behörde.

Anforderung

Aktennotizen sollen alle wichtigen Daten des Ereignisses enthalten und seinen Verlauf so festhalten, wie es für eine spätere Verwendung notwendig werden kann.

Form

In der Form hält sich der Schreiber am besten an die sechs W-Fragen:
Zunächst: Um welchen Vorgang handelt es sich? (Thema)
Sodann:

- wann?   Datum, Uhrzeit
- wo?   Institution, evtl. Raum
- wer?   beteiligte Personen
- was?   Inhalt des Ereignisses
- wie?   Vorgehensweise der Beteiligten
- warum?   ausgesprochene oder vermutete Motive, Gründe.

Schließlich: Die Notiz sollte mit dem Datum (der Niederschrift) und der Unterschrift des Schreibers versehen werden. Benutzen mehrere Personen einer Einrichtung die Unterlagen, können sich die einzelnen bei etwaigen Unklarheiten an ihn wenden.

5.2.3 Pressemeldung

Institutionen der Sozialarbeit und Sozialpädagogik sollten es nicht versäumen, in der Öffentlichkeit auf sich und ihre Arbeit aufmerksam zu machen, um Vertrauen und Verständnis aufzubauen und zu erhalten. Schließlich sind Sozialarbeiter und -pädagogen in Berufsfeldern tätig, die in der Gesellschaft alle angehen.

Dies geschieht durch Mitteilungen an die Presse. Man unterscheidet zwischen Pressemeldung und Presseinformation: Die *Pressemeldung* ist eine kurze, die *Presseinformation* eine ausführliche Mitteilung über ein bestimmtes aktuelles Ereignis.

Beispiel für eine Pressemeldung:

Am 20. 5. 1998 lädt das Heim »St. Christophorus« an der Gartenstraße zu einem Umwelt-Fest ein. Es beginnt um 14.00 Uhr.

Beispiel für eine Presseinformation:

Seit vielen Jahren ist bei den Bewohnern des Stadtteils Heidekamp das Sommerfest des St. Christophorus-Heims bekannt. 1989 soll es durch ein Umwelt-Fest ersetzt werden. Zum 20. Mai 1998 sind wieder alle herzlich in die Gartenstraße eingeladen. Nach dem Motto: »Alle reden von Umweltschutz – wir tun etwas!« gingen nach einigen lebhaften Heimversammlungen im vergangenen Herbst alle Gruppen an die Arbeit, um sich zunächst gründlich zu informieren über . . .

Einige Hinweise für das Verfassen von Pressemeldung und Presseinformation:

Aufbau

Am leichtesten gelingt der Aufbau, wenn sich der Verfasser an den klassischen *W-Fragen* orientiert:
Wer?/Wo?/Wann?/Was?/Wie?/Warum? (Gründe)/Wozu? (Ziele)
Diese Fragen möglichst am Anfang der Meldung beantworten, denn wenn nur wenig Platz zur Verfügung steht, kann es passieren, dass der Text am Ende gekürzt wird, und dann fehlt vielleicht eine wichtige Information.

Überschrift

Mit oder ohne Überschrift? Durch eine fertige Überschrift könnte sich der Redakteur bevormundet fühlen. Deshalb sollte die eigene immer nur als Vorschlag gebracht werden. Allzu reißerische und zu lange Überschriften vermeiden! Drei bis fünf Wörter sollten ausreichen.

Form

Der Text sollte auf ein neutrales DIN-A4-Blatt geschrieben werden; in der Breite nur zu etwa zwei Dritteln beschriften; mindestens 1,5-zeilig schreiben, damit zwischen den Zeilen Änderungen angebracht werden können.

Umfang

Je knapper und präziser ein Text ist, desto eher wird er ohne Veränderungen abgedruckt. Er sollte nur in Ausnahmefällen mehr als 1 500 bis 1 800 Anschläge (25 bis 30 Zeilen mit 60 Anschlägen) haben.
Auf jede typographische Hervorhebung verzichten! Unterstreichungen, Sperrungen oder Fettschrift werden im Regelfall von den Redakteuren nicht übernommen.

Fotos

Ein gutes Foto spricht schneller an als ein guter Text: Es vermittelt eine erste Information, weckt die Neugierde des Betrachters und erhöht die Aufmerksamkeit für den Text. Wort und Bild ergänzen und unterstützen einander. (Es sollten Schwarzweißfotos in Hochglanz eingereicht werden, Format 13 6 18 cm oder 18 6 24 cm.)

Begleitschreiben

Ein Begleitschreiben wirkt persönlich und bietet die Möglichkeit, Hintergrundinformationen zu geben. Man verwendet den Briefbogen der Einrichtung und adressiert es an den zuständigen Redakteur (Name im Impressum der Zeitung oder Zeitschrift).

5.3 Protokoll

Das Protokoll ist eine besondere Form des Berichts in schriftlicher Form, im Studium wie im Berufsalltag gebräuchlich und notwendig. Es dient dem Zweck, Verlauf, Inhalt und Ergebnisse von Seminarsitzungen, Diskussionen, Besprechungen, Konferenzen, Verhandlungen usw. verbindlich festzuhalten.

5.3.1 Funktionen

Das Protokoll dokumentiert und informiert

In Hochschulseminaren dient das Protokoll in erster Linie dazu, Dargebotenes, Erarbeitetes und Erkanntes als Grundlage für die Weiterarbeit in den nachfolgenden Sitzungen zu sichern oder zur Prüfungsvorbereitung verfügbar zu halten.
In Besprechungen und Konferenzen zeichnet das Protokoll den Gesprächs- bzw. Verhandlungsverlauf nach, berichtet über die erfolgten Abstimmungen und hält die Ergebnisse und Beschlüsse fest.
Nichtteilnehmer können sich anhand der Aufzeichnung einschlägig informieren.

Das Protokoll dient als Beweismittel

Bei Meinungsverschiedenheiten oder mangelnder Erinnerung können die Teilnehmer später Verlauf, Beschluss und Ergebnis der Beratungen nachprüfen.

Das Protokoll erleichtert die Kontrolle

Da im Protokoll festgehalten wird, wer was bis zu welchem Zeitpunkt zu tun hat, lässt sich anhand der Aufzeichnung ohne Mühe prüfen, ob die gefassten Beschlüsse und übernommenen Aufgaben ausgeführt worden sind.

5.3.2 Anforderungen

Damit ein Protokoll diese Funktionen erfüllen kann, muss es bestimmten Anforderungen genügen. Es sollte:

– klar und übersichtlich *gegliedert,*
– inhaltlich *vollständig,*
– sprachlich *verständlich,*
– inhaltlich und sprachlich *unparteiisch* und
– im Umfang dem Inhalt und der Intention der schriftlichen Aufzeichnung einer Besprechung *angemessen* sein.

5.3.3 Arten

Den Intentionen der schriftlichen Aufzeichnung entsprechend haben sich verschiedene Protokollarten herausgebildet: Das Wort-, Verlaufs-, Ergebnis-, Beschluss- und Gedächtnisprotokoll. (Vgl. die Übersicht S. 84.)
Die in Studium und Beruf gebräuchlichen sind die beiden *zusammenfassenden* Protokolle, das *Verlaufs-* und das *Ergebnisprotokoll.*
Eine Besonderheit stellt das Beschlussprotokoll dar: Fachleute setzen sich mit der zur Debatte stehenden Materie auseinander, halten ihre Ergebnisse schriftlich fest, formulieren daraus Beschlüsse und bringen diese dann in die Sitzung ein. Die Beschlüsse können variiert oder abgelehnt werden.

Wichtig

Der Protokollführer (Protokollant, Schriftführer) sollte sich vor einer Sitzung, einer Besprechung, einer Konferenz vergewissern, *welche Art* von Niederschrift von ihm erwartet wird.

5.3.4 Form

Allen Protokollen gemeinsam ist die äußere Form.

Protokollkopf

Am Anfang der Niederschrift stehen alle wichtigen Angaben:

Welches Gremium?

Bezeichnung des Seminars bzw. der Arbeitsgruppe, der Versammlung, des Vereins.

Protokollart	Intention	Gebrauch
	Es sollen festgehalten werden:	
(1) *Wortprotokll* (Protokollkopf - Tagesodrnungspunkte - Niederschrift jeder sprachlichen Äußerung)	die *Redebeiträge und Bemerkungen* (auch Zwischenrufe) in Chronologischer Folge in vollem Wortlaut (Aufnahme im Stenogramm oder auf Tonband);	– Gerichtsverhalndlungen – Parlamentsdebatten
(2) *Verlaufprotokoll* (Protokollkopf - Tagesordnungspunkte - Wiedergabe aller Redebeiträge mit Namen der Redner)	der *Verlauf* der Besprechung mit den Ereignissen bzw. Beschlüssen;	– Seminarsitzungen – Besprechungen
(3) *Ergebnisprotokoll* (Protokollkopf – Tagesordnungspunkte - Beschlüsse)	die *Ergebnisse* der Besprechung: Anweisung, Aufgaben und beschlüsse;	– Konferrenzen
(4) *Beschlussprotokoll* (Protokollkopf - Tagesordnungspunkte - vorgelegte Besclüsse - Abstimmungsergebnis)	der *Verlauf der Besprechung auf der Grundlage der vorgelegten Beschlüsse* mit dem Abstimmungsergebnis;	– Sitzungen von Kreisausschüssen und Gemeinderäten
(5) *Gedächtnisprotokoll* (Protokollkopf - Tagesordnungspunkte - die wichtigsten Ergebnisse in Stichworten)	(Gedächtnisprotokolle werden im Nachinein abgefaßt. Ihre Beweiskraft ist deshalb gering; sie wird auch nicht erwartet.)	– Besprechungen ohne einen offiziellen Protokollanten. Alle Teilnehmer wollen sich ganz auf den Gesprächsgegenstand konzentrieren.

Wann?

Datum, Beginn und Ende der Sitzung.

Wo?

Ort, Gebäude, Raum.

Wer?

Teilnehmer anhand der Teilnehmerliste (vermerken, wer nicht anwesend ist bzw. unentschuldigt fehlt), Name des Seminarleiters bzw. Vorsitzenden, Name des Protokollanten.

Was?

Thema (bei Seminaren), Tagesordnungs(punkte).

Teilnehmer

Die Feststellung der Teilnehmer ist besonders wichtig, wenn Abstimmungen getätigt werden sollen. *Die Beschlussfähigkeit* des Gremiums hängt von einer bestimmten Anzahl stimmberechtigter Mitglieder ab. (Die erforderliche Zahl ist in der Satzung festgelegt.) Als erstes wird die Beschlussfähigkeit bzw. -unfähigkeit im Protokoll vermerkt.

Dem Protokoll ist die *Teilnehmerliste* beizufügen. In Hochschulseminaren ist dies nicht notwendig.

Text

– Die Niederschrift des Protokolltextes folgt den Tagesordnungspunkten (TOPs).
  Beim *Verlaufsprotokoll:* Chronologische Reihenfolge nach den TOPs. Innerhalb der TOPs nach Gesichtspunkten ordnen.
  Beim *Ergebnisprotokoll:* Innerhalb der TOPs nach Zusammenhängen, nicht nach dem chronologischen Ablauf ordnen.
– Der Beginn eines neuen TOPs ist zu kennzeichnen, durch Zeilenabstand und Angabe des Gesprächspunktes bzw. durch den Hinweis: Zu TOP 1.
– Eine am Anfang der Besprechung vorgenommene *Änderung* der *Tagesordnung* (TO) oder eine Verschiebung einzelner Punkte ist im Protokoll zu vermerken.
– Gestellte *Anträge* werden wörtlich ins Protokoll aufgenommen.
– Bei Ergebnisprotokollen können die angenommenen Anträge als Ergebnis formuliert werden.
– Zur besseren Übersicht ist es ratsam, *Anträge zur Tagesordnung* und *Geschäftsordnung* (GO) als solche kenntlich zu machen, z.B. durch: Antrag zu TOP 1; GO-Antrag 1.

– Es empfiehlt sich, die *Beschlüsse* als Protokoll-Beilage zu führen und ihre Erfüllung in regelmäßigen Abständen mittels eines eigenen TO-Punktes zu kontrollieren.

– Das Protokoll wird vom Protokollführer und vom Vorsitzenden der Gesprächsrunde bzw. vom Seminarleiter *unterzeichnet.*

– Die dem Protokoll beigefügten *Anlagen* sind am Ende der Niederschrift zu vermerken.

Stil und Sprache

Da das Protokoll eine Berichtsform ist, d.h. eine sachlich-nüchterne Darstellung von Sachverhalten ohne ausschmückende Abschweifungen, entspricht auch der Stil des Protokolls dem eines Berichts: sachlich, klar und knapp.

Das Protokoll wird in *der Gegenwartsform* (Präsens) geschrieben.

Nicht:	*Sondern:*
Frau G. *sagte,* die Mitarbeiter hätten keine Pause gehabt.	Frau G. *sagt,* die Mitarbeiter hätten keine Pause gehabt.

Die Gegenwartsform unterstreicht die Korrektheit des Protokolls. *Im* Protokoll wird die *Möglichkeitsform* (Konjunktiv) verwendet, da der Schreiber nur wiedergibt, was in der Besprechung gesagt wurde. Bsp.:

Herr L. weist darauf hin, dass unter diesen Umständen eine gedeihliche Zusammenarbeit kaum zu erreichen *sei.*

Ist die 1. Möglichkeitsform (Konjunktiv I) nicht von der Wirklichkeitsform (Indikativ) zu unterscheiden, weicht man auf die 2. Möglichkeitsform (Konjunktiv II) aus.

Nicht:	*Sondern:*
Frau S. sagt, die Mitarbeiter *haben* sich bereits beschwert.	Frau S. sagt, die Mitarbeiter *hätten* sich bereits beschwert.

Ist die 2. Möglichkeitsform mit der Wirklichkeitsform identisch, hilft man sich mit >würde<:

Nicht:	*Sondern:*
Im übrigen *hielten* sie sich in der Kantine auf.	Im übrigen *würden* sie sich in der Kantine *aufhalten.*

5.3.5 Sprachliche Besonderheiten

Jeder Protokollführer sollte die spezifischen Redewendungen einer geordneten Besprechung kennen:

– Die *Geschäftsordnung* legt fest, nach welchen Regeln eine Gruppe etwas bespricht. Der Ruf *»Zur Geschäftsordnung«* unterbricht den durch die TO festgelegten Ablauf einer Besprechung. Ein Teilnehmer kann mit diesem Ruf zu Wort kommen und z.b. beantragen, dass eine Aussprache über einen Punkt beendet wird.

- Nach »*Schluss der Debatte*« geht die Gesprächsrunde wieder zur Tagesordnung über.
- Die *Tagesordnung* legt fest, *was* besprochen wird und in welcher *Reihenfolge.*
- »Zu Protokoll«: Ein Teilnehmer kann beantragen, dass die Zustimmung oder Ablehnung eines Antrages oder eine Erklärung sinngemäß oder wörtlich ins Protokoll aufgenommen wird, unter Nennung seines Namens.
- »*Außer Protokoll«:* Bei Aussprachen vertraulicher Art oder bei peinlichen Zwischenfällen, emotionalen Entgleisungen u. ä. kann man sich darauf einigen, diese Vorfälle oder Äußerungen nicht ins Protokoll aufzunehmen.

5.3.6 Seminar-Protokolle

In Hochschulseminaren geht es nicht darum, eine mehr oder weniger umfangreiche TO durchzubringen, sondern um die Beschäftigung und Auseinandersetzung mit einem Thema. Ein Seminar-Protokoll bildet deshalb eine *Sonderform* zwischen Verlaufs- und Ergebnisprotokoll und lässt sich als *systematisches Protokoll* bezeichnen:

- Der *Aufbau* entspricht in der Regel nicht dem chronologischen Ablauf der Seminarsitzung, sondern sollte die *logische Struktur* der Diskussion nachzeichnen. Wiederholungen und offensichtliche Abweichungen vom Thema bedürfen deshalb keiner Erwähnung.
- *Gegenstand* des Protokolls ist die Diskussion im Seminar-Plenum. Organisatorische Mitteilungen des Seminarleiters sollten daher nur als solche kurz vermerkt werden.
  Referate, die im wesentlichen mit dem Inhalt von »Thesen« übereinstimmen, werden nur mit ihrem Thema und dem Namen des Referenten bezeichnet; eine Inhaltswiedergabe erübrigt sich, weil die Thesen allgemein zugänglich sind. Dagegen sollten ergänzende Ausführungen des Referenten und alle Rückfragen und Einwände aus dem Plenum sorgfältig registriert werden, die als weiterer Erörterung bedürftig angesehen, aber nicht ausdiskutiert wurden.
- Der Protokollant muss sich jeder eigenen Stellungnahme und privaten Deutung enthalten. Er sollte daher auch den *Stil* seiner Darstellung so knapp, nüchtern und distanziert wie möglich halten.
  Dazu empfiehlt es sich, stets in der dritten Person zu referieren; Formulierungen wie »wir erkannten« oder »es wurde uns klar« sollten deshalb vermieden werden, zumal der Protokollant gar nicht wissen kann, was andere Teilnehmer erkannten.

Hingegen sollte er feststellen, welche Themen unerledigt, welche Fragen unbeantwortet blieben. Solche Feststellungen sind präzise am Schluss des Protokolls zu vermerken.

- *Diskussionsbeiträge* aus dem Teilnehmerkreis werden in der Regel als Ertrag der gemeinsamen Arbeit, also anonym registriert. Nur besonders wichtig oder problematisch erscheinende Stellungnahmen, Fragen und Einwände sind mit dem *Namen* ihres Urhebers zu kennzeichnen. (Der Protokollant ist berechtigt, jederzeit durch Anfragen »zur Geschäftsordnung« den Namen eines Redners zu erkunden.) Der Seminarleiter ist grundsätzlich als solcher zu bezeichnen.

- Protokolle sollten den *Umfang* von ein bis zwei Schreibmaschinenseiten nicht überschreiten (Beschriftung in engem Zeilenabstand). Jeweils auf der linken Seite des Blattes ist ein 4 cm breiter Heftrand freizulassen.

- Die *Gliederung* des Protokolls sollte durch sinnvolle Absätze sichtbar gemacht werden. Überschriften sind nicht erforderlich, Hervorhebungen thematisch wichtiger Begriffe durch Unterstreichung, Sperrung oder Fettschrift im Text jedoch sehr zu empfehlen.

- Der *Protokollkopf* sollte nach folgendem *Muster* gestaltet werden:
  Fachhochschule Niederau
  SS 1998
  Fach: Psychologie
  Protokoll der 2. Sitzung des Seminars
  »Entwicklungsprobleme im Kindes- und Jugendalter«
  (Prof. Dr. Sabine Weber)
  am 18. 4. 1998, 14.30–16.00 Uhr, Seminarraum 112
  Protokollantin: Ilonka Junge

5.4 Thesenpapier

Allgemeines

Wer in einem Gremium seine Meinung über einen Sachverhalt so vortragen will, dass entweder möglichst viele der Teilnehmer ihm zustimmen oder angeregt werden, sich mit einem Standpunkt intensiv auseinander zu setzen, tut gut daran, seine Vorstellungen, Erkenntnisse, Überzeugungen

- inhaltlich konzentriert,
- sprachlich klar und eindeutig und
- gedanklich begründet vorzutragen.

Das wird nur mit Hilfe einer schriftlichen Vorbereitung glücken. Wem es gelingt, die Sachargumente und die persönliche Stellungnahme in einem Thesenpapier vorzulegen, leistet der Sache, sich selbst und den Kollegen oder Kommilitonen einen Dienst.

In Form von Thesen soll das Wichtigste zur Abfassung eines Thesenpapiers vermittelt werden. Dabei ist an seine Verwendung

– in Hochschul-Seminaren und
– in Arbeitsgruppen im Berufsfeld gedacht.

Besonderes

Aufbau

1. Die Thesen sollen in der Regel nicht den Inhalt von Literatur wiedergeben, die für die Bearbeitung eines Themas herangezogen wurde, sondern den *Ertrag der Auseinandersetzung* mit dem literarischen Material unter einem Thema *systematisch* darstellen. Sie sind daher nicht nach Autoren und Texten, sondern nach *sachlogischen* Gesichtspunkten zu gliedern und mit arabischen Ziffern *durchzunumerieren.*
2. Inhaltlich und funktional zusammengehörige Thesen sollten durch *Zwischenüberschriften* zusammengefasst werden.
3. Am Anfang der Thesen bzw. einzelner Abschnitte sind zuweilen Vorbemerkungen zum Thema, zum literarischen Befund, zur Person der wichtigsten Autoren u.a. erforderlich oder nützlich.

Stil

4. Die Thesen sind weder als Inhaltsverzeichnis noch als Stichwortsammlung, sondern in *knappen Sätzen* oder Satzreihen abzufassen. Dabei ist stets kenntlich zu machen, ob es sich um die Wiedergabe fremder Aussagen, um ihre Interpretation oder um Behauptungen des Referenten handelt.
5. *Entlehnungen* und – möglichst selten zu verwendende – wörtliche Zitate müssen als solche gekennzeichnet (Anführungszeichen), auf ihre richtige Wiedergabe geprüft und genau belegt werden.
6. *Eigene Stellungnahmen,* insbesondere kritische Zusammenfassungen, sind sowohl möglich als auch prinzipiell erforderlich; sie sollten allerdings stets präzise formuliert, begründet und als Aussagen des Referenten gekennzeichnet werden.

Form

7. Die Form, in der die Thesen abgefasst werden, sollte dem *Standard wissenschaftlichen Arbeitens* und wissenschaftlicher Arbeiten entsprechen, also zumindest eine hinreichende Vertrautheit dokumentieren mit den Gesetzen der Sprache und der Logik, mit den Regeln der Grammatik, Rechtschreibung und Interpunktion.
8. Ihre *schriftliche Fassung* sollte den Umfang von drei einseitig beschrifteten Blättern im Format DIN A4 in der Regel nicht überschreiten; auf der linken Seite jedes Blattes ist ein 4 cm breiter Heftrand freizulassen. Die Beschriftung in engem Zeilenabstand ist gestattet. Die einzelnen Thesen sollten auch optisch voneinander abgehoben sein.

9. Den Thesen sind *Angaben* nach folgendem Muster *voranzustellen:*
    Thesenpapier
    Thema:
    Seminarveranstaltung:
    (Semester, Fach, Seminarthema)
    Seminarleiter/in:
    Verfasser/in:
    Datum:
10. Den Thesen wird ein *Verzeichnis* der benutzten *Literatur* angefügt. Das gilt
    auch für notwendige *Anmerkungen,* Textproben, schematische Darstellun-
    gen u.a.

Vorlage
11. Die Thesen sollten *einige Tage vor* dem Termin des mündlichen Vortrages
    den Teilnehmern der Arbeitsgruppe vorgelegt werden, damit sie sich mit
    ihnen befassen können.

Endfassung
12. Unter Berücksichtigung der Kommentare des Seminarleiters und der Dis-
    kussion im Plenum ist es ratsam, zur jeweils nächsten Sitzung eine
    Endfassung der Thesen anzufertigen, die – nach Wunsch – allen Teilneh-
    mern zur Verfügung gestellt werden kann.

Thesen zu einem Fachbuch
13. Soll der Inhalt eines literarischen Werkes, eines Fachbuches thesenartig
    zusammengefasst werden, gilt das Gesagte entsprechend: Die Thesen be-
    ziehen sich auf die *Ausführung des Autors.* Kritische Anmerkungen zum
    Inhalt sind als solche kenntlich zu machen. Es empfiehlt sich, sie unter
    einer eigenen Überschrift den inhaltsorientierten anzufügen.

5.5 Richtige Wortwahl

Von dem Publizisten und Schriftsteller Friedrich *Sieburg* (1893 – 1964) stammt
der Satz:»Wer nicht Deutsch kann, kann nicht denken.«Wer die Sprache pflegt,
kultiviert also das Denken. Doch nach Peter *Handke* (* 1942) steht es schlecht
um die Sprache.»Schlampige und denkfaule Leute aus allen Weltanschauungs-
richtungen« sind es, die »gedankenlos einerseits und tölpelhaft andererseits
die Sprache verschlampen (lassen) und nichtssagend machen.« (Vgl. Literatur
zu Kap. 5.) Überempfindsame Reaktionen von Schriftstellern? Leider deuten
viele Erscheinungen auf einen Verfall der Sprache:

– der Mangel an Ausdrucksmöglichkeiten,
– der Gebrauch von Leerformeln,
– die Inflation neuer Wörter und nicht zuletzt
– die »beeindruckenden« monströsen Wortungetüme
– wie »hypostasierte Repressionshypothese« –, die als Zeichen eines besonders hohen Grades von Wissenschaftlichkeit gelten.

Je unverständlicher, desto wissenschaftlicher.
Wer meint, das Gesagte gelte nicht für die doch so praxisnahen Studien der Sozialarbeit und Sozialpädagogik, lasse folgendes Zitat auf sich wirken:

Handlungspraxis

Das Komplexitätsniveau sozialarbeiterischer Handlungspraxis bemisst sich allgemein betrachtet danach, in welchem Ausmaß Sozialarbeiter dazu befä- higt werden, die Komponente des methodisch-instrumentellen Handelns mit der des sinnverstehenden Zugangs zum jeweiligen Fall eines Klienten/Patien- ten auszubalancieren und zugleich dem syndromatischen Charakter der Pro- blemlagen im Bereich sozialmedizinischer Versorgung Rechnung zu tragen.

Bernd Dewe/Wilfried Ferchhoff, Strukturelle Komponenten sozialarbeiterischer Handlungspraxis im Gesundheitswesen, in: Medizinsoziologie 1 (1987).

Es ist schlimm, wenn die Sprache einer Wissenschaft »ihre Mitteilbarkeit ver- loren« hat, »keine Kunde mehr (gibt), zum Selbstzweck zu verkommen droht(e), modisch und eitel wird« (Heinrich Böll).
Aber auch das ist zu bedauern, wenn Lässigkeit und Schludrigkeit im Umgang mit der Sprache als Markenzeichen für erhöhte Kommunikationsfähigkeit an- gesehen werden. Die Pflege der Sprache stünde all denen gut an, die von Be- rufs wegen mit Menschen zu tun haben.
Die in diesem Kapitel dargestellten Berichtsformen sind auf eine angemessene Ausdrucksweise angewiesen, »Steifheit, Starrheit, Unbeholfenheit, Ungeschick- lichkeit, Gleichförmigkeit und Dürftigkeit« (Neis 1992, 6) im Ausdruck lassen sich beheben. In Anlehnung an Edgar *Neis* seien einige Hilfen zur Verbesse- rung der Ausdrucksweise in Hinsicht auf die *Wortwahl* gegeben. Sie sollen dazu anregen, im Rahmen des Studiums und der beruflichen Tätigkeit nicht nur die »kommunikative Kompetenz« zu erhöhen, sondern auch für die »sprachliche Kompetenz« etwas einzusetzen.

Drücken Sie sich genau aus!

Ungenaue und unklare Darstellungen führen zu Missverständnissen. Bei der Wortwahl sollte man auf möglichst große Exaktheit achten. Abgegriffene, ab- gedroschene, ständig wiederkehrende, leere, nichtssagende Wörter und stereo- type Ausdrücke sollten durch treffende, eine Anschauung vermittelnde Wörter und Ausdrücke ersetzt werden.
Welches Wort ein Schreiber wählt und in den Text einsetzt, hängt von der Art des Textes und vom Zweck der Aussage ab. *Hilfreich* in dieser Hinsicht sind *Synonymwörterbücher,* die sinn- und sachverwandte Wörter alphabetisch oder

nach Wortfeldern geordnet aufführen. Durch die Benutzung eines solchen Buches kann die richtige Wortwahl erleichtert und die Genauigkeit der Aussage
gesteigert werden. (Vgl. Neis 1992, 20f.)

Vermeiden Sie Flickwörter!

»*Goethe* pflegte nach der Niederschrift seiner Texte oder bei der Korrektur
derselben überflüssige Flickwörter zu streichen, weil sie nur störten und die
Aussage abschwächten« (a. a. O., 31). Zu den Flickwörtern (Partikeln), die man
nach Möglichkeit meiden soll, gehören:

aber (zur Betonung des Gegen- satzes »aber« angebracht)	also außerordentlich
allerdings	dann
denn (denn nicht)	nur
doch	sehr
durchaus	selbstverständlich
eigentlich	sicher (sicherlich)
etwa	so
fast	überhaupt
ganz (gänzlich)	übrigens
gar (ganz und gar)	unzweifelhaft
gerade	voll und ganz
gewiß (gewissermaßen)	vollends
ja	völlig
nämlich	wohl (doch wohl)
noch	zweifellos

Diese Wörter sind in den meisten Fällen entbehrlich. Sie können jedoch auch
bewusst eingesetzt werden, um dem Gesagten Nachdruck zu verleihen (vgl.
a. a. O., 32).

Hüten Sie sich vor der »Substantivitis«!

»Der an der Substantivitis Erkrankte kann nichts *durchführen,* sondern nur
zur Durchführung bringen, er kann auch nichts *beweisen,* sondern nur *unter
Beweis stellen,* er lässt einen Bericht *zur Ablieferung gelangen* statt *abliefern,* er
lässt *die Genehmigung erteilen* statt *genehmigen, zum Abschluss kommen* statt
abgeschlossen werden, in Berücksichtigung oder *in Erwägung ziehen* statt *berücksichtigen* oder *erwägen.* Aus *beschließen* entsteht die *Beschlussfassung,* aus
vormerken die *Vormerknahme,* aus *berichten* die *Berichterstattung,* und so geht
es weiter bis zur *Instandstellung, Fristansetzung, Auskunfterteilung* und vielen
anderen aufgeblasenen Gebilden dieser Art . . .« (W. Heuer, zit. a. a. O., 34).
Schreiben Sie z.B.

nicht	sondern
Abhilfe schaffen	ändern, abhelfen
Folge leisten	befolgen
unter Beweis stellen	beweisen
in Erinnerung bringen	daran erinnern, dass
Beachtung schenken	beachten
Einsicht nehmen	einsehen
in Kenntnis setzen	mitteilen
den Nachweis (er)bringen	nachweisen
in die Wege leiten	ermöglichen, anbahnen, vorbereiten
eine Einwilligung geben	einwilligen
sein Augenmerk richten	beachten
in Erwägung ziehen	erwägen

er nicht nur die Zeitwörter (Verben) erkranken häufig an »Substantivitis«, auch die Substantive selbst werden von einer Aufblähung, einer Verkoppelung mit anderen Substantiven erfasst. Schreiben Sie z.b.

nicht	sondern
Rücksichtnahme	Rücksicht
Fühlungnahme	Fühlung
Stellungnahme	Stellung
Kenntnisnahme	Kenntnis
Inangriffnahme	Beginn
Zugrundelegung	Begründung, Anführung
Geltendmachung	Begründung, Nachweis
Außerachtlassung	Vernachlässigung

Nicht in allen Fällen wird das stilistisch schlechte Wort durch ein stilistisch besseres zu ersetzen sein, aber im allgemeinen soll man sich darum bemühen, das *kürzere, einfachere Wort* anzuwenden (vgl. a. a. O., 35f.).

Fremdwörter nicht um jeden Preis!

Dazu einige Hinweise:

- Verdeutschung um der Verdeutschung willen ist nicht besser als »Verfremdung« um der Verfremdung willen! Immer kommt es darauf an, wer zu wem spricht, wer an wen schreibt und worüber er spricht und schreibt.
  Die Internationalisierung des politischen, kulturellen, wirtschaftlichen, wissenschaftlichen Lebens, die Ausbreitung einer einheitlichen Zivilisation bedingen und verlangen die Anwendung von Fremdwörtern, welche überall verstanden werden.

– Als Regel für den Gebrauch von Fremdwörtern kann gelten:
  • Gebrauchen Sie Fremdwörter nicht, weil Sie meinen, das erhöhe Ihre Wissenschaftlichkeit!
  • Gebrauchen Sie keine Fremdwörter, wenn passende deutsche Ausdrücke zur Verfügung stehen!
  • Gebrauchen Sie nur Fremdwörter, die Sie genau kennen! (Vgl. a. a. O., 41; 43.)

Keinesfalls Modewörter!

Im Waiting Room des Air Terminals sitzen einige smarte Boys, die darauf warten, dass eine Boing sie zu ihrer Destination bringt. Einer von ihnen erkundigt sich bei einer Groundhostess, wann es endlich Time ist zu flighten. Nachdem der Jet-Set noch einige Einkäufe im Duty-free-shop gemanagt und sein O.K. auf Grund seiner Boardingcard erhalten hat, begibt er sich durch das Exit . . .

Einen solchen Text finden Sie wahrscheinlich albern. Aber beobachten Sie sich doch einmal auf den Gebrauch folgender in Mode gekommener Wörter hin:

artikulieren	kulminieren
frustrieren	tendieren
manifestieren	präferieren
reduzieren	konzipieren
motivieren	intensivieren
funktionalisieren	strukturieren
sondieren	qualifizieren
(Vgl. a.a.O., 45f.)	basieren

In einer Diskussion fällt mindestens in jedem dritten Satz das Wort *relevant*, und eine Teilnehmerin, angehende Diplom-Sozialpädagogin, beginnt in einem Zeitraum von etwa einer halben Stunde fünfundsechzigmal (!) ihren Beitrag mit »Ich denke . . .« Das nahm ihr am Ende kaum noch einer ab.

Bombast (= Redeschwulst) produziert Unklarheit

Als Beispiel für bombastische Ausdrucksweise ein Dialog zwischen einem Vater und seinem Sohn:
»Papa, unser Lehrer hat mir heute zu verstehen gegeben, dass er nicht ausschließen will, dass ich das Klassenziel unter den derzeit gegebenen Umständen möglicherweise nicht voll erreichen könnte. Er hat dabei angedeutet, dass dieses besonders im fremdsprachlichen Bereich auch durch einen Mangel an gezielten Maßnahmen meinerseits verstärkt worden sei. Außerdem hat er durchblicken lassen, auch andere Lehrer hätten ihm signalisiert, meine verbale Beteiligung sei noch außerordentlich ausbaufähig.«

Der einigermaßen erschütterte Vater verlor schnell die sonst übliche Zurückhaltung. »Soll das heißen, dass du sitzen bleibst, weil du in Englisch und Latein nichts getan hast und dich insgesamt zu wenig am Unterricht beteiligst?« »Diese Formulierung, Papa, ist sicher überspitzt. Ich würde meinen, dass die auf uns zukommenden Probleme auch durch eine sehr undifferenzierte Analyse meiner Zurückhaltung seitens der mich unterrichtenden Lehrer zu erklären ist. Natürlich übersehe ich dabei nicht, dass mir unreflektiertes Auswendiglernen von Wörtern einer fremden Sprache, die völlig beziehungslos nebeneinander stehen, nicht eben liegt.«

»Du hast also zu wenig Vokabeln gelernt?«

»Ich bin der Auffassung, dass man mit dieser sehr pauschalen Fragestellung dem doch sehr komplizierten Problem kaum gerecht wird. Diese Ansicht wird übrigens von allen meinen Freunden geteilt. Wir sind auch der Meinung, dass die anstehende Problematik nicht durch unglaubwürdiges Moralisieren oder gar Drohen gelöst werden kann. Dagegen versprechen wir uns eine motivationsfördernde Wirkung von finanziellen Anreizen, die natürlich nur langsam greifen würden. Wir überschätzen die bildungspolitischen Auswirkungen solcher finanziellen Stimulanzien durchaus nicht, sehen zum gegenwärtigen Zeitpunkt aber keine praktikableren Möglichkeiten.«

»Du möchtest also nicht nur deine Ruhe, sondern auch noch eine Erhöhung des Taschengeldes?« ... (Vgl. Literatur zu Kap. 5.)

6. Entwicklung von Konzepten

Rudolf Knapp

Zur Orientierung

Im folgenden geht es um die Punkte:

- ein Verständnis von Konzept und von der Notwendigkeit der Planung beruflicher Arbeit vermitteln;
- einen Überblick über wichtige mit der Entwicklung von adressatenbezogenen und organisationsbezogenen zusammenhängende Aufgaben und Probleme erhalten;
- Hinweise zum Durchdenken und Klären der Bedingungen der Referats- bzw. Vortragssituation geben;
- auf Einzelaspekte, die bei der Planung zu bedenken sind, aufmerksam zu machen;
- leitende Prinzipien für die Gestaltung von Seminaren und Bildungsveranstaltungen kennen lernen sowie Grundelemente zur Gestaltung von Lernsituationen durchdenken.

6.1 Begriffsklärung

Das Wort »Konzept« geht auf das lateinische Verb »concipere« zurück (etwas zusammenfassen, in eine bestimmte Formel fassen bzw. in einer bestimmten Formel abfassen) und meint: Entwurf, erste Fassung einer Rede oder Schrift, aber auch Plan, Programm.

»Unter Konzept soll ein Handlungsentwurf verstanden werden, in welchem die Ziele des Vorhabens, die Inhalte, die Methoden und Verfahren in einen sinnvollen Zusammenhang gebracht sind« (*vgl. Geißler/Hege* 1997, 23).

Wenn Konzepte für eine ganze Einrichtung gelten, sprechen wir von einem organisationsbezogenen Konzept oder einem Trägerkonzept. Es gibt aber auch Konzepte, die auf Zielgruppen oder Adressaten hin entwickelt werden oder wurden (s. Strukturbeispiele Nr. 1 und 3), adressatenbezogene Konzepte. Schilling unterscheidet vom Organisationskonzept das Zielgruppenkonzept (Zielgruppe steht im Mittelpunkt) und das Situationskonzept, bei dem die konkrete Situation in der Zusammenarbeit mit anderen wichtig ist (s. Strukturbeispiel Nr. 4). Das Organisationskonzept gilt nach seiner Meinung langfristig, auch das Zielgruppenkonzept ist auf eine größere Zeitspanne hin angelegt, das Situationskonzept gilt kurzfristig für konkretes situationsorientiertes Handeln (vgl. *Schilling* 1993, 247 f.).

Der Zusammenhang dieser drei Konzeptformen ergibt sich insofern, als das Zielgruppenkonzept auf der Basis des Organisationskonzepts erstellt wird. Das

Situationskonzept setzt das Zielgruppenkonzept als Orientierungsrahmen voraus. Zielgruppenkonzepte und Situationskonzepte lassen sich aber nicht einfach aus dem Gesamtkonzept der Organisation als Gesamtsystem ableiten. Sie müssen angesichts der spezifischen Teilaufgaben in der Organisation differenziert werden und konkret ihren Ansatz finden, ohne in Widerspruch zum Gesamtkonzept zu geraten. Die Mitarbeiterinnen und Mitarbeiter in einer Institution müssen ja auch die methodische Freiheit haben, im Rahmen der Normen des Gesamtkonzepts nach ihren Vorstellungen planen, handeln und auswerten zu können.

Verkürzt können wir also von zwei Handlungskonzepten ausgehen:

- dem *adressatenbezogenen* Konzept und
- dem *organisationsbezogenen* Konzept.

6.2 Konzeptstrukturen in Stichworten

(1) Arbeit mit Familien aus der Sicht eines Kinder- und Jugendheimes

1. Bedeutung der Familie heute; Entstehen der Familienarbeit
2. Ziele der Familienarbeit; Aufgaben
3. Struktur der Familienarbeit
   - Kooperation beim Aufnahmeverfahren
   - Erstgespräch in der elterlichen Wohnung nach der Heimaufnahme
   - Familiengespräche (im Heim, im Hause der Erziehungsberechtigten; Telefonate; schriftliche Mitteilungen; Organisation und inhaltliche Schwerpunkte)
4. Heiminterner Austausch zwischen Familienberaterin, Erzieherteam und gruppenergänzendem Dienst

(2) Pädagogisches Konzept eines multifunktionalen Jugendheims

1. Einleitung (Errichtungszeit; Platzkapazität; Einrichtung; Pflegesatz)
2. Zielsetzungen
3. Traditioneller Schwerpunkt: Berufsbezogene Jugendsozialarbeit (Hilfeformen für den Eintritt in die Berufs- und Arbeitswelt)
4. Jugendwohnheim als Lernort (Leben in einer Großgruppe; pädagogisch orientierte Einzelhilfe; Gruppenarbeit und ihre Möglichkeiten)
5. Adressaten (Aufnahmekriterien; Sprachkurse für junge Aussiedler; Jugendliche in Berufsausbildung und beruflicher Tätigkeit minderjährige Jugendliche mit Hilfen zur Erziehung)
6. Pädagogische Konsequenzen aus den heterogenen Adressatengruppen
7. Kooperation mit anderen Einrichtungen der Jugendarbeit
8. Lage des Heims in der Stadt
9. Freizeiteinrichtungen im Wohnheim
10. Träger und Trägergruppen

(3) Schulsozialarbeit/-pädagogik an einer Schule für Erziehungshilfe

Vorbemerkung (Vorrangige Ziele und Aufgaben von Sozialarbeit/Sozialpädagogik in der Schule: Prävention; Kooperation mit den Lehrkräften)

Aufgabenfelder

1. Präventive Arbeit (im Vorfeld des Sonderschulaufnahmeverfahrens; Arbeit mit Kindern und Eltern nach der Aufnahme in die Schule)
2. Sozialpädagogische Intensivbegleitung (Einzelbegleitung; Krisenhilfe; Vermittlung von Hilfsangeboten anderer Einrichtungen; Reintegration in die Regelschule; Berufswahlvorbereitung)
3. Soziale Gruppenarbeit (Kleingruppen, Spielegruppen; Gruppentraining; sozialpädagogische Projekte)
4. Eltern- und Familienarbeit (Konfliktberatung; Elternabende; Beratung und Hilfen; gemeinsame Angebote für Eltern und Kinder)
5. Pädagogische Gremienarbeit und Beratung (Beratung mit Lehrkräften; Lehrergesprächskreis; Koordinationsaufgaben; Mitarbeit bei pädagogischen Maßnahmen und Projekten)
6. Fallbezogene und einrichtungsbezogene Außenkontakte

(4) Planungsskizze zu einer Fördermaßnahme

Thema/Aufgabe: Arbeit mit sozial unsicheren Kindern
Institution: Gesamtschule in X

1. Analyse der Ausgangsbedingungen
   – Problemanalyse
   Es handelt sich um fünf Mädchen im Alter von 10 und 11 Jahren in Schulklassen des 5. Jahrgangs, die sich fast gar nicht am Unterricht beteiligen und einen scheuen, ängstlichen Eindruck machen
   – Sozialanalyse
   Die Kinder haben wenig Kontakt zu ihren Mitschülerinnen und Mitschülern. Sie geraten zusehends in eine Außenseiterposition
2. Begründung der Fördermaßnahme
   Das übermäßig zurückhaltende, sozial unsichere Verhalten der Mädchen kann auf Dauer ihre Entwicklung erheblich beeinträchtigen. Es erscheint daher ein Training angebracht, das zu einer aufgeschlosseneren Mitarbeit im Unterricht sowie zu mehr Selbstsicherheit führt. Der Zeitpunkt, Beginn des Besuchs der neuen Schulform, erscheint richtig. In der mit den 5 Mädchen neu zu bildenden Gruppe können die Mädchen sich gegenseitig stützen und auch außerhalb des Unterrichts neue Kontakte pflegen.
3. Planung/Durchführung
   Als theoretische Orientierung dient das Trainingsprogramm von Petermann und Petermann (1994). Richtziel: Erlernen von sozialkompetenterem Verhalten und mehr Selbstwertbewusstsein. Methoden: Rollenspiele und deren

Auswertung; Selbstinstruktion und Selbstbeobachtung; Kontakt- und Auf-
lockerungsspiele; Entspannungsübungen. Verlauf: Informations- und Vor-
bereitungsphase sowie Kennenlernen (2 mal 90 Minuten); Hauptphase (6 mal
90 Minuten); Schlussphase (kleines Fest)

4. Auswertung
Mit Hilfe von Beobachtungsbögen werden Anfangs- und Endverhalten ermittelt und verglichen. Mit den Mädchen wird das Programm (Ziele/Inhal-
te/Verlauf/Ergebnis) im Gespräch ausgewertet. Die Lehrkräfte werden befragt, ob sich das Verhalten der Kinder im Unterricht und außerhalb durch
das Training verändert hat.

6.3 Warum überhaupt ein Plan, ein Konzept beruflicher Arbeit?

Dieser Mühe sollten sich alle unterziehen, auch wenn nicht immer so differenziert geplant werden kann angesichts der beruflichen Belastung wie während
der Ausbildungszeit. Hier einige Argumente, die diese Aufgabe sinnvoll und
notwendig erscheinen lassen:

Pro – Argumente

- Planung macht den Handelnden sicherer, denn die ausgewählten Ziele, die hierauf bezogenen zielgerichteten Wege (Methoden) schaffen
  klare Orientierungen.
- Der Planungsprozess bringt Elemente des reflektierten Handelns in
  einen sinnvollen Zusammenhang und sorgt für Überschaubarkeit.
- Planung schafft für den verantwortlich Handelnden sowie für die Adressaten seines Handelns eine Basis vertrauenswürdiger Kommunikation.
- Planung und Konzeptionierung erlauben Feststellungen zur Planungs-
  , Prozess und Ergebnisqualität. Sie stellen auch Maßstäbe zur Beurteilung des Planens und Handelns dar.
- Planung sichert Legitimation des Handelns ab und macht den eigenen
  Denkprozess im Dialog mit anderen nachvollziehbar und begründbar,
  auch z.B. gegenüber Vorgesetzten, Teamkollegen, Kooperationspartnern
  (wie auch in bestimmten Fällen gegenüber Erziehungsberechtigten).
- Planung und Konzeptionierung ermöglichen der interessierten Öffentlichkeit einen Einblick in Grundsätze des Handelnden und machen sie
  nachprüfbar und kritisierbar.
- Gemeinsame Planung bzw. das Erstellen von Zielgruppenkonzepten
  bringt die Planenden einander näher und ermöglicht infolge des abgestimmten Verhaltens effizienteres Arbeiten.
- Planung macht erkennbar, was nicht planbar erscheint.

- Planung und Konzeptionierung beruflicher Arbeit bedeuten nicht, unbeweglich, vielleicht auch unempfänglicher für Veränderungen zu sein. Die Realität erfordert Offenheit und manchmal Anpassung und phasenweises Abweichen von den Entwürfen.
- Individuelle Planung und Konzeptionierung der Arbeit tragen durch die damit verbundenen Prozesse der Reflexivität (d.h. sich selbst zum Objekt der Betrachtung zu machen) zur Entwicklung persönlicher und sozialer Identität bei.

6.4 Adressatenbezogene Konzepte

Aus dem Strukturbeispiel (4) wird deutlich, zu welchen Punkten didaktisch-methodische Überlegungen bei der Konzeptentwicklung angestellt werden müssen:
Zur...

1. Analyse der Ausgangssituation
2. Planung (mit Zielen, Themen/Inhalten, leitenden Theorien, Methoden, sowie der Ablaufstruktur)
3. Durchführung (hier als tabellarische Zusammenschau wesentlicher Punkte und Phasen der Planung)
4. Auswertung

Die vier Schwerpunktaufgaben werden nun etwas genauer betrachtet. Die nachfolgenden Orientierungen eignen sich vor allem für Maßnahmen, die der Bewältigung bestimmter Probleme durch zielorientierte Lehr- und Lernprozesse im Feld der Erziehung und Bildung dienen sollen. Für andere Zwecke müssten die Stichworte innerhalb der vier zentralen Aufgaben modifiziert werden.

Institution; Träger der Maßnahme: **Gruppe?**
Anlass: **Einzelner?**
Zeitpunkt/Zeitrahmen:
Bezeichnung der Maßnahme:

1. Analyse der Ausgangsbedingungen

1.1 *Erscheinungsbild des Problemverhaltens*
 - Bedingungen, unter denen das Verhalten auftritt
 - Reaktionen der Mitwelt

1.2 *Individualanalyse*
 - Anthropologische Gegebenheiten
 - Mögliche individuelle Ursachen des Problemverhaltens
 - Individuelle Ressourcen, auf denen sich aufbauen lässt

1.3 *Sozialanalyse*
   - Soziokulturelle Gegebenheiten
   - Beziehungsstruktur (Gruppe, Familie, Heim, Schule)
   - Mögliche soziale Ursachen für das Problemverhalten

1.4 **Klärung der institutionellen Rahmenbedingungen**
     (Räume, Finanzierung, Partner, rechtliche Aspekte . . .)

1.5 *Eigene Kompetenzen* (mit Blick auf die spezifische Konzeptentwicklung)
   - Wahrnehmungsfähigkeit, Sensibilität
   - Sach- und Beziehungskompetenz
   - Lebens- und Berufserfahrung

2. **Zusammenfassende Bewertung der ermittelten Details. Gründe für die Entscheidung für eine bestimmte Maßnahme**

3. **Planung** (Didaktisch – methodische Einzelüberlegungen)

3.1 **Art des Problems.** *Bedeutung der Arbeit am Problem für die/den Adressaten*
     Information über erklärende Theorien zum Problem, zu dessen Verursachung und zu Möglichkeiten pädagogisch-psychologischer Einflussnahme auf das Problemverhalten

3.2 *Ziele und Inhalte/Themen*
   - Auswahl und deren Begründung (didaktischer Kommentar) mit Blick auf die individuellen und sozialen Gegebenheiten des/der Betreffenden
   - Mitentscheidungsmöglichkeiten der/des Betreffenden

3.3 *Methoden* (zielgerichtete Gestaltung von Beziehungen und inhaltlichen Vermittlungen; Lehren und Lernen als Interaktionsprozess)
   - Geplante Aktivitäten und Arbeitswege auf seiten des Pädagogen/der Pädagogin Erwartete Aktivitäten auf seiten des/der Adressaten

3.4 *Mögliche Störfaktoren und beabsichtigte Reaktionen hierauf*

3.5 *Geplante Abfolge der Maßnahme* (Lehr- Lern-Prozessstruktur)

4. **Durchführung im Überblick** (nach folgendem Schema)

Phasen/ Zeit	Teilziele	Handlungsverlauf/ Sozialformenund	Erwartete Störungen präventive bzw. korrigierende Hilfen	Medien/Materialien

5. **Auswertung** (Evaluation)

Hinsichtlich
   - der ermittelten Ausgangsbedingungen und ihrer eingeschätzten Bedeutung für die Maßnahme,
   - der Entscheidung für die bestimmte Maßnahme (die hier erreichten und nicht erreichten Ziele sowie Vermutungen zu den Gründen),
   - der didaktisch-methodischen Überlegungen und deren Angemessenheit,
   - der Konsequenzen für nachfolgende Aufgaben und Planungsprozesse.

Erfolgt die Auswertung allein durch die Pädagogin/den Pädagogen oder/und wirken die Adressaten bei der Evaluation mit?

Der Arbeitsprozess, der z.b. auf ein gruppenspezifisches Konzept (s. Struktur-beispiel Nr. 1) zielt, baut auf den individuellen Kompetenzen des Teams auf. Sie umfassen nicht nur inhaltlich-fachliche Fähigkeiten und berufliche Erfahrun-gen, sondern auch soziale und organisatorische Kompetenzen mit Blick auf die Prozessphasen der Arbeit. Wie in Kap. 2 dargelegt, ist die teamfähige Persön-lichkeit gefragt, denn anders als bei der Planungsarbeit einer einzelnen Person hat bei der Teamarbeit die *Gruppendynamik* ihre besondere Bedeutung. Bei allen unterschiedlichen Gegebenheiten im Team verlangt der Entwicklungs-prozess ein konstruktives, kritisches Miteinander sowie das stete Bemühen, mög-lichst alle Mitglieder an allen Entscheidungen im Rahmen der Entwicklungsar-beit mitzubeteiligen. Nur so kann gewährleistet werden, dass das spätere Pro-dukt, das Konzept, von allen als gemeinsame Grundlage der Arbeit aufgefasst und dass im Berufsalltag im Sinne der hier festgehaltenen Gedanken gehandelt wird. Vergleichbar mit den didaktischen Grundaufgaben, die Einzelpersonen bei ihren Konzeptentwicklungen zu bewältigen haben, ergeben sich die Schritte:

1. Analyse der Ausgangssituation
2. Entscheiden über eine bestimmte Art des Vorgehens
3. Entwicklungsarbeit
4. Arbeit nach dem neuen Konzept (bzw. Konzeptentwurf)
5. Auswertung

Zu 1. Analyse der Ausgangssituation

Zunächst ist – als gemeinsame Aufgabe – die Ausgangslage zu klären. Es stellen sich z.b. folgende Fragen und Aufgaben:

– Wer gab den Impuls (und mit welchen Argumenten) zur Entwicklungsar-beit? War es eine Einzelperson oder die Mehrheit des Teams? Es muss die Interessenlage der Teammitglieder besprochen werden. Im Mittelpunkt wer-den Antworten zu Fragen stehen: Was bringt ein ggf. verändertes oder neues Konzept mit sich? Verbessert es meine berufliche Lage oder die Situation des Teams? Welche Vorteile, welche Nachteile habe ich davon? – Es kommt damit die Motivation, die Bereitschaft der Mitglieder zur Veränderung auf den Prüfstand. Wenn der Vorstand eines Trägers den Auftrag gab, so müsste dieser zunächst hinsichtlich der Ziele, der mitgegebenen Informationen, der zur Verfügung stehenden Ressourcen überdacht werden. Es erscheint not-wendig, die mit diesem von außen kommenden Innovationsanliegen entste-henden Gefühle der Unsicherheit und Angst, die angedachten und wün-schenswerten inhaltlich-fachlichen und organisatorischen Veränderungen in ihrer Wirkung auf die Arbeitsplatzbedingungen zu prüfen. Das ist nur dann ergebnisorientiert zu leisten, wenn jemand von der Auftragsseite mit dabei ist.

– Solche Klärungsprozesse bedürfen sensibler Moderation durch eine prozesskompetente Person aus dem Team oder von außerhalb der Einrichtung, sonst wird die Konzeptentwicklung möglicherweise schon in der Anfangsphase scheitern.

Zu 2. Entscheiden für eine bestimmte Art des Vorgehens

– Es muss nun entschieden werden, welche Aufgaben und Ziele das neue Konzept nach innen und außen erfüllen soll. Zum anderen muss sich das Team darüber verständigen, wie vorgegangen werden soll, welche Schritte bzw. Phasen bei der Konzeptentwicklung bis zum fertigen »Produkt« voraussichtlich zu erwarten sind.

– Es muss festgelegt werden, welche für die Konzeptentwicklung notwendigen Informationen (z.B. genauere Details zur Zielgruppe und ihren Problemen, Daten aus Berichten von Bundes- und Landesregierung, Fachliteratur, Berichte aus der Praxis, Befragungen von Experten, Erfahrungsberichte aus vergleichbaren Institutionen; Interviews mit Kolleginnen/Kollegen anderer Einrichtungen) beschafft und wie sie für die weitere Arbeit aufbereitet werden müssen.

– Zum anderen müssen die Rahmenbedingungen für den Entwicklungsprozess diskutiert und fixiert werden: Zeitplan, Termine, Verteilen erster Aufgaben an die Teammitglieder; Ort und die für den Arbeitsprozess erforderliche räumliche Ausstattung.

Zu 3. Entwicklungsarbeit

– Die Ziele (und die damit zusammenhängenden Aufgaben!) bisheriger Arbeit werden überprüft. Leitfragen hierbei: Welche bilden z.Zt. die maßgebliche Orientierung für das Alltagshandeln mit den Adressaten? Welches sind unsere kurzfristigen, welches sind die langfristigen Ziele unserer Arbeit? Welche Ziele müssen ihre Gültigkeit behalten, welche haben nur noch wenig oder gar keine Bedeutung? Wodurch wurden die Veränderungen im Bereich der Ziele bewirkt? Wie stehe ich, wie stehen wir zu den beabsichtigten Veränderungen? – Welche Ziele sollten mehr Gewicht oder ganz neu formuliert werden und warum sollte das so sein . . . u.a.m.?

– Die neuen Ziele (und die hiermit verbundenen Aufgaben) werden begründet und im Sinne eines Ist-Soll-Zustandes gegenübergestellt.

– Im nächsten Schritt müssen die Konsequenzen der neuen Ziele bedacht werden im Hinblick auf die hiermit in Verbindung zu sehenden Aufgaben (-felder) sowie die Methoden, Arbeitsformen, d.h. die zielgerichteten Beziehungsgestaltungen. Ferner ist in Betracht zu ziehen, ob die vorhandenen Ressourcen in personeller, fachlicher, finanzieller, organisatorischer, räumlicher Hinsicht ausreichen bzw. wie sie ggf. geschaffen werden könnten. Ggf. ist hier das Zielspektrum realitätsgerecht zu verkleinern.

– Dann geht es darum, diese Ziele so zu formulieren, dass sie handlungswirksam verstanden werden können. Zunächst müssen sie dazu auf eine konkretere Ebene gebracht, d.h. von Grobzielen zu Feinzielen (d.h.»operationalisiert«) werden.. Sodann können Ziele/Inhalte/Aufgaben und Methoden analog zur Definition von *Geißler/Hege* (s. vorher) in einen sinnhaften Gesamtzusammenhang gebracht werden. Dabei wird sich das Team fachlich an bestimmten Theorien (z.b. aus der Erziehungswissenschaft, der Psychoanalyse, der Humanistischen Psychologie, der Gruppenpsychologie, der Therapien, der Gesundheitswissenschaften) orientieren und Prioritäten setzen.

– Den Entwurf einer schriftlichen Erstfassung des Konzepts sollte aus pragmatischen Gründen eine Kleingruppe übernehmen. Erfolgte der Auftrag zur Konzeptentwicklung vom Träger einer Institution, so ist diesem der Entwurf zur Genehmigung vorzulegen. Über die schriftliche Form einer vorläufigen Endfassung würde dann wieder das Team entscheiden.

– Schließlich müsste Konsens darüber hergestellt werden, ab wann nach dem neuen Konzept (oder nach Konzeptelementen) gearbeitet, in welcher Weise der Konzeptentwurf überprüft wird und wann das Team den ersten Erfahrungsaustausch zum Entwurf für sinnvoll und möglich ansieht.

Zu 4. und 5. Arbeit nach dem neuen Konzept und Auswertung der Erfahrungen

Zur Dokumentation der Erfahrungen müssen Kriterien und Zeitpunkte der Erfassung festgelegt werden.

Nachdem die Ergebnisse der Auswertung (Evalutation) im Hinblick auf Prozess, Struktur- und Ergebnisqualität dokumentiert, aufgearbeitet und mit Zustimmung des Teams in die Konzeption eingearbeitet wurden, ist zu überlegen, in welcher Weise diese öffentlichkeitswirksam verwendet werden kann.

6.5 Organisationsbezogene Konzepte

Aus den Stichworten zur Notwendigkeit von Planung und Konzeptionierung sowie aus den Erläuterungen zu den von einem Team erstellten adressatenorientierten Konzepten ergeben sich viele Anforderungen an eine Gesamtkonzeption (vgl. Strukturbeispiel Nr. 2) für eine Institution der Sozialen Arbeit. Im folgenden Schaubild werden diese noch einmal auf zentrale Punkte gebracht:

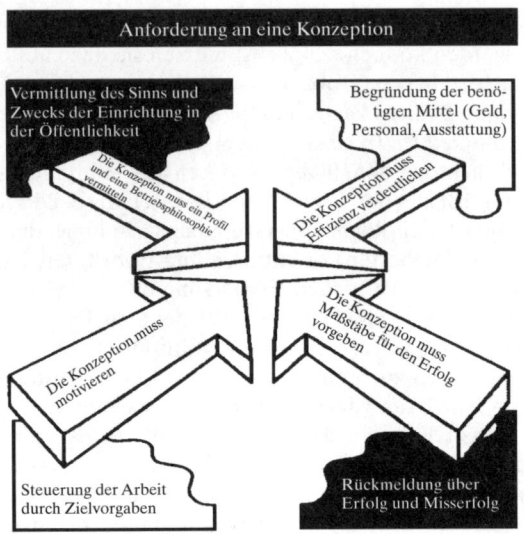

Anforderung an eine Konzeption

Vermittlung des Sinns und Zwecks der Einrichtung in der Öffentlichkeit

Begründung der benötigten Mittel (Geld, Personal, Ausstattung)

Die Konzeption muss ein Profil und eine Betriebsphilosophie vermitteln

Die Konzeption muss Effizienz verdeutlichen

Die Konzeption muss motivieren

Die Konzeption muss Maßstäbe für den Erfolg vorgeben

Steuerung der Arbeit durch Zielvorgaben

Rückmeldung über Erfolg und Misserfolg

(Wöhrle 1996, 118)

Anlässe für Entwicklungsarbeit können z.B. sein:

- von Mitarbeitern geäußerte Anregungen
- revisionsbedürftige Teilkonzepte
- gesellschaftliche Wandlungen und damit veränderte Anforderungen an Soziale Arbeit
- neue Gesetze für den Sozialbereich
- Konflikte in bestimmten Bereichen oder Aufgabenfeldern; Motivationsprobleme; ineffiziente Kommunikationsstruktur
- Managementprobleme; Finanzierungsschwierigkeiten bei bestimmten Aufgaben

Es müssen durch die Konzeptionsentwicklung die folgenden drei Fragen so beantwortet werden, dass sie als Normen das Ganze der Institution oder Organisation tragen können:

- *»Wer sind wir?«* (Fragen nach der Unternehmensidentität)

- *»Was wollen/sollen wir?«* (Fragen nach den strategischen Unternehmenszielen sowie nach dem dahinter stehenden Menschenbild)

- *»Wohin soll es gehen?«* (Fragen nach der Leitvorstellung des Unternehmens für die Zukunft) (vgl. *Jäger* 1996, 56ff.).

Der Gesamtprozess der Entwicklung kann als Organisationsentwicklungsprozess mit folgenden Prinzipien aufgefasst werden:

- die wirtschaftlichen, technischen und menschlichen Aspekte eines sozialen Systems werden im Zusammenhang gesehen, deren eigene Gesetzmäßigkeit wird respektiert;
- es wird davon ausgegangen, dass der Mensch ein mündiges, d.h. selbsthilfefähiges und verantwortungsfähiges Wesen ist, das lebenslang lernbereit ist;
- die Bedürfnisse der Menschen (Mitarbeiter/Vorgesetzte) in der Organisation und die der Organisation sind gleichberechtigt;
- durch gezielte und freiwillige Lernsituationen im betrieblichen Alltag für Einzelpersonen und Gruppen geht es um die Selbstentwicklung der Mitarbeiter und die Selbsterneuerung der Organisation, um die Einrichtung lebensfähig zu erhalten oder in ihren Prozessen, ihrer Struktur, ihren Ergebnissen zu verbessern;
- die Entwicklungsprozesse weisen ein hohes Maß an Freiheit auf, gepaart mit Verantwortung gegenüber der eigenen Person, den Kolleginnen und Kollegen, der Organisation sowie der sozialen und natürlichen Umwelt;
- der Entwicklungsprozess setzt bei den Problemen des Alltags, den Fähigkeiten, aber auch Schwächen aller Beteiligten an;
- Grundlage bildet die gemeinsame Situationsanalyse und die Partizipation an allen wesentlichen Phasen des Konzeptentwicklungsprozesses;
- es werden Analyseaufgaben, Entscheidungsprozesse und psychosoziale Lernprozesse integriert;
- der bewusste und konstruktive Umgang mit Konflikten im Bereich von Zielen, Interessen, Werten bildet einen wichtigen Teil des Lernprozesses. Damit ist Organisationsentwicklung (und somit auch Konzeptentwicklung) nicht wertfrei.

Die Phasen eines Organisationsentwicklungsprozesses, bei denen ein Moderator (zugleich Berater) als externer Fachmann mitwirkt, können z.B. folgendermaßen ablaufen:

1. Analyse der Ausgangsbedingungen

- Aufgrund von Problem- und »Leidensdruck« in einer sozialen Institution wird ein Organisationsentwicklungsprozess erforderlich. Erste Vorstellungen von den Veränderungszielen und vom Arbeitsprozess hierbei werden einvernehmlich entwickelt. Einen externen Berater mit der moderierenden Steuerung des Entwicklungsprozesses zu beauftragen, wird von allen Delegierten der Bereiche befürwortet.
- Der Berater stellt sich den Vertretungen des Management sowie der Mitarbeiterebenen vor. Mit ihm werden Möglichkeiten und Grenzen der Veränderungsbereitschaft und der Zusammenarbeit besprochen. Im Kontrakt mit

ihm werden diese sowie die Arbeitsbeziehungen und die Berateraufgaben festgehalten. Erste Schritte des Einstiegs in die konzeptionelle Arbeit werden vereinbart.

- Der Berater sammelt Daten und Fakten zur Einrichtung, zur Einschätzung der Problematik sowie zu Veränderungswünschen – auch ablehnende Äußerungen – bezüglich des Gesamtvorhabens auf unterschiedlichen Ebenen.
- Er erstellt eine vorläufige »Diagnose« und organisiert eine Datenfeedbackveranstaltung.

2. Entscheidung über das weitere Vorgehen

Es wird eine gemeinsame Diagnose erstellt, ausgehend von der Diagnose des Beraters, die er auf der Grundlage der strukturiert vorgelegten Daten und Fakten erläutert. Sie zielt auf Erkennen der Problemphänomene, der Problemursachen, die genaue Eingrenzung und Definition der Problematik, das Festlegen der Veränderungsziele und die Entscheidung über den begleitenden Aufbau einer organisatorischen Struktur für den Gesamtprozess (Einrichten einer Steuerungsgruppe und weiterer aufgaben- und themenspezifischer Arbeitsgruppen; Dokumentations- und Feedbackphasen; Terminkontrollmöglichkeiten; notwendig werdende Lernangebote u.a.m.)

3. Entwicklungsprozess; 4. Arbeit nach dem neuen Konzept; 5. Auswertung

Diese Punkte und die hier zu nennenden Aufgaben sind vergleichbar mit denen unter 5.3 beschriebenen Teamarbeiten. Sie werden daher nicht mehr dargestellt. Eine zentrale und kontinuierliche Verpflichtung für alle Prozessbeteiligten ist es, dafür zu sorgen, dass die Macht- und Entscheidungträger der Institution stets eingebunden sind, damit die neuen Ideen des organisationsbezogenen Konzepts auch Realität werden können. Unter Führung des Beraters wird später die Dokumentation des Entwicklungsprozesses sowie der Entwurf selbst vorgestellt und diskutiert. Dann wird über die nach und nach notwendigen Gesamtveränderungen entschieden. Es erfolgt noch ein Schlussgespräch mit dem Berater, der dann verabschiedet wird.

6.6 Vorbereitung eines Referates, eines Vortrags

Studierende werden oft gebeten, ihre Überlegungen und Literaturrecherchen zu einem Problem, einer komplexen Aufgabe oder einem kontroversen Sachverhalt in der Form eines zusammenhängenden Referates oder Vortrags darzustellen. Die Vorbereitung hierauf stellt hohe Ansprüche an sie. Sie sollten ja ihre Überlegungen und durch Fachliteratur abgestützten Aussagen nicht vorlesen, sondern möglichst frei vortragen. Mit ihren sachorientierten Informationen sollen sie die Zuhörer zum Mitdenken anregen. Sie müssen daher ihr Referat so gut vorbereiten, dass sie von den Zuhörern verstanden werden, deren Interesse wecken und aufrecht erhalten. Der Einsatz technischer Geräte muss

häufig geplant werden, Beispiele zur Verdeutlichung eines Aspekts müssen gesucht, wichtige Stichworte notiert und eingeprägt werden.
Im beruflichen Alltag werden Sozialarbeiter/Sozialpädagogen z.b. gebeten, zusammenhängend andere über ihre Erfahrungen und Vorstellungen zu berufsrelevanten Aufgaben und Fragen zu informieren. Sie tun dies i.d.R. unter Einbezug entsprechender aktueller Fachliteratur. Häufig müssen sie z.b. auch in Gremien, Ämtern, Verbänden und Verwaltungen Sachverhalte vortragen, um Entscheidungen vorzubereiten, damit sie Menschen in Problem- oder Konfliktsituationen gezielt helfen können.
Referate oder Vorträge fallen den meisten schwer, weil

– sie Hemmungen und Widerstände in sich spüren, wenn sie Zuhörern in einem längeren zeitlichen Zusammenhang etwas darstellen sollen;
– sie Sorge haben, sie würden nicht »ankommen« mit ihrer Art etwas mitzuteilen;
– sie meinen, zu wenig über den Aufbau eines Referates oder Vortrages zu wissen und deshalb Inhalte und Anliegen nicht wirksam an andere vermitteln zu können;
– sie das Referat oder den Vortrag als »lästiges Übel« empfinden, immer wieder beiseite schieben und damit den Vorbereitungszeitraum stark verkürzen.

6.6.1 Momente der Vortragssituation

Stark vereinfacht enthält jede Sprechsituation die folgenden Elemente:

Situative Bedingungen

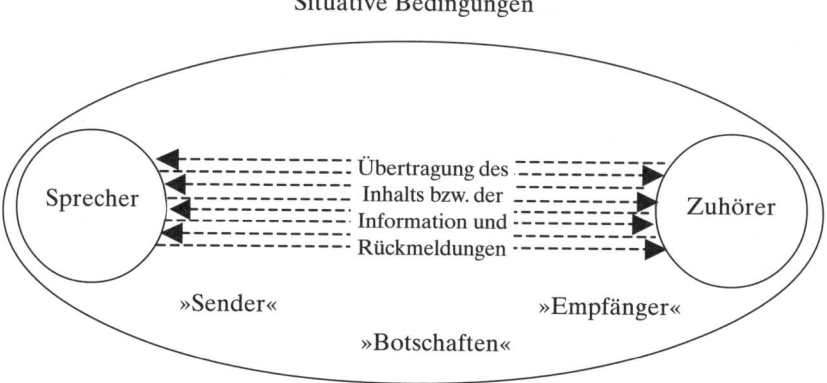

Die Vortragenden möchten, dass die Zuhörer ihre Darstellung verstehen, dass sie mitdenken und z.B. angeregt werden zu bestimmten Überlegungen und Handlungen. Dabei zeigen sich generelle Probleme auf beiden Seiten. Die Sprecher organisieren z.b. ihre Gedanken zu wenig, drücken sie zu ungenau und unklar aus und bringen zu viele Details auf einmal. Die Zuhörer hören nicht aufmerksam zu, halten sich an Details fest, ohne den wesentlichen Zusammenhang zu sehen, denken schon an eigene Reaktionen nach dem Vortrag oder was sie Angenehmes in der Freizeit tun werden u.a.m.

Nach *Schulz von Thun* kann man von vier Aspekten einer Nachricht sprechen, die mehr oder weniger zeitgleich wirken. Zum sachlichen Gehalt (Aspekt 1) der Mitteilung kommt eine Information, die die Person über sich selbst äußert (Aspekt 2). Dieses persönliche Sich-Öffnen kann bewusst, kann aber auch unbewusst geschehen. In einer weiteren Seite der Nachricht erhält der Empfänger (Aspekt 3) einen Hinweis, wie der »Sender« die Qualität der Beziehung einstuft, welche Meinung er von seinem Gesprächspartner hat. Schließlich enthält die Nachricht noch einen Appell (Aspekt 4), mit dem der aktive Partner Einfluss auf das Denken, Fühlen und Handeln des anderen ausüben möchte (vgl. *Schulz v. Thun* 1997, 19).

Bei der Planung des Vortrags lassen sich die vielen Einzelprobleme der Vortragssituation systematisch nach folgenden Fragen gliedern und weiter durchdenken:

Situative Bedingungen

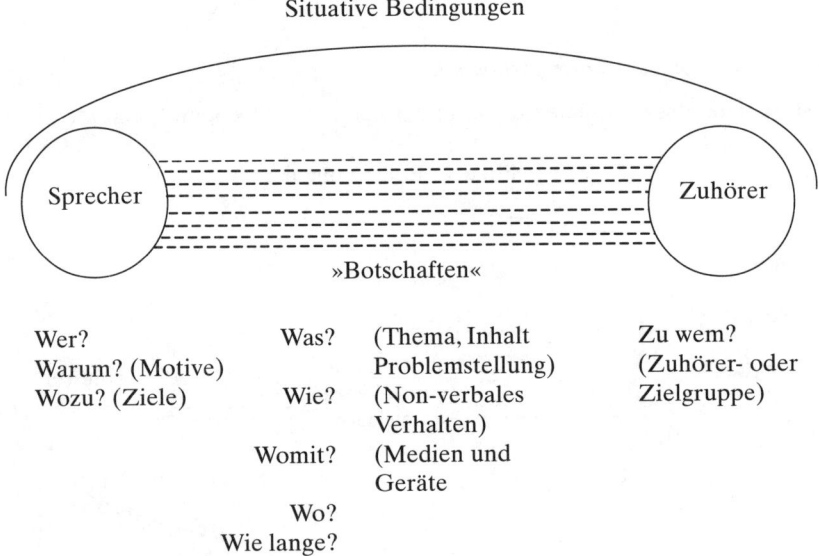

| Sprecher | »Botschaften« | Zuhörer |

Wer?   Was?   (Thema, Inhalt   Zu wem?
Warum? (Motive)   Problemstellung)   (Zuhörer- oder
Wozu? (Ziele)   Wie?   (Non-verbales   Zielgruppe)
                                   Verhalten)
                       Womit?   (Medien und
                                   Geräte
                       Wo?
                    Wie lange?

(Vgl. *Thiele* 1984, 125ff.)

6.6.2 Einzelfragen bei der Planung. *Empfehlungen zur Vorbereitung*

Mit dem »*Wer?*« sollten sie sich klarmachen, in welcher Funktion sie vor wem sprechen, welche Rolle sie offensichtlich spielen, was von ihnen erwartet wird usw. Es bedeutet viel hinsichtlich der Akzeptanz ihrer Darstellungen, ob sie selbst Student der betreffenden Hochschule oder z.b. im Beruf derselben oder einer anderen Gruppe angehören oder ob sie als Vertreter einer bestimmten Institution oder eines bestimmten Verbandes sprechen.

Beim »*Warum?*« sind sie aufgefordert, zu überdenken, was der Vortrag bzw. das Referat bei den Zuhörern bewirken soll, mit welcher Begründung sie um dieses Referat gebeten wurden bzw. warum sie sich selbst bereiterklärt haben, zu einem bestimmten Thema etwas vorzutragen.

Mit der Annahme des Themas ist es auch ihre Aufgabe, das »*Wozu?*« zu klären. Die Ziele und Ansprüche sind so realistisch zu formulieren, Referat/Vortrag sind so zu gestalten, dass sie das Interesse der Zuhörer treffen, die erwarteten Informationen gut durchdacht vermitteln, die Probleme deutlich und verständlich ansprechen usw. Mit der Zielfrage verbinden sich also hier wie beim Kapitel 6 »Gestaltung von Seminaren und Bildungsveranstaltungen« alle anderen didaktischen Grundfragen, d.h. die Frage der Reflexion der Ausgangssituation, der Inhalte und Medien.

Bei der Frage zum Zuhörerkreis, d.h. *Zu wem spreche ich?,* sollten sie versuchen, die Situation der sog. Adressaten bzw. *Zielgruppe,* Teilnehmer oder Zuhörer zu analysieren – so gut wie möglich. Sie sollten damit z.b. klären, was diese für Wünsche und Interessen haben, in welchen Arbeitszusammenhängen sie sich befinden, wie sie ggf. persönlich mit diesen verbunden sind, was diese vermutlich an Einstellungen, Vorerfahrungen, Vorkenntnissen zum Thema haben, welche konkrete Information, Anregung oder Hilfe sie ihnen bieten können, wie sie ihre Ausführungen anlegen müssen, um gerade von dieser Teilnehmergruppe gut verstanden zu werden usw.

Beim *Was?* steht das Vortragsthema selbst im Mittelpunkt. Zur soliden, fachlich abgesicherten Vorbereitung gehört die sinnvolle, durchdachte Gliederung in Einzelabschnitte. Sie wollen aufmerksame Zuhörer haben. Das erfordert, dass diese über den Ablauf dessen, was sie vortragen, im Überblick (z.B. durch Nennen der Unterthemen) informiert werden. So haben sie eine *Struktur,* die ihnen das Einordnen der Details nachher erleichtert.

Bei der Gliederung und beim Aufbau von Referat und Vortrag sollten sie an folgende *Prinzipien* denken, die mit dazu beitragen können, dass sie bei ihren Zuhörern »ankommen«:

– mit einem gut überlegten »Einstieg« (z.B. eine Grafik oder eine zum Thema passende Anekdote) Interesse wecken und gezielt zum Thema hinführen;
– den Zuhörern durch Beschreiben der wesentlichen gedanklichen Schritte in ihrem Referat/Vortrag die Einordnung der Aussagen erleichtern;
– zuerst die bekannten Einzelheiten, dann das Neue, – zuerst das Einfache, dann das Schwere. Vom Konkreten zum Abstrakten;

- die Zuhörer nicht mit zu vielen Informationen überfordern. Evtl. ein ausführliches Papier zum vertiefenden Nacharbeiten zur Verfügung stellen;
- möglichst anschaulich vortragen: Bilder, Vergleiche, beispielhafte Erläuterungen verwenden oder an einem Objekt etwas demonstrieren;
- ein Problem z.b. durch eine kleine Begebenheit illustrieren;
- sich – wenn möglich – auf die Erfahrungen oder Vorerfahrungen der Teilnehmer beziehen, deren Handlungsbezüge mitberücksichtigen;
- möglichst umsetzbare Vorschläge entwickeln. Einwände oder Gegenargumente ggf. vorwegnehmen;
- unnötigen Fachjargon vermeiden. Fremdwörter im Zusammenhang erläutern;
- Gedankensprünge und Abschweifungen vermeiden;
- auf Floskeln verzichten und sich um eine verständliche, einfache Ausdrucksweise bemühen;
- spätestens am Ende des Vortrags die für besonders wichtig gehaltenen Gedanken, Wünsche oder Forderungen zusammenfassen.

Es beeindruckt die Zuhörer auch, wenn sie zumindest phasenweise frei sprechen. Um das gefürchtete Steckenbleiben zu verhindern, sollten sie sich entsprechende Stichwortzettel zur Orientierung anlegen. Das Freisein vom Text schafft die Möglichkeit zum Denken im Sprechen, dem sog. *Sprechdenken*. Es entsteht eine besondere »hörer- und situationsbezogene mündliche Kommunikation« (vgl. Hülshoff/Kaldewey 1984, 220).»Beim Anfertigen der Stichwortzettel ist die Übersichtlichkeit oberstes Gebot. Das die Gedankenkette auslösende Wort muss förmlich ins Auge fallen. Darum sollten auf jedem der einseitig beschriebenen und nummerierten Blätter nur wenige Schlüsselbegriffe bzw. wichtige Formulierungen vermerkt sein, wobei Unterpunkte durch entsprechendes Einrücken oder verschiedenfarbige Unterstreichungen abgehoben werden. Dies erleichtert die Orientierung« (Hasselborn 1988, 132).
Beim »*Womit?*« ist die Methoden- und Medienfrage angesprochen. Sie kann nur sinnvoll im Zusammenhang mit der Ziel- und Inhaltsfrage sowie der Frage nach der Ausgangssituation beantwortet werden. Einige Aspekte wurden bereits vorher angedeutet, wie z.B. die Notwendigkeit, Vortrag und Referat möglichst anschaulich zu gestalten.
Die erforderlichen Geräte (z.B. Videogerät, Tageslichtschreiber) sollten vorher auf Funktionstüchtigkeit geprüft werden, damit es keine peinlichen Überraschungen während des Referats oder Vortrags gibt und sie dann auf fest eingeplante Illustrationen verzichten müssen.
Beim *Wie?* des Sprechens sollten sie sich die folgenden Punkte klarmachen: Die Zuhörer wollen und sollen ihre Äußerungen akustisch verstehen können. Sie müssen daher laut und deutlich sprechen. In einem großen Raum geht das vielleicht nur mit Hilfe eines Mikrofons. *Lautstärke und Sprechtempo* sollten sie auch entsprechend der gedachten Akzentsetzung variieren. Wenn sie Gefühl in ihre Stimme legen wollen, versuchen sie Emotionen nachzuempfinden,

sich in eine Situation genau hineinzuversetzen. Mimik und Gestik sollten sie sparsam und dem Inhalt des Vortrags angemessen verwenden. Es ist wichtig, Augenkontakt mit den Zuhörern zu halten und nicht ausschließlich auf das Manuskript fixiert zu sein. Und zum Schluss etwas, was oft vergessen wird: sie als Vortragender, aber auch die Zuhörer, brauchen dringend Sprechpausen.

6.6.3 Tipps zum Abbau von Redehemmungen

- ► Sorgfältige Planung
- ► Einprägen des Stichwortzettels durch Selbstrezitation und Anwendungssituation mental trainieren
- ► Simulation der Ernstsituation durch Probevortrag
- ► Günstige psycho-physische Voraussetzungen unmittelbar vor dem Vortrag; Atemübungen an der frischen Luft
- ► Akzeptieren der eigenen inneren Unruhe
- ► Positive Grundeinstellung zur Sprechsituation sowie Bewusst machen der Erfolgserlebnisse des eigenen Lebensweges
- ► Erlernen einer Entspannungstechnik, zum Beispiel autogenes Training, Yoga, progressive Muskelentspannung, Meditation
- ► Kenntnis der rhetorischen Wirkkräfte, also Stand, Gestik, Mimik, Augenkontakt, Bewegung, Pausentechnik und Atmung, Stimme – Artikulation, Lautstärke, Tonhöhe, Flüssigkeit
- ► Innere Vorbereitung auf schwierige Situationen, zum Beispiel das Steckenbleiben, schwierige Zwischenfragen u.a.
- ► Alle persönlichkeitsfördernden Maßnahmen, die auf die Verbesserung des Selbstvertrauens und der Selbstsicherheit gerichtet sind
- ► Persönliche Kraftquellen erschließen, zum Beispiel Sport, Schlaf, Musik, gesunde Kost, kreative Freizeitgestaltung, Religion und Philosophie, Natur, Geselligkeit
- ► Praktische Übungen und Schaffung von Erfolgserlebnissen

(aus *Thiele* 1984, 193)

6.7 Planung von Seminaren und Bildungsveranstaltungen

Während des Studiums gehört es selbstverständlich dazu, dass Studierende auch einmal die Verantwortung für die Planung, Durchführung und Auswertung einer ganzen Lehrveranstaltung, z.b. für ein Seminar, übernehmen. Außerhalb der Hochschule gibt es für Sozialarbeiter/Sozialpädagogen eine Fülle von Arbeitszusammenhängen, z.b. Bildungsveranstaltungen, in denen Lernsituationen oder Arbeitssituationen für Gruppen (wenn möglich: in Zusammenarbeit mit diesen?) entworfen werden müssen. Im Verlauf der Vorplanungen ergeben sich viele Fragen, z.B.

– Was kann ich tun, damit die Lernprozesse aufgelockert und interessant möglichst für alle – verlaufen?
– Wie erreiche ich, dass alle aufgeschlossen und aktiv an ihrem eigenen Lernprozess mitwirken?
– Wie kann ich im Rahmen meiner Möglichkeiten dafür sorgen, dass es sinnvolle und effiziente Lernsituationen werden?
– Wie kann ich Veranstaltungen gezielt vorbereiten?

Es wird deutlich, wie hoch die Ansprüche sein können, wenn Lernsituationen
für Gruppen verantwortungsbewusst geplant und gestaltet werden sollen. Hierzu
im folgenden einige Hilfen. Die Kapitel »Vorbereitung eines Referates . . .«
und »Zusammenarbeit mit anderen« sollten mit einbezogen werden.

6.7.1 Leitende Prinzipien

Die Teilnehmer erwarten, dass für sie und – soweit möglich – mit ihnen gut
durchdachte Lernangebote gemacht werden, die möglichst jedem einzelnen der
Zielgruppe »etwas bringen«. Es gibt einige leitende Prinzipien für die Gestaltung von Lernsituationen, die beachtet werden sollten:

– »hoher Erfahrungsbezug (subsumierende Integration vorangegangener Erfahrungen und Vorstellungen);
– hohe Selbstbestimmung im Blick auf die Ziele des Lernens;
– keine hierarchischen oder konkurrenzorientierten Sozialbeziehungen;
– stark individualisierende, differenzierende Methoden;
– Bevorzugung aktiver statt reaktiver Lernformen bei unterschiedlichen Struk-
  turierungsangeboten (starke Strukturierung bei größerer Unsicherheit);
– freier Zugang zu und leichte Abrufbarkeit von Hilfsmitteln aller Art;
– Wahl der eigenen Lerngeschwindigkeit;
– selbstbestimmtes, konkretes Feed-back über den eigenen Lernerfolg . . .«
  (Dauber 1984, 300.)

Erläuterungen und Konsequenzen

Das Stichwort *Erfahrungsbezug* macht deutlich, dass Lernsituationen sich am
Teilnehmer orientieren sollen. Sie müssen ihn im Mittelpunkt des Lernprozesses stehen. Seine Alltagswelt, seine Lebenssituation, seine Erfahrungen, seine
erworbenen Lernpotentiale und Interaktionsmuster bringen bestimmte Interessen, Fragen, Problemsichten und Deutungsmuster mit sich, die bei der Planung so gut wie möglich berücksichtigt werden müssten. Warum? Ein Lernangebot mit Zuschnitt auf die *Bedürfnisse der Teilnehmer* erleichtert die Identifikation mit der Thematik und wirkt lernmotivierend. Damit wird nämlich deutlich, dass die Veranstaltung Hilfen zur besseren Bewältigung von Lebenssitua-
tionen vermitteln will. Dieser erste Punkt Erfahrungsbezug hat bei der Vor-
planung Auswirkungen auf die Wahl der Ziele, Inhalte und Methoden, denn

der Anwendungsbezug der angebotenen Lernsituation muss insgesamt deutlich werden.

Die *Teilnehmerorientierung* ist nicht einfach zu verwirklichen, da sie eine genaue Kenntnis der individuellen Lebenswelten der Teilnehmer voraussetzt. Dieser Aspekt verlangt auch während der Veranstaltung vom Leiter, Dozenten oder Moderator ein Höchstmaß an Flexibilität, wenn er sich immer wieder auf sich ändernde Teilnehmerbedürfnisse einstellen will. Wird das Prinzip Erfahrungsbezug ernst genommen, müssen viele Veranstaltungen als offene Konzepte geplant werden, die auf der Eigenverantwortlichkeit und Bereitschaft zur Aktivität der Teilnehmer aufbauen und erst mit diesen gemeinsam inhaltlich und methodisch gefüllt werden.

Allerdings liegen die *Grenzen der Zumutbarkeit* für den Leiter der Veranstaltung dort, wo eine sog. Themenverschiebung durch die Teilnehmer vorgenommen wird, d.h. wo nicht mehr das Veranstaltungsthema im Mittelpunkt gemeinsamer Anstrengungen steht, sondern als motivierender Aufhänger angesehen wird, um die Anwesenden selbst zum Thema zu machen. *H. Giesecke* bemerkt, dass der Gedanke offensichtlich unzumutbar geworden wäre, »dass Erwachsene für ihre Motivation selbst verantwortlich sind und dass in einer wissenschaftlichen Lehrveranstaltung nur solche Bedürfnisse und Interessen Platz finden können, die dem schließlich freiwillig gewählten Zweck des wissenschaftlichen Arbeitens entsprechen und dass man für die anderen >Bedürfnisse< sich andere soziale Orte suchen muss...« *(Giesecke 1988, 35.)*

Die *hohe Selbstbestimmung* als weiteres leitendes Prinzip verlangt die *Partizipation* der Teilnehmer an ihrem eigenen Lernprozess. Sie bestimmen im Rahmen ihrer Möglichkeiten und ihrer Bereitschaft hierzu mit bei der Planung der Veranstaltung bzw., wie bereits erwähnt, bei der Ausgestaltung einer offenen Planung. Damit dies möglich wird, ist die Transparenz der Ziele, Inhalte und Methoden erforderlich. Spätestens aber zu Beginn des Seminars oder der Bildungsveranstaltung müssen sich Leitung und Teilnehmer verständigen. Damit wird dann die Rahmenplanung in gemeinsamer Verantwortung zu einer wirkungsvollen, da adressatengerechten Lernsituation. Bei dieser Betonung der Selbstbestimmung ist es verständlich, dass auch die Rückmeldung über den vermeintlich erzielten Lernerfolg selbstbestimmt durchgeführt wird.

Im Blick auf die Gestaltung der *Sozialbeziehungen* hat die *Arbeit in Gruppen* besondere Bedeutung. Sie darf aber nicht zum Selbstzweck werden, d.h. derjenige, der die Gesamtverantwortung für die Lernsituation trägt, muss auch ggf. seinen Vorschlag, ein bestimmtes Thema in Gruppen zu bearbeiten, begründen können. Viele Teilnehmer schätzen kooperative Arbeitsweisen als besonders wertvoll ein, weil sie hier in der unmittelbaren Zusammenarbeit mit anderen viel aktiver sein können und auch ein permanentes Feed-back ihres Engagements in der Sache erfahren können. Lehr- und Lernprozesse als soziale Prozesse können aber auch durch andere gestört und behindert werden.

Die von *H. Dauber* erwähnten »stark individualisierenden, differenzierenden Methoden« als leitendes Prinzip tragen mit dazu bei, möglichst allen Teilnehmern durch ein passendes Lernangebot helfen zu können. Hier spielt auch die Überlegung mit, dass es *den einen idealen Lernweg* für alle ohnehin nicht gibt. Manche sind eben besonders in Gruppen für das Lernen motiviert, andere lernen am besten zu zweit oder ganz allein. Differenzierende Lernmöglichkeiten, wie z.B. die Partner- oder Gruppenarbeit, bilden auch die Grundlage zu einer weiteren Forderung *H. Daubers* nach der *Wahl der eigenen Lerngeschwindigkeit*. Die *Bevorzugung aktiver statt reaktiver Lernformen* verlangt Methoden, die die Teilnehmer selbsttätig werden lassen, die die eigene Erarbeitung in den Mittelpunkt stellen. Die Teilnehmer können z.b. beim Durchdenken und Aufarbeiten von Problemen, Erfahrungen und Vorstellungen, bei der Suche nach Problemlösungen, bei der Durchführung von Trainingssituationen, bei der Reflexion von Transfermöglichkeiten der Erkenntnisse und erworbenen Fähigkeiten in den eigenen Lebensalltag selbst aktiv werden. Das eigene Problem wird z.b. nicht referiert, sondern handelnd dargestellt. Aktive Lernformen, wie z.b. Simulationen (Rollenspiel, Planspiel) werden aber in der Regel erst akzeptiert, wenn die gruppendynamischen Voraussetzungen, d.h. ein Gefühl der Sicherheit und die Vertrauensbasis in der Gruppe, gegeben sind. Das handlungsorientierte Lernen beinhaltet neben kognitivem auch das emotionale Lernen: Einstellungen, Motive und Gefühle werden in den Prozess der Problemklärung einbezogen.

Bei der Berücksichtigung dieses leitenden Prinzips ist die *Prozesskompetenz* der Veranstaltungsleitung besonders gefragt. Sie muss auch überlegen, mit Hilfe welcher Medien und Materialien aktive Lernformen gestützt werden können. Hilfsmittel aller Art müssen zur Verfügung stehen: Overheadprojektor, Tafel, Papierbahnen, Kartonstreifen u.a. Sie müssen gut zugänglich sein. Bei der Anfangssituation, die für viele Teilnehmer zumeist Verhaltensunsicherheiten mit sich bringt, muss die Leitung durch Strukturangebote, d.h. Methodenvorschläge, erst einmal soziale Orientierungshilfen vermitteln. Erst wenn nach und nach eine Vertrauensbasis innerhalb der Gruppe und zwischen Leitung und Teilnehmern entsteht, werden die Teilnehmer den Fortgang des Lehrens und Lernens mitsteuern. Ist die Teilnehmergruppe sehr groß, ist eine klare Struktur der Anfangssituation erforderlich. Sie wird auch zumeist von den Teilnehmern erwartet.

Es wird deutlich, dass in gemeinsamen Lernsituationen als Prozessen sozialen Lernens die Sachproblematik mit der Vermittlungsproblematik verknüpft ist. Neben den situativen und personalen Voraussetzungen existiert eine unmittelbare und gegenseitige Abhängigkeit zwischen Zielen, Inhalten, Methoden und Medien.

6.7.2 Vermittlungsformen bzw. Methodenkonzepte

Veranstaltungsformen(Seminare, Vorlesungen, Übungen, Vorträge, Gesprächskreise oder auch Podiumsdiskussionen u.a.m.) stellen den Rahmen für Lernsituationen dar. Sie enthalten Einzelheiten über

»– den Organisations- und Verlaufsrahmen des Zusammenkommens der Teilnehmer zu einer Veranstaltung der Erwachsenenbildung (. . .)
– das Grundmuster der Kommunikation innerhalb einer Veranstaltung (z.B. Gesprächskreis, Vortrag, Podiumsdiskussion, Expertenbefragung, Begleitzirkel);
– die Grundkonstellation zwischen Teilnehmer und Leiter sowie das Verständnis von Leitung (z.b. Vortrag, Arbeitskreis, Wochenendseminar, Training);
– sie stecken den Rahmen ab und bestimmen den Spielraum innerhalb dessen mit Hilfe verschiedener Methoden und Medien
 – Kommunikation und Kontakt realisiert,
 – Wissen/Information vermittelt und bearbeitet,
 – Fertigkeiten entdeckt und entfaltet,
 – Verhaltensweisen wahrgenommen und gelernt werden« (Müller 1982, 28).

Methoden kennzeichnen das *Wie* der Zusammenarbeit von Leitung und Teilnehmern in bestimmten Lernsituationen, aber auch die Formen der Zusammenarbeit der Teilnehmer untereinander. Als unterschiedliche Vermittlungsformen werden sie zur Gestaltung einzelner Lernsituationen sowie des gesamten Ablaufs einer Veranstaltung eingesetzt. Sie dienen z.b. dazu,

– eine angemessene Arbeitsatmosphäre bei der Veranstaltung entstehen zu lassen,
– Einsichten, Wissen, Fähigkeiten, Fertigkeiten in bestimmter Art und Weise zu vermitteln oder Erfahrungen aufzuarbeiten,
– eigene Verhaltensweisen in ihrer Wirkung auf andere zu reflektieren und neue kennen zulernen.

Methoden stellen also Wege zu bestimmten Zielen dar.

Einige Beispiele im Überblick

Arbeit an Fallsituationen

Fallbeispiele können als Text (Erzählung, Problemdarstellung, Praxisbericht) eine Tonbandaufzeichnung oder als eine gefilmte Situation vorliegen. Zumeist sind es Problemfälle, die eine Handlung oder eine Entscheidung verlangen. Für die Verwendung von Fallbeispielen im Studium oder der beruflichen Praxis lassen sich folgende *Forderungen* im Hinblick auf Lernzwecke aufstellen.

– Die ausgewählten oder aufgearbeiteten Fallbeispiele müssen für die Teilnehmer an Veranstaltungen eine reale Bedeutung haben und bezüglich ihrer Inhaltsproblematik überzeugend sein;
– sie müssen durch ihre Problemkonstellation und ihren Neuigkeitsgehalt zur Stellungnahme reizen;
– sie müssen so konkret gestaltet sein, dass sie einen ausreichenden Fundus an Inhaltsaspekten und Hinweisen für die Bearbeitung haben;
– die Fallbeispiele dürfen weder durch ihre Komplexität noch durch ihren Umfang die Teilnehmer überfordern.

Den Teilnehmern muss die jeweilige Begrenztheit des Einzelfalles deutlich gemacht werden. Das *Grundmodell der Arbeit* an Fallbeispielen verläuft in den Phasen:

– die Teilnehmer werden mit der konkreten Situation des Fallbeispiels vertraut gemacht,
– sie diskutieren anschließend spontan, was sie beim Kennenlernen des Falls gedacht und gefühlt haben,
– sie analysieren in Arbeitsgruppen die Problemsituation und suchen nach Lösungsalternativen,
– sie entscheiden sich für die vermeintlich beste Lösung, begründen ihre Meinung und tragen sie im Plenum den anderen Gruppen vor,
– die erarbeiteten Lösungsvarianten werden im Plenum diskutiert, gewertet und hinsichtlich ihrer Realisierbarkeit durchdacht.

Rollenspiel

Die Teilnehmer übernehmen bestimmte Rollen, die zumeist durch einige Stichworte auf Rollenkarten charakterisiert sind. Sie spielen zusammen mit anderen im Dialog eine Situation durch. Die Situation ist modellhaft reduziert auf für wichtig gehaltene Einzelfakten der Wirklichkeit. Das Spielen erlaubt ein *Aktivsein im sanktionsfreien Raum* einer Spielebene. Es besteht die Möglichkeit, dass die gesamte Teilnehmergruppe in Rollenspielgruppen aufgeteilt wird und z.B. die Problemsituation gemeinsam spielt, so dass alle zu Rollenträgern werden. Spielt nur eine Gruppe der Teilnehmer, so können die übrigen beobachtend und analysierend tätig sein und ihre Wahrnehmungen und Feststellungen in die später folgende Diskussion des Rollenspielverlaufs einbringen. Die Rollenspieler selbst sollten aber zu Beginn der Auswertungsphase darstellen, was sie im Verlauf der sich entwickelnden Spielhandlung gedacht und empfunden haben.

Planspiel

Nach *H. Koller* wird die Planspieltechnik auch als »Simulation mit zwischengeschalteten menschlichen Interventionen bezeichnet« (vgl. *Koller* 1969, 79f.). Die Grundidee ist dabei die Interaktion zwischen Spielern und einer simulierten Umwelt. Das Planspiel basiert auf einem System von Realität, von dem Elemente und Strukturen für das *Spielmodell* ausgesucht wurden. Die Teilnehmer übernehmen zu Beginn des Planspiels Rollen und identifizieren sich mit diesen. Für die Zeit des Spiels sind sie an bestimmte Spielregeln gebunden, die den Arbeitsrahmen abstecken und den Informationsstrom zwischen Spielern und Reaktionen des Modells festlegen. Die Spielteilnehmer treffen Entscheidungen in einem nach Spielperioden gegliederten Zeitablauf. Nach jeder Zeiteinheit bzw. jedem »Spielzug« werden die Ergebnisse und Entscheidungen bewertet und an die Spieler zurückgemeldet. Das geschieht durch den Spielleiter. Im Planspiel ist durch Regeln auch die Art der Kooperation der Gruppenmitglieder oder von ganzen oft miteinander konkurrierenden Gruppen festgelegt. Die Interaktionen verlangen von den Spielern ständig Entscheidungen unter Unsicherheit und Zeitdruck, verlaufen aber ohne Bedrohung von außen und ohne dass Sanktionen befürchtet werden müssten.

Podiumsdiskussion

Unter der Regie eines Gesprächsleiters kommen bei dieser Form verschiedene sachkundige Teilnehmer (oder auch geladene Referenten) zu Wort. In Absprache mit den Beteiligten werden zumeist folgende Spielregeln festgelegt:

– zeitlich befristetes Eingangsstatement von jedem Referenten,

– Diskussion der Mitglieder des Podiums. Die Redebeiträge sind zeitlich festgelegt (z.B. maximal drei Minuten),
– nach jeder Diskussionsrunde können Redebeiträge aus dem Kreis der Zuhörer in kurzer sachbezogener Form eingebracht werden.

Podiumsdiskussionen lassen unterschiedliche Standpunkte in direkter Gegenüberstellung deutlich werden. Sie sind daher auch im Zusammenhang längerer Veranstaltungen. wie z.b. eines Wochenendseminars, eine gute Grundlage zur Bildung einer eigenen Meinung.

Pro-und-Contra-Debatte

Hier werden nach abgesprochenen Gesprächsregeln *Argumente* und *Gegenargumente* *zu* einer Meinung oder These *im Wechsel* ausgetauscht. Folgendes Verfahren hat sich in der Praxis gut bewährt: Die zu diskutierende These/Behauptung wird formuliert und angeschrieben. Die Teilnehmer erhalten den Auftrag, jeder für sich je zwei (drei, vier) Argumente *pro* und *contra* aufzuschreiben. Danach werden die Teilnehmer in zwei gleich große Gruppen aufgeteilt, die jeweils nur den pro- bzw. contra-Standpunkt einnehmen dürfen. Die Argumente werden abwechselnd vorgetragen, wobei der zweite Redner auf die Argumente des Vorredners eingehen sollte. Sollen die Ergebnisse festgehalten werden, empfiehlt sich, eine dritte Gruppe als Beobachter/Protokollanten zu bestimmen.

Erkundungen und Kennenlernen von Institutionen

Durch sie werden *Einblicke in die Wirklichkeit* sozialer Institutionen möglich. Damit gezielte Informationen gewonnen werden, sollte das Aufsuchen oder Kennenlernen von Einrichtungen sorgfältig vorbereitet werden. Dazu gehören z.b. konkrete Hinweise, die Erarbeitung von Fragen, das Formulieren von Beobachtungsaufgaben evtl. auch von Erkundungsaufträgen. In Lehrveranstaltungen können Institutionen z.b. durch Mitarbeiter der Einrichtung vorgestellt werden, nachdem mit den Studierenden eine typische berufliche Aufgabenstellung aus diesem Bereich bearbeitet wurde und sich eine Reihe von Fragen ergeben haben, wie z.B.:

– Nach welchen speziellen Methoden bearbeiten Sie das Problem?
– Welche theoretischen Grundlagen ziehen Sie heran?
– Wie kooperieren Sie in der Einrichtung?
– Erfordern Ihre Zielgruppen spezifische Kontaktformen?
usw.

Auf diese Art und Weise ist es manchmal besser möglich, eine soziale Einrichtung kennen zulernen als durch das bloße Besichtigen von Diensträumen.

Institutionen können auch durch Filmdokumente kennen gelernt oder durch Eigenberichte von Teilnehmern/Studierenden/Dozenten vorgestellt werden.

Werkstattarbeit

»Die Werkstattarbeit kann in eine mehr theoretische und in eine mehr praktische unterschieden werden.

(a) *Theoretische Werkstattarbeit*
In der Werkstattarbeit mit *Theorieansatz* werden für praxisorientierte Problemfelder schriftliche Unterlagen erstellt, z.B.:

- Texte (Begleittexte, z.B. für Ausstellungen, Aktionswochen, Tag der offenen Tür. Spielanleitungen, Elternbrief, Buchinterpretationen, Karteikarten zum Theorienproblem z.B. Stichwort/Schlagwortkartei – etc.);
- Programme (z.B. für Bildungswochen, Aktionswochen, Förderansätze, Spielansätze etc.);
- Diagnose – Unterlagen (Entwürfe für eine sozialpädagogische Anamnese/Diagnose mit entsprechender Durchführungsanleitung).

Begleitende Medien:

Anleitungshilfen, Programme (als Beispiele), Diagnose – Raster (als Beispiele), Textbeispiele zum Werkstattziel (z.B. Elternbrief, Hausprospekte etc.) . . .

(b) *Praktische Werkstattarbeit*
In der Werkstattarbeit mit *Praxisansatz* können z.B. Lehr- und Lernmittel erstellt werden.

- Bezogen auf ein konkretes Problemfeld oder einen spezifischen Aktionsanlass werden z.B. Filme, Interviews, Plakate, Modelle, Hörspiele etc. erstellt, die als Lehr- und Lernmittel bzw. Demonstrationsmittel eingesetzt werden können (z.B. für die Bildungsarbeit, für den Tag der offenen Tür, Elternarbeit, etc.).
- Bezogen auf eine konkrete Fördermaßnahme oder ein Spiel-/Freizeitangebot für eine spezielle Adressatengruppe werden – evtl. unter Einbezug dieser Adressatengruppe – Spiele, Instrumente, Geräte, Maschinen etc. hergestellt. Begleitende Medien: Werkergebnisse, Anleitungshilfen (z.B. Spiel-/Bastelanleitung), die konkreten Arbeitsmittel (s.o.) selbst. . .« *(Buchka 1985, 249.)*

6.7.3 Planungshilfen

Die gesamten Vorüberlegungen zur Gestaltung von Lernsituationen in Gruppen kreisen wesentlich darum, in welcher Weise bestimmte Fachinhalte, Themen, Probleme, Aufgabenstellungen so kleinschrittig bearbeitet werden können, dass im Sinne der vorher dargestellten Leitprinzipien wirkungsvoll gelernt wird. Die Didaktik als Theorie der Lehr- und Lernprozesse, ihrer Voraussetzungen, Bedingungen und Effekte, spricht daher beim Planen von Lernsituationen von einer *Transformation* (vgl. *Kaiser/Kaiser* 1991, 242).

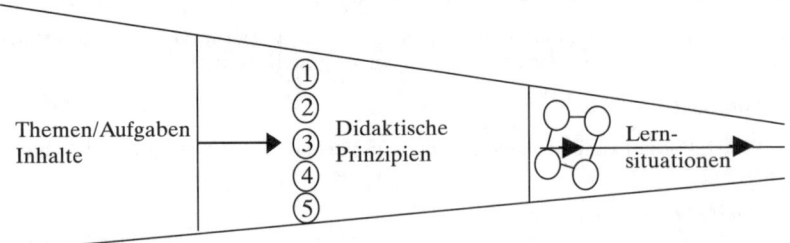

Das Hamburger *Didaktikmodell* von W. *Schulz* ist zwar für den Bereich Schule entwickelt worden, enthält aber im Hinblick auf die Planung von außerschulischen Lernsituationen alle wesentlichen Planungsmomente, die grundsätzlich zu bedenken sind. Zudem wird die hohe Übereinstimmung mit den vorherigen »leitenden Prinzipien« durch folgende Zitate deutlich:

... »der Sinn dieser pädagogischen Interaktion ist (...) Verständigung über die Entfaltung (...) der Person selbst, über deren Sinnorientierung und Handlungsdisposition (...). Es geht um einen Dialog zwischen potentiell handlungsfähigen Subjekten, um eine Verständigung der primär Lehrenden (...) mit dem primär Lernenden über

- die Handlungsmomente,
- die Unterrichtsziele (...),
- die Ausgangslage (...), auf die sie sich beziehen,
- die Vermittlungsvariablen, die Methoden und Medien, mit deren Hilfe von der Ausgangslage zur jeweils vorläufigen Endlage gelangt werden soll,
- die Erfolgskontrollen (...)« *(Schulz 1987, 29ff.)*.

Damit wird an dieser Stelle erneut klar, dass die für die Planung Verantwortlichen alle ihre Überlegungen mit Blick auf die Zielgruppe und deren *Mitwirkung* an ihrem eigenen Lernprozess anstellen müssen.
Als generelle Ziele (Intentionen) bezeichnet W. *Schulz* die Vermittlung von *Kompetenz* (Kenntnisse, Fertigkeiten und Einstellungen). Im Kontext hiermit müssen nach ihm *Autonomie* (Selbstbestimmung) und *Solidarität* (Verantwortung für die Selbstbestimmung des anderen) betrachtet werden. Als Themen oder Erfahrungsaspekte werden genannt: »Sacherfahrung, Gefühlserfahrung, Sozialerfahrung« *(Schulz 1987, 33f.)*.
Zu den von *Schulz* genannten »Handlungsmomenten« sollen im folgenden Fragen als Orientierungshilfen bei der Planung von Lernsituationen für Gruppen formuliert werden. Sie sollen auf wichtige Gesichtspunkte für das Analysieren und Planen von Lernsituationen aufmerksam machen. Jede Situation verlangt natürlich dann ihre individuellen Schwerpunktsetzungen.

Ausgangssituation

- Wodurch sind Thema und Veranstaltung begründet?
- Für welche Adressaten/Zielgruppen ist die Veranstaltung gedacht?
- Mit welchen Teilnehmerbedürfnissen, -erwartungen und -voraussetzungen ist zu rechnen (Lernen/Weiterlernen/Kennenlernen/Informationsaustausch/Geselligkeit/Kulturelles/Aktivsein/Erholung/kreative Erlebnisse ...)?
  Aspekte: Lernstand, Wissen, Können, Haltung, Lernfähigkeit und Lernbereitschaft. Mitbestimmungsbereitschaft zur Ausgestaltung der Veranstaltung, Rollenzwänge/Gruppenbezug, Sozial-

orientierung, Sozioökologie Situation, ggf. bereits vorliegen-
de gemeinsame Lernerfahrungen, Orientierung an Leistung
und Erfolg? Anpassungsfähigkeit? Emotionale Hemmnisse?
Vorurteile gegenüber der Einrichtung oder der Veranstal-
tungsleitung?
- Was bringe ich als verantwortlicher Planer an Voraussetzungen für die
Planung dieser Lernsituation mit? (Fähigkeiten; Bereitschaften ...?),
Sollten oder müssten Referenten oder Fachleute von außen einbezogen werden?
- Bin ich in der Lage, jedem Teilnehmer so zu begegnen wie er ist – mit
Stärken und Schwächen?
- Bin ich in der Lage, meine eigenen Ängste und Hemmungen hinsicht-
lich der Aufgabenstellung als natürlich und menschlich zu akzeptie-
ren?
- Mit welchen Beschränkungen ist zu rechnen (institutionelle Normen,
räumliche, zeitliche, mediale, finanzielle Beschränkungen)?
u.a.

Ziele/Intentionen

- Was sollen die Teilnehmer am Ende der Veranstaltung gelernt haben?
- Wie gewichte ich die generellen Ziele Kompetenz, Autonomie und Solidarität bei der Veranstaltung?
- Wie bewerte ich, gewichte ich Verhältnis zueinander den kognitiven
Aspekt (Kenntnisse, Erkenntnisse, Überzeugungen ...), den affekt-
emotionalen Aspekt (Erlebnisse. Gesinnungen, Ablegen von Hemmun-
gen bei der Zusammenarbeit mit anderen ...). den psychomotorischen
Aspekt (Fähigkeiten, Fertigkeiten, Gewohnheiten ...), und den sozial-
kommunikativen Aspekt (Umgang miteinander, Fähigkeit zur Kooperation, Klärung von Beziehungen ...).
- Welche Erfahrungen (Sach-, Gefühls-, Sozialerfahrungen) sollen die
Teilnehmer während des gemeinsamen Lernens machen und warum?
- Mit welchen Kommunikations- und Kooperationshindernissen muss gerechnet werden?
- Wie können die Ziele so formuliert werden, dass sie von den Teilnehmern einerseits als Rahmenziele. die sie selbst weiter ausdifferenzie-
ren sollen, akzeptiert werden, andererseits aber auch als Leitlinien für
die Arbeit während der Veranstaltung gelten können?
- Sind die Ziele der Ausgangslage angemessen?
- Ist die Erreichung der Ziele für Teilnehmer erstrebenswert?
u.a.

Inhalte (Themen/Aufgabenkomplexe/Probleme)

- Wie aktuell ist das Problem/Thema für die Teilnehmer im Moment oder in absehbarer Zeit?
- In welchen größeren inhaltlichen Zusammenhang gehört es?
- Welche Akzentsetzung sollte beim Thema vorgenommen werden, und wie könnte es griffig und verständlich formuliert werden?
- Muss das Thema eingegrenzt werden, da es sonst nicht innerhalb einer zur Verfügung stehenden Zeit gründlich bearbeitet werden kann?
- Wie sollte (oder könnte) das Lernangebot der Zielgruppe bekannt gemacht werden? Welche Möglichkeiten der Öffentlichkeitsarbeit stehen zur Verfügung und sollten genutzt werden?
- Aus welchen Elementen setzt sich das Thema bzw. der Themenkomplex zusammen? Was ist oberflächlich gesehen direkt zugänglich, was müsste vertiefend ausgelotet werden? Welche Literaturrecherchen oder Expertenbefragungen mussten durchgeführt werden?
- Kann evtl. exemplarisch vorgegangen werden, so dass an einem Beispiel die Gesamtproblematik gut erkannt werden kann?
- Ergibt sich aus der spezifischen Struktur des Inhalts eine bestimmte Abfolge von Bearbeitungs- oder Lernschritten?
- Welche Schwierigkeiten bringt die Arbeit am Inhalt voraussichtlich für die Teilnehmer mit sich und welche Vermittlungsformen und Methodenkonzepte sind sachdienlich und sollten als Angebote an die Teilnehmer vorgesehen werden?
- Was sollte zur Vorbereitung der Teilnehmer auf die Veranstaltung getan werden, damit gleich zu Beginn gezielt und erfahrungsbezogen gearbeitet werden kann? u.a.

Methoden (Methodenkonzepte, »Vermittlungsvariable«, Medien)

- Wie könnte die Eingangsphase als motivierender Lernbeginn und Chance zum gegenseitigen Kennenlernen gestaltet werden?
- Wie könnten die Veranstaltungsziele, die einzelnen Lernphasen und die damit zusammenhängenden Kooperations- und Kommunikationsprozesse so mit den Teilnehmern ausgestaltet werden, dass möglichst alle nach Abschluss der gemeinsamen Lernprozesse von einem Lerngewinn sprechen können?
- Wie könnten die Lernsituationen so rhythmisiert werden, dass sie aktivierend ohne Überbelastung der Teilnehmer und der Veranstaltungsleitung wirken, aber auch im Sinne einer logischen Sequentialität aufeinander aufbauen?
- Woher sind anregende Hilfen zu bekommen?

- In welcher Weise könnte die Veranstaltung mit ihren Lernergebnissen ausgewertet werden: Rückblick jeweils nach einer Lernphase und Einbezug der Erkenntnisse in die nächste Phase (sog. formative Evalution) oder Abschlussbewertung am Ende der Veranstaltung (sog. summative Evalution)?
- Welche Methoden können als bekannt vorausgesetzt werden, welche müssen voraussichtlich erst eingeführt werden?
- Welche Medien (Texte, Grafiken, Bilder, Filme u.a.m.), Geräte (z.B. Tageslichtschreiber, Videokamera) und welche Materialien (z.b. Schreibzeug. Papier, Tapetenbahnen, Flipchard, Klebepunkte) werden voraussichtlich bei der Veranstaltung dringend benötigt? Wie lassen sie sich beschaffen oder bereitstellen? u.a.

Bei der Planung wird offenkundig, dass manches nicht zu planen ist, aber es ist ein Missverständnis, wenn einige Sozialpädagogen/Sozialarbeiter gründliche didaktische Planung deshalb ablehnen, weil sie hierdurch z.b. für das dynamische Geschehen in der Gruppe zu stark festgelegt würden und dann nicht mehr spontan sein könnten. Die Planung allein darf jedoch nicht die sozialpädagogische Arbeit diktieren. Das natürliche Wechselspiel von Planung und nicht planbaren Momenten muss erhalten bleiben.

»Wer seine sozialpädagogische Arbeit begründen, vorbereiten oder kritisch prüfen und verbessern will, der muss die Mühe der didaktischen Reflexion auf sich nehmen. Eine Abkürzung gibt es nicht . . .« (vgl. *Martin* 1989, 60). Der Verlauf der didaktischen Arbeitsphasen lässt sich im Überblick kennzeichnen wie S. 91 dargestellt. Die Planung einer Lehr-/Lerneinheit könnte nach folgendem Raster erfolgen:

– Beispiel –

Planung einer Lernsituation (Lehr-/Lerneinheit)				
Thema der Reihe Thema der Lehr-/Lerneinheit			Zielgruppe Ort und Termin:	
	Übersicht			
Zeit/Phase	Inhalte	Ziele	Methoden	Medien/Materialien

6.7.4 Aufgaben des Leiters während der Veranstaltung

Wenn der Ablauf einer Seminarsitzung oder einer Bildungsveranstaltung etwas verkürzt als ein *Problemlöseprozess* aufgefasst wird, ergeben sich im Überblick folgende Aufgaben:

1. Orientierung

- Vorstellen und Erläutern von Zielen und gedachtem Verlauf der Veranstaltung.
- Falls erforderlich: Bekannt werden mit den Teilnehmern.
- Klären von Erwartungen und Einstellungen der Teilnehmer; ggf. Ermitteln des Vorwissens zum Inhalt.
- Festlegen von Ablauf und Kooperationsformen; Klären der Protokollführung.
- Abklären der Bewertungsformen zur Veranstaltung; Vorschläge zur Bewertung (Evaluation) machen.

2. Problemanalyse

- Informationsangebote und Vorschläge zu Methodenkonzepten unterbreiten, um die Thematik gründlich und teilnehmerorientiert zu bearbeiten. Einfühlsame Steuerung der Prozesse.
- Vorschläge zur Arbeitsteilung machen; Förderung von Gruppenbildung: auf aktive Mitarbeit und Mitwirkung möglichst aller Teilnehmer zielen; Delegation von Verantwortung auf Gruppensprecher vorsehen;
- Vorsehen, Vorbereiten, Bereitstellen von Veranschaulichungsmöglichkeiten, Grundlagen für das Festhalten und Zusammenfassen von Arbeitsergebnissen schaffen; Gruppenkonflikte aufdecken und zur kooperativen Konfliktlösung beitragen.

3. Erarbeiten von Lösungsalternativen

- Vorschläge zur Sammlung von Alternativen machen;
- mit zu früher eigener Stellungnahme zurückhaltend sein; offen sein auch für ungewohnte Ideen.

4. Bewertung von Alternativen

- Bewertungskriterien ggf. einbringen;
- für eine sachlich-faire Auseinandersetzung bei konkurrierenden Gruppen sorgen;
- gegensätzliche Standpunkte deutlich herausarbeiten lassen, Wahl begründen lassen. Dafür sorgen, dass Implikationen und Konsequenzen der für gut gehaltenen Lösung bedacht werden.

5. *Planung von Realisierungs- und Umsetzungsmöglichkeiten*

– Auf Realisierungsbedingungen und -probleme aufmerksam machen; über
die Notwendigkeit von Einzelschritten und die Entwicklung von Durch-
setzungsstrategien nachdenken lassen.

6. *Bewertung (Evaluation) der Veranstaltung*

– Möglichkeiten prozessbegleitender oder abschließender Beurteilung von
Lernsituationen kennen und sachgerecht anwenden; die eigene Bewertung
der Veranstaltung und ihrer Ergebnisse sachlich und klar, ohne Diffamie-
rung einzelner Teilnehmer und ohne sich selbst in den Mittelpunkt zu stellen, vornehmen.

6.7.5 Checkliste zur Vorbereitung einer Sitzung oder Konferenz

– *Gründliche thematisch-inhaltliche Vorbereitung auf die vorgesehenen Bespre-
chungspunkte bzw. Probleme*
  • Fachliteratur zu Rate ziehen.
  • Kommentare zu rechtlichen Aspekten durchsehen.
  • Prüfen, ob nicht Vorbereitung und Durchführung in einem Team ange-
    brachter und für Verlauf und Ergebnis der Sitzung erfolgversprechend
    erscheinen.
  • Ziele im Hinblick auf wünschenswerte Beschlüsse formulieren.
  • Informationen aufbereiten, Fragen und Schwerpunkte zur Bearbeitung
    notieren; Bezug zur vorherigen Sitzung/Konferenz herstellen.
  • Textausschnitte, Grafiken, Statistiken, Rechtsaspekte usw. als Konferenz-
    beilage (Beratungsvorlage) vorbereiten.
  • Darstellungsmöglichkeiten zur Veranschaulichung von Inhaltsparts/
    Problemaspekten oder eingebrachten Lösungsvorschlägen (großforma-
    tige Kartons, Tafel, Tageslichtschreiber u.a.) überlegen . . .
– *Überlegungen hinsichtlich der Zielgruppe* anstellen (Art und Weise des Um-
  gangs miteinander, besondere Ansprechweisen. Wer ist Meinungsführer? Zu
  erwartende Verständigungsprobleme . . .)
– *Abfolge der Tagesordnungspunkte* festlegen, wichtige Themen nach vorne
  setzen. Protokollführung bedenken! . . .
– *Konferenzdauer* ermitteln (überschlagen); wird sie voraussichtlich länger als
  90 Minuten dauern, müssen mögliche Kürzungen vorgesehen werden . . .
– *Termin festsetzen* (falls nicht vorher mit den Teilnehmern vereinbart); Programme von Rundfunk- und Fernsehanstalten, von örtlichen Veranstaltern
  beachten; Einladung rechtzeitig versenden; evtl. notwendige Fristen berücksichtigen; Einladungstext adressatengerecht formulieren; falls erforderlich
  (bei ausländischen Mitbürgern): zweisprachig abfassen (abfassen lassen). . .
– *Tagungsraum besorgen*, u.U. Getränke bereitstellen lassen . . .

– *Raum für die Sitzung vorbereiten.* Sitzgelegenheiten, Tische entsprechend der gedachten Formen der Zusammenarbeit gruppieren. An ausreichende Sitzmöglichkeiten denken. Tageslichtschreiber oder sonstige Schreibflächen bereitstellen; ggf. weitere Materialien mitbringen: Karten zur Namensbeschriftung, Schreibmaterial für die Kleingruppenarbeit . . ., Gesetzestext, Kommentar, Nachschlagewerke . . .

7. Arbeitsverfahren und -techniken

Hans Gerhard Stockinger/Elisabeth Badry

Zur Einführung

Einigen erscheint Lesen zunächst als eine selbstverständliche Sache, die man ja bereits in der Schule gelernt hat. Andere, des Lesens vermeintlich Kundige, haben große Schwierigkeiten, sich mit einem Text, sei es in der Form eines wissenschaftlichen Buches oder Aufsatzes, sei es mit einem praktischen Bericht oder einer Akte ihrer Klienten, auseinander zusetzen. Schwierigkeiten treten insbesondere beim Erkennen der wesentlichen Inhalte, beim Einordnen des Gelesenen in die richtigen Zusammenhänge oder beim Behalten des Gelesenen auf. Diese Schwierigkeiten lassen sich mit etwas Übung und vor allem mit einem zielbewussten Lesen überwinden, so dass das Erschließen von wissenschaftlichen oder praktischen Texten keine Probleme mehr bereiten wird. Über die in diesem Kapitel geschilderten Hinweise zum bewussten Lesen hinaus gibt es noch eine Vielzahl von Lesetechniken, die mit mehr oder weniger Erfolg erlernt werden können; stark verbreitet sind Kurse über sogenannte Schnellesetechniken, die die Lesegeschwindigkeit beträchtlich erhöhen sollen, wobei zumindest am Anfang Probleme mit dem richtigen Erfassen des gelesenen Textes auftreten. Nicht zuletzt deshalb wird hier auf eine Schilderung dieser Schnellesetechniken – über die in 4.8.1 gegebenen Hinweise hinaus – verzichtet.

Zuhören und *Mitschreiben* sind die Voraussetzungen zum effektiven Verstehen eines Vortrags; beide Techniken sind erlernbar.

Im Teil über die *Literatursuche* werden Grundsätze und Methoden aufgezeigt, mit dem großen Angebot an Literatur in den Bibliotheken arbeiten zu können und die für unsere soziale Arbeit erforderliche Literatur zu ermitteln.

Für ein Arbeitsvorhaben wichtige Aussagen und Erkenntnisse müssen *festgehalten* werden, wenn sich die ins Lesen investierte Zeit und Mühe lohnen sollen.

Bei der *Darstellung* des Erarbeiteten ist eine Fülle von Regeln und Techniken zu beachten, die der Bearbeitende kennen und beherrschen muss.

Zur Orientierung

Im folgenden geht es um die Punkte:

– Lernen, zielorientiert zu lesen;
– Überprüfen eines Buches auf seine Tauglichkeit für die eigene Arbeit anhand bestimmter Kriterien;
– Lernen, bei der Lektüre eines Buches mit dem Autor in »Dialog« zu treten;

- Erkennen, dass das Aufbereiten eines Textes viel zu dessen Verständnis beiträgt;
- Aufmerksamwerden auf Schwierigkeiten beim Zuhören;
- Vermitteln verschiedener Arten des wissenschaftlichen Materials;
- Kennenlernen von Bibliothekskatalogen und Bibliographien;
- Erlernen von Methoden der Literaturermittlung;
- Vertrautwerden mit technischen Hilfsmitteln zum Festhalten wissenschaftlichen Materials;
- Kennenlernen der formalen Elemente einer wissenschaftlichen Arbeit und ihrer Gestaltung (Zitation, Quellenangabe, Anmerkungen, Literaturverzeichnis u.a.).

7.1 Die systematische Auseinandersetzung mit einem Fachbuch

7.1.1 Vorbereitung der Lektüre

Im Gegensatz zur Schönen Literatur muss Fachliteratur methodisch-diszipliniert gelesen werden. Schon vor Beginn der Lektüre sollte sich der interessierte Leser die Frage nach dem Ziel des Lesens eines bestimmten Buches oder Aufsatzes stellen. Ohne vorherige Klärung der Frage *»Was will ich eigentlich wissen?«* kann man weder gezielt noch effektiv lesen und unterliegt der Gefahr der Zeitverschwendung. Diese eigene Fragestellung ist so präzise wie nur irgend möglich herauszuarbeiten und vor Beginn des Lesens schriftlich festzuhalten. So erkennt man auch den eigenen Problemgegenstand am besten, vermeidet unsystematisches Herumlesen und fördert das Verständnis für den zu bearbeitenden Text (so auch *Rückriem/Stary/Franck* 1997, 131–42).
Eine Hilfe zum Herausfinden der eigenen Fragestellung, unter der ein bestimmter Text vom Leser erschlossen werden soll, bieten die sogenannten *»W-Fragen«*:

- *Warum* beschäftigt sich der Autor mit dem Problem?
- *Welche* Lösung des Problems schlägt er vor?
- *Wie* stellt er seinen Lösungsweg dar?
- *Was* bezweckt der Autor mit seiner vorgeschlagenen Lösung?
- *Wo* weicht der Autor von meiner eigenen Gedankenführung ab?

7.1.2 Erschließen eines Buches

Die Fülle wissenschaftlicher Literatur in Büchern und Zeitschriften erfordert ein besonders sorgfältiges Auswählen jener Werke, die wir zur Klärung einer bestimmten Fragestellung, zur allgemeinen Weiterbildung oder zum Lernen eines gewissen Stoffes lesen wollen. Es ist daher aus dem vorhandenen Angebot eine Vorauswahl jener Werke zu treffen, mit denen wir uns näher beschäftigen möchten. Zur Klärung der Frage, ob sich ein Buch für die Lösung unseres Problems eignet oder nicht, kann folgendes Prüfschema für Bücher in der angegebenen Reihenfolge herangezogen werden:

- Titel, Untertitel
- Verfasser, Herausgeber
- Schriftenreihe
- Verlag, Verlagsort
- Auflage, Erscheinungsjahr
- Geleitwort, Motto
- Abkürzungsverzeichnis
- Klappentext, Deckblätter
- Inhaltsübersicht, Gliederung, Kapiteleinteilung, Umfang
- Anmerkungen, Zitate
- Literaturverzeichnis

(Vgl. *Theisen 2000, 78–82.*)

Eine Überprüfung des *Titels* und des *Untertitels* gibt erste Hinweise auf die Verwertbarkeit eines im Schlagwortkatalogs gefundenen Buches für die eigene Problemstellung. Ein Buch mit dem Titel *»Hilfen für Familien«* und dem Untertitel *»Sozialpädagogische Konzepte für die Arbeit mit Familien«* wird einen anderen Inhalt haben als derselbe Titel mit dem Untertitel *»Finanzielle Vorteile für Eltern und Alleinerziehende«*.

Wenn dem Leser der *Verfasser* bislang noch nicht bekannt ist, so hilft ein kurzer Blick ins Literaturverzeichnis oder in den Gelehrtenkalender, um Aufschluss über die Lehr- und Forschungsschwerpunkte des Verfassers zu bekommen bzw. Rückschlüsse auf sein wissenschaftliches Umfeld zu ziehen. Bei institutionellen *Herausgebern* können thematische bzw. politische Grundströmungen leicht erkennbar sein: Ein vom Institut der deutschen Wirtschaft, das dem Arbeitgeberverband nahe steht, herausgegebenes Buch wird einen anderen Hintergrund haben als ein unter derselben Themenstellung von der DGB-nahen Hans-Böckler-Stiftung herausgegebenes Werk.

Der Name einer *Schriftenreihe* gewährt eine Einordnung des von uns gefundenen Buches, das ein Band einer Schriftenreihe ist, in einen größeren Zusammenhang. So gibt beispielsweise die Schriftenreihe »Fachbücherei Soziale Arbeit« den Hinweis, dass die dort erschienenen Bücher wichtige Themen der Sozialen Arbeit in einem wohl abgewogenen Verhältnis zwischen wissenschaftlichen Erkenntnissen und praktischer Erfahrungen in den verschiedenen Berufsfeldern der sozialen Arbeit behandeln.

Die Herausgeber einer Schriftenreihe können ebenfalls einen Hinweis auf den Inhalt des von uns ausgewählten Buches enthalten: Sind sie uns von anderen Veröffentlichungen her bekannt oder haben sie sich durch Vorträge oder Beiträge in Zeitungen oder Fernseh- bzw. Rundfunksendungen profiliert? Bemerkenswert ist, dass der oder die Herausgeber einer Schriftenreihe nie Publikationen veröffentlichen werden, die dem eigenen Grundverständnis ihres wissenschaftlichen Schwerpunkts zuwiderlaufen würden.

Der *Verlag*, in dem ein Buch erscheint, ist in vielen Fällen auch ein Hinweis auf den Standort des Buches: Es gibt wissenschaftliche Fachverlage, die sich ausschließlich an einen entsprechend gebildeten Leserkreis wenden, oder Verlage, die neben wissenschaftlich oder praktisch orientierten Fachbüchern auch populäre Literatur herausgeben. Ferner gibt es Verlage, die ausschließlich Bücher erst dann verlegen, wenn der Autor einen bestimmten Betrag zur Veröffentlichung – z.B. seiner Dissertation – gezahlt hat, worunter gelegentlich schon die Qualität leiden kann.

Bücher, von denen bereits mehrere *Auflagen* erschienen sind, sollten immer in der neuesten Auflage verwendet werden. Die neueste Auflage ist den bibliographischen Angaben in den Bibliothekskatalogen zu entnehmen, die in jeder wissenschaftlichen Bibliothek, aber auch in jeder Buchhandlung einsehbar sind. Das *Erscheinungsjahr* gibt einen Hinweis auf die Aktualität des Buches. So ist zum Beispiel ein »Lehrbuch des Familienrechts«, das vor 1980 erschienen ist, heute in den gerade für die soziale Arbeit wichtigen Bereichen des elterlichen Sorgerechts nicht mehr auf dem Stand der derzeitigen Gesetzgebung und somit für den, der sich in die für ihn neue Materie einarbeiten möchte, wertlos. Fachbücher, die uns in einer Übersetzung aus einer Fremdsprache zur Verfügung stehen, weisen zusätzlich noch das Erscheinungsjahr in der Originalausgabe aus, so dass wir hiermit einen weiteren Hinweis auf die Aktualität des Buches erhalten.

Vorwort und *Nachwort* einer wissenschaftlichen Arbeit müssen zur ersten Bewertung eines noch unbekannten Werkes unbedingt gelesen werden. Das Vorwort enthält in der Regel Angaben über Zweck, Zielsetzung und Bedeutung, oft auch über den Anlass der Arbeit und den beabsichtigten Leserkreis. Vor allem bei Arbeiten mit juristischen Schwerpunkten gibt das *Abkürzungsverzeichnis* oft Hinweise über die im vorliegenden Buch verwendeten Gesetzestexte oder Zeitschriften. So lassen sich Rückschlüsse auf inhaltliche Schwerpunkte ziehen.

Auf der Rückseite des Buches oder auf den Innenseiten der Umschlagklappen findet man sehr oft hilfreiche Informationen, den *sog. Klappentext* über Inhalt, Zielsetzung und Autor des Buches aus der Sicht des Verlags oder Verfassers selbst, die unbedingt zur Kenntnis genommen werden sollten.

Ein Studieren der *Inhaltsübersicht* oder der *Gliederung* erspart uns oft ein kursorisches Überlesen einiger Seiten eines Buches. Außerdem können hieraus Informationen über die Schwerpunkte, die der Autor bei seiner Bearbeitung gesetzt hat, und über die Methode, wie er das ihm gestellte Thema inhaltlich behandelt, gewonnen werden. Übersichtliche und ausführliche Gliederungen erleichtern uns auch den Einstieg in die Thematik und die Übersicht über die vom Verfasser behandelten Punkte.

Die wissenschaftliche Ernsthaftigkeit und das Bemühen des Verfassers, sich mit anderen Auffassungen auseinander zusetzen, spiegeln sich in den *Fußnoten* bzw. in den *Anmerkungen* am Ende eines Kapitels wider. Fehlen sie gänzlich, sollten wir große Vorsicht bei der Auswahl eines solchen Werkes walten lassen, da der Autor eines wissenschaftlich ernst zu nehmenden Werkes nur sehr selten ohne Zitate und Verweisungen auskommen kann.

Anhand eines *Literaturverzeichnisses* lassen sich die einer Arbeit zugrunde liegenden Quellen erfassen. Diese geben einen Hinweis, welcher wissenschaftlichen Schule ein Autor angehört. Auch sollten wir einen Blick auf das Erscheinungsjahr der vom Autor verwendeten Literatur wenden, um so festzustellen, ob auch wirklich die neueste Literatur verwendet wurde. Eine Prüfung all dieser Aspekte hilft uns zu erkennen, ob das Buch für unser Anliegen geeignet ist und ob es uns zusätzliche Informationen oder neue Aspekte über ein uns bereits bekanntes Forschungsgebiet bringen wird.

Zusammengefasst lässt sich die Relevanzprüfung eines Buches schematisiert wie auf der nachfolgenden Seite 132 darstellen:

In ähnlicher Form lässt sich auch ein Prüfschema für *Aufsätze* in wissenschaftlichen Fachzeitschriften erstellen. Naturgemäß fallen dann die »buchtypischen« Prüfungskriterien weg (Schriftenreihe, Auflage, Geleitwort, Vorwort, Nachwort, Abkürzungsverzeichnis, Klappentext und Literaturverzeichnis).

7.1.3 Lesen

Lesen eines wissenschaftlichen Textes ist eine intensive Auseinandersetzung mit der Lektüre, wobei wir mit dem Autor in einen »Dialog« treten. Hierbei bemühen wir uns, den Inhalt zu erfassen, ihn zu begreifen und ihn aufzunehmen. Zum kritischen Lesen gehört auch noch die Kunst zu unterscheiden, an welchen Stellen im Text der Autor Tatsachen – also wissenschaftlich gesicherte Erkenntnisse – und an welchen Stellen er Meinungen in der Form von Interpretationen oder Spekulationen widergibt.

Neben diesem gründlichen Durcharbeiten eines Textes gibt es noch andere Arten des Lesens, auf die wir je nach Bedarf zurückgreifen sollten. *Kursorisches Lesen* – oft auch als diagonales Lesen bezeichnet – ist ein schnelles, flüchtiges Lesen, das in einer Verbindung von Ökonomie und Zweckmäßigkeit seine Rechtfertigung findet. Es dient der raschen Erstinformation über einen Text, ohne zunächst tiefer in dessen Problemstellungen eindringen zu wollen. Auf diese Weise kann die große Linie eines Buches oder Beitrags erkannt werden. Überspitzt formuliert »erfährt man nicht was, sondern nur *worüber* der Autor schreibt« *(Rückriem/Stary/Franck* 1997, 137).

Unter *selektivem Lesen* versteht man das Lesen eines Textes unter bestimmten, von uns selbst vorgegebenen Aspekten. Beispielsweise könnte man sich nur für die Quellenangaben eines Beitrags, nur für ein vom Verfasser behandeltes Fallbeispiel oder nur für die Beantwortung einer ganz bestimmten Frage durch den Autor interessieren. In all diesen Fällen wird beim Lesen jede andere Zusatzinformation, die uns der Text gibt, nicht verwertet.

Studierendes – auch verweilendes – *Lesen* dient dem Erfassen von Inhalten; hierbei wird eine gründliche und zielbestimmte Arbeit geleistet, die auch entsprechend Zeit in Anspruch nimmt. Beim sorgfältigen Lesen nehmen wir Satz für Satz und Abschnitt für Abschnitt eines Textes auf, in der Absicht, alles zu verstehen. Lexika, Nachschlagewerke und auch eventuell eigene Aufzeichnungen zum selben Thema liegen in greifbarer Nähe, um Unverstandenes sofort zu klären.

Wir bemühen uns, das Gelesene zu verstehen, nach den Grund- und Hauptaussagen eines Kapitels zu suchen und lange oder komplizierte Sätze zu vereinfachen. Dabei versuchen wir so oft wie möglich, eigene Erfahrungen und bereits erworbene Kenntnisse zur Überprüfung des Verständnisses in unser Lernen mit einzubeziehen (vgl. *Spandl* 1966, 50).

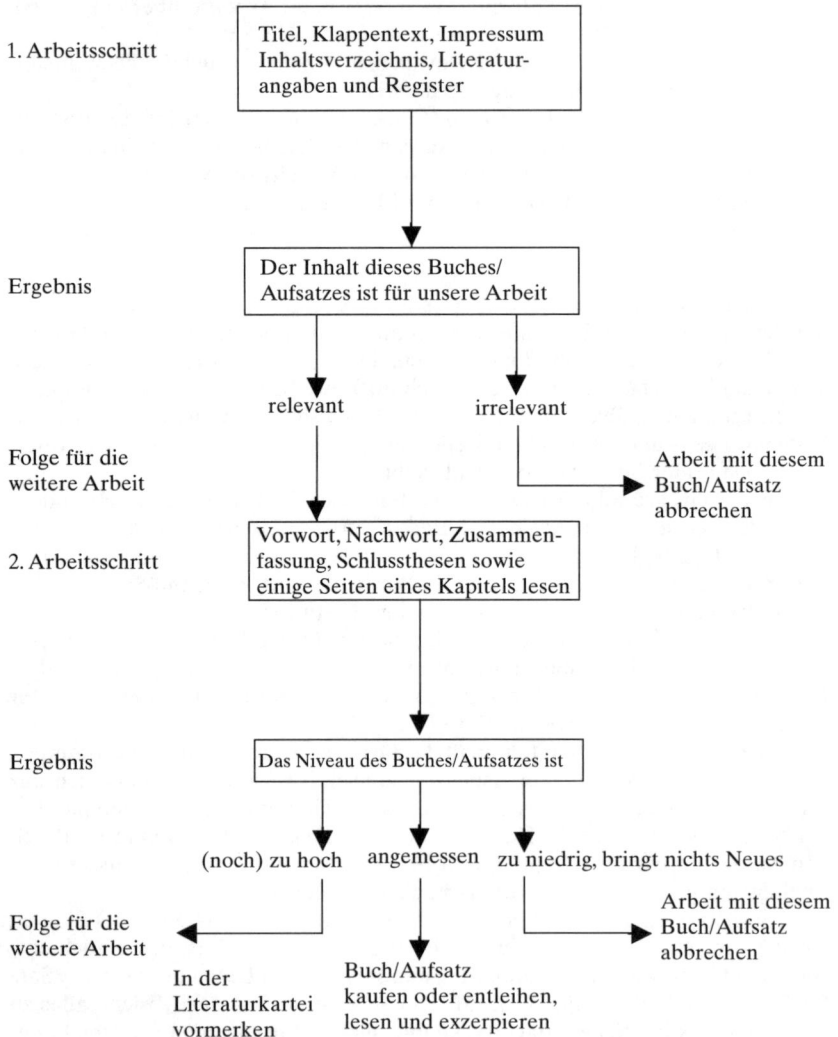

(In Anlehnung an: *Rückriem/Stary/Franck* 1997, 136.)

Beim Durcharbeiten empfehlen sich *Anmerkungen* und *Markierungen* im Text, wir erstellen Buchauszüge in der Form von Exzerpten oder Karteikarten (siehe Kap. 7.4). Dies alles dient dem besseren Aufnehmen und Verstehen des gelesenen Textes und einer Aufbereitung des Gelernten, damit wir es für unsere spätere Arbeit nachvollziehbar wiederholen können.

Unter *vergleichendem Lesen* versteht man das gründliche Lesen einzelner Teile verschiedener Texte, die alle dieselbe Problemstellung – jedoch aus verschiedenen Sichtweisen heraus – betrachten. Man lernt auf diese Weise die unterschiedlichen Meinungen verschiedener Autoren kennen und kann so die gegebene Problematik differenzierter darstellen und die eigene Meinung besser begründen.

Markierungen dienen zur Hervorhebung wesentlicher Stellen im Text. Sie dürfen jedoch nur in eigenen Büchern oder in Aufsätzen, von denen für die Bearbeitung eine Fotokopie gezogen wurde angebracht werden. Sie sollten sparsam verwendet werden damit der Text durch unsere Hinzufügungen und Hervorhebungen nicht noch unübersichtlicher wird. Zur Markierung eignen sich Stifte aller Art in verschiedenen Farben, zur Hervorhebung bestimmter Textstellen besonders die im Handel erhältlichen fluoreszierenden Marker in verschiedenen Strichbreiten.

Bestimmte Regeln zur Markierung gibt es nicht. Jeder sollte sich sein eigenes System erarbeiten, womit er dann Definitionen und Kerngedanken kennzeichnet, Querverweisungen und eigene Randvermerke anbringt oder auf Zusammenfassungen bzw. Literaturangaben im Text hinweist. Unter- oder Überstreichungen, Wellenlinien, Dreiecke, Kreise oder Fragezeichen können nach eigenem Ermessen bestimmten Funktionen zugeordnet werden.

Sowohl beim Erfassen eines neuen als auch beim erneuten Lesen eines bereits bekannten Textes sind *Lesenotizen* eine große Hilfe. Wir sollten immer dann, wenn wir ein Kapitel eines Aufsatzes gelesen haben, eine kurze Rekapitulation des soeben Gelesenen schriftlich niederlegen. Dies hat zum einen den Vorteil, dass wir uns durch aktives Handeln selbst klar darüber werden, ob der gelesene Text von uns auch verstanden wurde; zum anderen erhalten wir so eine kurze Zusammenfassung, die beim erneuten Nachlesen sehr viel Zeit sparen hilft. Falsch ist die von Studenten immer noch angewandte Methode, Kapitel ganz oder in Teilen abzuschreiben. Es handelt sich hierbei nur um eine rein mechanische Tätigkeit, die den Verstand ausschaltet und eine sehr gute Chance zum Lernen und Verstehen vergibt.

7.1.4 Nachbereitung

Nachdem wir nun ein ganzes Buch Kapitel für Kapitel durchgearbeitet haben, ist der Gesamtzusammenhang des Buches herzustellen. Hierzu greifen wir auf die angefertigten Lesenotizen der einzelnen Kapitel zurück und überprüfen, ob die Beziehungen und Zusammenhänge unter den verschiedenen Kapiteln hergestellt werden können. Auch die Fragen, die wir zu Beginn unserer Lektüre formuliert haben (s.o. 7.1.1), können jetzt beantwortet werden; sie haben uns beim Lesen geholfen, unser Aufnahmevermögen und unsere Aufmerksamkeit zu erhöhen. Durch diese nachträgliche Kontrolle kann auch eine mögliche Einseitigkeit vermieden werden. (Vgl. *Schräder-Naef* 2001, 35 ff.). Durch eine kritische Auseinandersetzung mit dem gelesenen Text erkennen wir vielleicht auch, dass wir unsere bisherige Meinung aufgrund mangelhafter Kenntnisse gebildet haben. In einem solchen Fall dürfen wir nicht nur einfach die neu erfassten Kenntnisse übernehmen. Wir müssen uns vielmehr überlegen, welche Informationen zu einer *objektiven Stellungnahme* erforderlich sind, wie wir die Aussagen des Autors überprüfen und wie die aufgestellten Behauptungen überprüft werden können.

7.2 Zuhören und Mitschreiben

7.2.1 Zuhören

7.2.1.1 Schwierigkeiten beim Zuhören

Wer aufmerksam zuhören möchte, muss bestehende Schwierigkeiten kennen und zu vermeiden suchen. Nur dann kann er in einer Vorlesung oder bei einem Vortrag neue Kenntnisse erlangen und sich kritisch mit neuen Informationen auseinandersetzen. Faktoren, die uns beim Zuhören Schwierigkeiten bereiten, können ihre Ursache in Umweltgegebenheiten, in der Person des Vortragenden und in der Person des Zuhörers haben.

Akustische und optische Einwirkungen am Rande des Vortrags können unsere Aufmerksamkeit beim Zuhören negativ beeinflussen. Negative akustische Einwirkungen können beispielsweise Verkehrs-, Bau- oder Fluglärm sein; auch plaudernde Kommilitonen können uns am Zuhören hindern. Störende optische Einwirkungen können Ereignisse sein, die wir durch das Fenster beobachten oder die unsere Aufmerksamkeit im Vortragsraum ablenken, wie z.B. Bilder an der Wand oder ins Auge stechende Kommilitoninnen und Kommilitonen.

Auch der Vortragsraum selbst kann aufgrund seiner Ausgestaltung ablenkend wirken, etwa durch schlechte Beleuchtung (regt zum Schlummern an), durch zu grelles Licht (hindert die Augen an ihrer natürlichen Öffnung) oder durch schlechte Akustik (Nichtverstehen fördert die Unaufmerksamkeit).

Abhilfe ist in diesen Fällen kaum möglich, denn sie entziehen sich bis auf wenige Ausnahmen (z.B. Verbesserung der Lichtverhältnisse) unserer eigenen Disposition. Es bleibt lediglich die Empfehlung, sich zur Vermeidung solcher Störfaktoren möglichst nahe zum Vortragenden zu setzen.

Ein schlecht dargebotener Vortrag erschwert das Zuhören und das Verständnis. Dies kann beispielsweise an einer zu leisen oder undeutlichen Redeweise des Referenten liegen. Unmotiviertes Gestikulieren, ruheloses Auf- und Abmarschieren oder eine stammelnde Vortragsweise (jeder Satz enthält mindestens einmal »äh«) des Redners können die Konzentration des Zuhörers ebenfalls auf eine harte Probe stellen.

Ein weiterer Grund eines schwer zu verfolgenden Vortrags kann das Tempo des Referenten sein, denn im Gegensatz zum Lesen, wo wir die Geschwindigkeit der Aufnahme neuer Informationen selbst bestimmen können, müssen wir beim Zuhören mit dem Redetempo des Vortragenden vorlieb nehmen. Zu leises oder zu lautes Vortragen kann durch einen höflichen Hinweis an den Referenten korrigiert werden, zumal in vielen Fällen nur die Einstellung des Mikrophons angepasst werden muss. Ein zu schnelles oder zu langsames Vortragen kann unter Umständen dann mit dem Dozenten besprochen werden, wenn wir ihm über längere Zeit (z.b. ein ganzes Semester oder eine ganze Fortbildungsveranstaltung lang) hinweg zuhören müssen.

Probleme beim Hören, die ihre Ursache in der Person des Zuhörers selbst haben, sind in der Regel durch dessen mangelnde Motivation oder Konzentration verursacht. Die aktive Beschäftigung des Teilnehmers geht vom Zuhören weg, und er beginnt, eigenen Gedanken, die mit dem Vortrag nichts mehr zu tun haben, nachzugehen. Durch dieses »Tagträumen« verliert man sehr schnell den Zusammenhang mit dem Vortrag und ist nach kurzer Zeit nicht mehr in der Lage, diesem zu folgen.

Auch die Überlagerung des Vortrags durch eigene Gedanken (»Was muss ich heute noch erledigen?«) versperrt uns den gedanklichen Zugang auf das Referat. Wesentliche Aspekte des Vortrags gehen auch dann verloren, wenn die gedankliche inhaltliche Auseinandersetzung mit dem Gehörten stärker wird als die aktive Aufnahme des Vortrags selbst.

7.2.1.2 Hilfen beim Zuhören

Die wichtigste Abhilfe in diesen Fragen ist die Einsicht, dass Zuhören kein *passiver* Vorgang, sondern ein *aktiver* Prozess ist. Das Verstehen eines Vortrags wird in der Regel dadurch gefördert, dass man sich bereits vor dem Referat mit der zugrunde liegenden Problematik vertraut gemacht hat, denn »ein wissenschaftlicher Vortrag verlangt vom Zuhörer (will er ihn erfassen) neben der Aufnahme neuer Informationen vor allem die Einordnung des Referierten in bereits vorhandene Kenntnisse (. . .) und seine Überprüfung« *(Rückriem/Stary/ Franck* 1997, 128). Diese Vorbereitung auf ein Referat erleichtert auch die Strukturierung des Gehörten ebenso wie die Bildung eines eigenen Konzepts, mit dessen Hilfe wir das Verständnis des Gehörten fördern können. Das gedankliche Strukturieren des Stoffes beim Zuhören ist aktives Mitdenken mit folgenden Zielen:

– Erfassen von Thema und Aufbau der Information,
– Erkennen von Beziehungen und Unterschieden zwischen den einzelnen Aussagen,

– Kontrolle der Fremdgedanken durch den Vergleich mit den eigenen Einsichten,
– Abschätzung der gedanklichen und praktischen Konsequenzen der vermittelten Aussagen,
– Erfassung grundlegender Gesetzmäßigkeiten,
– Registrieren offener Fragen. (Vgl. *Rückriem/Stary/Franck* 1997, 129.)

Schließlich sollte man noch die lästige Angewohnheit aufgeben, bei jeder Unklarheit den Nachbarn zu fragen. Dies führt in den meisten Fällen nicht zu einer Klärung der Fragen, sondern bringt sowohl den Fragesteller selbst als auch den Befragten aus dem Konzept. Das Unverstandene sollte vielmehr im Skript gekennzeichnet werden und nach dem Vortrag mit dem Nachbarn oder dem Referenten selbst geklärt werden.

7.2.2 Mitschreiben

Sinnvolles *Mitschreiben* unterstützt die Aufnahme neuen Wissens. Dies gilt sowohl für den Studenten in der Vorlesung als auch für den bereits in der sozialen Arbeit Beschäftigten, der beispielsweise an einer Fortbildungsveranstaltung teilnimmt.

Das grundsätzliche Problem beim Mitschreiben ist die Frage, ob und gegebenenfalls in welchem Umfang mitgeschrieben werden soll. Schreibt man nichts mit, besteht die Gefahr möglicherweise unwiederbringliches Gedankengut verloren zu haben oder beim Zuhören in Gleichgültigkeit bzw. Tagträumerei abzuschweifen. Der Versuch, alles mitzuschreiben ist meist von vornherein zum Scheitern verurteilt; auch die Bemühungen, möglichst viel mitzuschreiben, gehen oft fehl, weil durch das ständige Schreiben das Verstehen des Vortrags leidet.

Die Hinweise zur Lösung der Probleme des Mitschreibens sollen helfen, eine Synthese aus nachvollziehbaren Aufzeichnungen und verständigem Mithören zu finden. Sie lassen sich gliedern in

– Hinweise zur äußeren Form,
– Hinweise zum Umfang,
– Hinweise zum Inhalt und
– Hinweise zum Nacharbeiten des Mitgeschriebenen. (Vgl. zum Folgenden: *Rückriem/Stary/Franck*, 1997, 129–131; *Schräder-Naef,* 2001, 154-163.)

7.2.2.1 Äußere Form

Für jede Vorlesung, für jeden Vortrag und für jede Fortbildungsmaßnahme werden getrennte Ordner oder Schnellhefter angelegt, die immer zur Veranstaltung mitgenommen werden sollten. Hier werden nicht nur die selbst angefertigten Mitschriften, sondern auch die vom jeweiligen Dozenten herausgegebenen Gliederungen, Zusammenfassungen oder Literaturhinweise aufbewahrt.

Die Notizen werden ausschließlich auf Blättern der Größe DIN A4 angefertigt, die nur einseitig beschrieben werden. Die vermeintlich hohen Papierkosten sind immer noch die geringsten Ausgaben im Studium. Die einzelnen Blätter sind mit dem Namen des Dozenten, eventuell auch mit einem Schlagwort für das Thema der Vorlesung und dem Datum des Vortrags zu kennzeichnen sowie fortlaufend zu nummerieren. Links wird ein Rand zum Abheften und rechts ein breiter Rand für das Anbringen von Schlagworten, eigenen Hinweisen oder Fragen gelassen.

Bei jeder neuen Information ist mit einer neuen Zeile zu beginnen. Zwischen den einzelnen Hauptgedanken des Referenten sind beim Mitschreiben freie Zeilen einzufügen. Überhaupt gilt bei der äußeren Form der Notizen der Grundsatz, so übersichtlich wie nur möglich zu verfahren, da auf diese Weise auch die Nacharbeit erleichtert wird.

7.2.2.2 Umfang

Der Umfang der Mitschrift hängt in der Regel von der Art des Vortrags, von der eigenen Vertrautheit mit dem Thema und der Zugänglichkeit der Literatur über das Thema ab. Vorlesungen, die in dichter Folge neue Informationen vermitteln, verlangen einen größeren Umfang der Mitschrift als locker und mit vielen Beispielen und Illustrationen versehene Vorträge. Wer sich mit der Thematik eines Vortrags zum ersten Mal auseinandersetzt, wird zwangsläufig mehr mitschreiben als jemand, der schon mit dem Thema vertraut ist und sich nur noch neue Gesichtspunkte notiert. Dasselbe gilt für den Fall, dass man über den Inhalt des Vortrags zu Hause ein Buch oder Aufsätze aus Fachzeitschriften zur Verfügung hat.

7.2.2.3 Inhalt

Wichtig ist die Mitschrift der *Gliederung* des Vortrags und der sich hieraus ergebenden Hauptpunkte. Diesen schließen sich stichwortartige Gedanken zu den Inhalten eines Abschnitts an. Zitate, Definitionen und Thesen des Redners werden dagegen wörtlich mitgeschrieben. Auch Zahlen, Daten und Namen sollten möglichst vollständig erfasst werden. Besonders wird Wert auf die vom Vortragenden erläuterten *Zusammenhänge* und Verweisungen zu seinen Aussagen gelegt. Abkürzungen bei häufig gebrauchten Begriffen (z.B. FamR für Familienrecht, Betr für Betreuung oder JugPfl für Jugendpflege), die sich jeder selbst aneignen kann, oder Symbole (z.B. Pfeile, Kreuze, Fragezeichen) helfen bei der schnelleren Mitschrift. Grundsätzlich gilt, dass die Notizen erst dann zu Papier gebracht werden, wenn man die Information in ihrer Gesamtheit erfasst hat. Nur dann ist die Unterscheidung zwischen Wesentlichem und Unwesentlichem möglich.

7.2.2.4 Nacharbeiten

Die in der Vorlesung erstellten Notizen dienen nicht der Beruhigung des eigenen Gewissens, indem sie zu Hause abgeheftet und nie mehr benutzt werden. Es ist vielmehr unerlässlich, sie möglichst noch am selben Tag zu überarbeiten, denn zu dieser Zeit ist die Erinnerung noch frisch und eventuelle Lücken oder missverständliche Formulierungen können noch aus dem Gedächtnis ergänzt werden. Auf jeden Fall sollte die Überarbeitung vor der nächsten Vorlesung erfolgen, damit der Zusammenhang wieder hergestellt und der Dozent gezielt auf die gefundenen Probleme angesprochen werden kann.

Sinn des Überarbeitens ist es auch, das Mitgeschriebene für die schnelle Wiederholung *aufzubereiten*. Hierbei helfen Unterstreichungen oder farbliche

Beispiel für die beschriebene Einteilung eines Blattes:

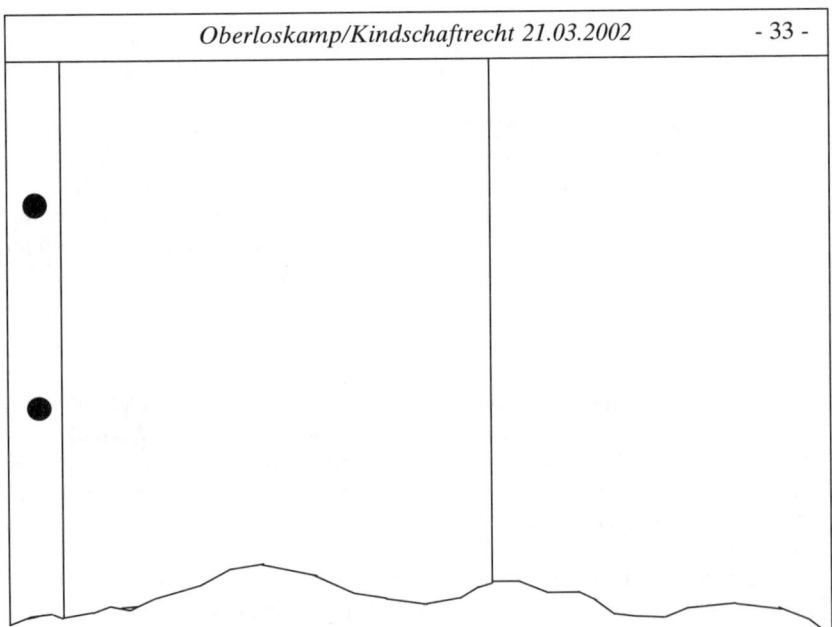

Oberloskamp/Kindschaftrecht 21.03.2002   - 33 -

Markierungen ebenso wie das Anbringen von Zwischenüberschriften, Schlagworten oder kurzen Zusammenfassungen. Auch eine schematisierte Darstellung des Inhalts ist zum einen eine gute Übung, das Verständnis des Mitgeschriebenen zu überprüfen, und zum anderen eine gute Hilfe bei der späteren Rekapitulation.

7.3 Literatursuche

Literatur ist die wichtigste Quelle wissenschaftlichen Arbeitens. Aber auch in der Praxis der sozialen Arbeit greifen wir auf literarisches Material zurück, wenn wir konkrete Lösungen für ein bestimmtes Problem suchen oder uns anhand der neuesten Zeitschriftenaufsätze in den uns interessierenden Bereichen der sozialen Arbeit weiterbilden wollen. Die Suche nach der für den jeweiligen Zweck geeigneten Literatur steht am Anfang der Literaturbearbeitung, wobei wegen der schier unendlichen Fülle des vorhandenen Materials zwei Grundregeln beachtet werden müssen:

1. Die zu erstellende Arbeit und die hierzu zur Verfügung stehende Zeit müssen in einem angemessenen Verhältnis zum Zeitaufwand für die Literatursuche stehen.
2. Für die effiziente Literatursuche ist es erforderlich, mit dem zu behandelnden Thema schon etwas vertraut zu sein, da man sonst in einem Meer von Werken zu ertrinken droht.

7.3.1 Arten wissenschaftlichen Materials

Wissenschaftliches Arbeiten greift auf verschiedene Quellen zurück. Dabei wird zwischen Primärquellen und Sekundärquellen unterschieden. *Primärquellen* sind nach allgemeiner Auffassung

- Primärliteratur,
- eigene oder fremde Erhebungen, Tests und Befragungen,
- amtliche Veröffentlichungen (z.B. Gesetze oder Urteile von Gerichten),
- Akten,
- private Unterlagen (z.B. Prospekte, Firmenarchivmaterial).

Sekundärquellen sind aus den Primärquellen abgeleitete Wertungen, Beurteilungen oder sonstige Ausführungen (z.B. Akteninterpretationen, Anmerkungen zu Urteilen oder Bücher, die den Inhalt von Gesetzen beschreiben). Primärliteratur als Teil der Primärquellen ist ein ursprünglicher Text, der noch nicht von Autoren interpretiert oder fortgeführt wurde (z.B. Goethes Faust). Sekundärliteratur dagegen ist Literatur über Primärliteratur (z.B. Interpretationen und Erläuterungen zu Goethes Faust).
Eine andere Einteilung des wissenschaftlichen Materials nehmen *Rückriem/ Stary/Franck* vor (1997, 89–92). In Anlehnung an *A. Jesse* bezeichnen sie primäres Material als »das gesamte wissenschaftliche Originalschrifttum (Bücher, Zeitschriften, Hochschulschriften usw.)«, sekundäres Material als »Verzeichnisse, die in systematisch geordneter Form Originalschrifttum nachweisen (Bibliographien, Literaturverzeichnisse, Verlagskataloge usw.)« und als tertiäres Material »jede Literatur, die Wissens- oder Wissenschaftsbereiche in zusammenfassender thematisch geordneter oder einen Überblick gebenden Form darstellt (Wörterbücher, Lexika, Handbücher usw.)«.

7.3.2 Nutzung von Bibliotheken

Die Literatursuche wird wesentlich erleichtert, wenn man sich vorab über die Grundregeln der Nutzung einer Bibliothek Klarheit verschafft. Der Aufbau einer Bibliothek, ihre wissenschaftlichen Schwerpunkte und die Bedingungen, unter denen die Bestände der Bibliothek genutzt werden können, sind der Benutzungsanleitung oder der -ordnung zu entnehmen. Gerne helfen in solchen Fragen aber auch die Bibliothekare mit Auskünften weiter. Gelegentlich angebotene Führungen verschaffen einen guten Überblick über die Leistungsfähigkeit einer Bibliothek.

7.3.2.1 Bibliothekstypen

Im wesentlichen sind zwei Haupttypen von Bibliotheken zu unterscheiden: Öffentliche und wissenschaftliche Bibliotheken, wobei eine strenge Trennung bezogen auf den Buchbestand oft nur sehr schwer getroffen werde kann. *Öffentliche Bibliotheken* sind jedermann zugänglich. Sie stehen meist in der Trägerschaft der Städte und Gemeinden, bisweilen aber auch von Kirchengemeinden, und haben einen universellen, allgemeinbildenden Charakter. Sie bieten neben unterhaltender Literatur je nach der Größe ihres Bestandes auch einführende oder vertiefende Werke der allgemeinen, beruflichen oder politischen Bildung.

Wissenschaftliche Bibliotheken dienen vorwiegend der Versorgung wissenschaftlich arbeitender Benutzer mit der notwendigen Literatur für Studium, Forschung und Lehre. Die bekanntesten Formen sind die Universitäts- und Fachhochschulbibliotheken, die Institutsbibliotheken der Hochschulen und Forschungsanstalten sowie die Behördenbibliotheken.

Je nach Ausgestaltung und Benutzungsordnung unterscheiden wir Präsenzbibliotheken und Ausleihbibliotheken.

Präsenzbibliotheken geben ihren Benutzern nicht die Möglichkeit des Entleihens von Büchern; sie gestatten lediglich die Nutzung des Buch- und Zeitschriftenbestands innerhalb der hierfür vorgesehenen Bibliotheksräume.

Ausleihbibliotheken gestatten dagegen die Entleihung zumindest des überwiegenden Bibliothekenbestands für eine bestimmte Zeit. Zu unterscheiden sind hier *Freihandbibliotheken,* die den Benutzern unmittelbaren Zugang zu den Buchbeständen in den Regalen gestatten, und *geschlossene Bibliotheken,* die dem Benutzer die Entleihe nur nach Katalogen und Verzeichnissen ermöglichen.

Im Rahmen des Dienstleistungsangebots bieten die meisten Bibliotheken die Möglichkeit, am Ort nicht vorhandene Literatur von auswärtigen wissenschaftlichen Bibliotheken zu beschaffen *(= Fernleihe)*. Dieses hilfreiche Verfahren kann sich aber durch die Bearbeitung einige Wochen hinziehen, so dass bei einer termingebundenen Arbeit die rechtzeitige Bestellung zu empfehlen ist.

7.3.2.2 *Bibliothekskataloge und deren Nutzung*

Kataloge erschließen dem Benutzer die Bibliothek. Die traditionellen Katalog-kästen oder -schränke sind in den letzten Jahren immer mehr verschwunden. Zunächst wurden sie durch Microfiches mit Lesegeräten ersetzt. Mittlerweile ist an nahezu allen großen öffentlichen Bibliotheken die Titelaufnahme durch die elektronische Datenverarbeitung erfolgt und die Bibliotheksbestände sind – zumindest ab einem bestimmten Erscheinungsjahr – elektronisch erfasst und gespeichert. Diese modernste Form der Katalogisierung ermöglicht dem Be-nutzer an den bereitgestellten Bildschirmen die schnellste Literaturrecherche. Die immer besser genutzten Möglichkeiten des Internet machen für die reine Literatursuche heute sogar den Gang in die Bibliothek überflüssig. Nahezu alle großen wissenschaftlichen Bibliotheken sind auf diese Weise bequem vom häuslichen Schreibtisch aus zu erreichen und die benötigte Literatur kann in Ruhe am PC herausgesucht werden. Dank des »world wide web« bereitet es keine Schwierigkeiten, die Universitätsbibliothek München (http://www.ub.uni-muenchen.de), die Deutsche Bibliothek in Frankfurt/Main (http://www.ddb.de) oder die Library of Congress in Washington (http:// lcweb.loc.gov) anzuklicken. Da im Internet die in den jeweiligen Bibliotheken vorhandenen Kataloge ent-halten sind, gelten die im folgenden gegebenen Hinweise über Katalogkarten und -typen entsprechend.

Eine typische *Katalogkarte* sieht wie folgt aus (die Angaben auf den Mikro-fiches entsprechen auch diesem Muster):

1, 2	Oberloskamp, Helga 03/730/93 a
3	Wie adoptiere ich ein Kind? Wie bekomme ich ein Pflegekind?
4	Rechtliche Erfordernisse und Folgen, Kindesvermittlung, behördli-ches und gerichtliches Verfahren.
5	3. Auflage
6	München: Deutscher Taschenbuchverlag *(1993)*
7, 8	311 S. Kl. 8
9	(Beck-Rechtsberater in dtv)
10	ISBN 3-423-05215-5 (dtv)

Die Angaben bedeuten im einzelnen:

1. *Ordnungswort:* Das sind in der Regel der Nachname und die Vornamen des Verfassers oder der Sachtitel des Buches.
2. *Signatur:* Sie ist das »Namenszeichen« des Buches in der Bibliothek und gibt Auskunft über dessen Standort.
3. *Haupttitel*
4. *Untertitel:* Diese Angabe erfolgt nur, wenn das Buch auch einen Untertitel hat.

5. *Auflagenvermerk*
6. *Erscheinungsort, Name des Verlags, Erscheinungsjahr*
7. *Seitenzahl*
8. *Formatangabe:* Sie wird nach der Rückenhöhe des Buches unterschieden (hier: bis zu 18,5 cm, Kleinoktav)
9. *Titel der Serie oder Reihe des Buches*
10. *Internationale Standardbuchnummer* = ISBN): Die erste Ziffer bezeichnet den sprachlich-geographischen Raum, in dem das Buch erschienen ist (3 = deutscher Sprachraum), die zweite den Verlag (423 = Deutscher Taschenbuchverlag) und die dritte die Titelnummer des Verlags.

In einer Bibliothek sind – je nach Nutzungszweck – verschiedene Kataloge vorhanden. Im einzelnen wird unterschieden in:

- Titelkatalog (TK),
- Alphabetischer Katalog (AK),
- Sachkatalog (SK), der sich aus Schlagwortkatalog (SWK) und Systematischem Katalog (SyK) zusammensetzt,
- Kreuzkatalog (KK),
- Zeitschriftenkatalog (ZK) und
- Sonderkataloge (z.B. Zentralkatalog, Personenkatalog, Katalog der Hochschulschriften oder Katalog der Neuerwerbungen).

Im *Titelkatalog* sind alle in der Bibliothek vorhandenen Bücher in alphabetischer Reihenfolge nach der Bezeichnung ihres Titels aufgeführt.

Im *Alphabetischen Katalog,* der gelegentlich auch als *Verfasser-* oder *Autorenkatalog* bezeichnet wird, sind alle selbständigen Schriften (also z.B. keine Zeitschriftenaufsätze) nach dem Alphabet der Verfasser- oder Herausgebernamen enthalten. Werke mit mehr als drei Autoren und manchmal auch Werke, die einen Herausgeber haben, werden in der Regel unter ihrem Sachtitel eingeordnet, der mit dem ersten Substantiv des Titels aufgeführt wird. Der Alphabetische Katalog wird benutzt, wenn wir in einer Bibliothek ein Werk suchen, dessen Verfasser uns bekannt ist.

Der Sachkatalog dient der sachlichen Erschließung der Werke einer Bibliothek. Er hilft uns, wenn wir Literatur zu einem bestimmten Thema oder Themenkreis suchen, deren Autoren uns nicht bekannt sind. Er unterteilt sich in den Schlagwortkatalog und in den Systematischen Katalog.

Der *Schlagwortkatalog* ordnet die in der Bibliothek vorhandene selbständige Literatur nach Sachbegriffen in alphabetischer Reihenfolge. Mit Hilfe des Schlagwortkatalogs können wir uns einen Überblick darüber verschaffen, welche Literatur zu den von uns geforderten Begriffen vorhanden ist und welche Autoren zu diesem Bereich etwas veröffentlicht haben. Dabei kommt es entscheidend darauf an, dass wir in der Lage sind, zu dem von uns gewünschten Themenbereich möglichst viele Synonyme zu finden. Suchen wir beispielsweise Literatur zum Themenbereich *Erziehungshilfen,* so bieten sich folgende

Schlagworte zum Suchen an: *Hilfe zur Erziehung, Erziehungsberatung, Vollzeitpflege, Heimerziehung, Heimunterbringung, Pflegekinder, Fürsorgeerziehung freiwillige Erziehungshilfe, Erziehungsbeistandschaft, sozialpädagogische Familienhilfe, Eltern-Kind-Verhältnis, öffentliche Erziehung* usw.

Im *Systematischen Katalog,* der in manchen Bibliotheken auch *Standortkatalog* genannt wird, sind die Bestände einer Bibliothek nach wissenschaftlichen Sachgebieten bis in feinste Untergliederungen geordnet. Er enthält nur selbständige Schriften in alphabetischer Ordnung nach den Namen der Verfasser. Im Gegensatz zu den anderen Katalogen, die in den Bibliotheken der Bundesrepublik Deutschland weitgehend vereinheitlicht sind, ist der Systematische Katalog jeweils bibliotheksspezifisch aufgebaut. Der Vorteil des Systematischen Katalogs liegt darin, dass in kürzester Zeit der gesamte Bestand einer Bibliothek zu einem bestimmten Themenbereich erfasst werden kann.

Der *Kreuzkatalog* ist eine Kombination aus dem Alphabetischen Katalog und dem Schlagwortkatalog, in dem sowohl die Verfassernamen als auch die Schlagwörter in einer vereinten alphabetischen Reihenfolge enthalten sind. Hierdurch kommen die einzelnen Werke mehrfach vor.

Im *Zeitschriftenkatalog* sind alle in der Bibliothek vorhandenen Zeitschriften alphabetisch nach der Wortfolge ihres Titels verzeichnet. Dieser Katalog gibt auch darüber Auskunft, seit wann eine Zeitschrift von der Bibliothek abonniert wird.

Von den verschiedenen *Sonderkatalogen* soll hier nur auf vier wichtige eingegangen werden.

Der *Zentralkatalog,* der in den größeren Bibliotheken zumeist in einer Mikrofichesausgabe vorhanden ist, enthält die Bestände mehrerer Bibliotheken zusammen. Das Gebiet der Bundesrepublik Deutschland ist in 13 Regionen aufgeteilt, deren jeweiliger Gesamtbestand aller Bibliotheken (meist aller Hochschul- und Staatsbibliotheken) in einem Zentralkatalog zusammengefasst ist. So enthält beispielsweise der bayerische Zentralkatalog alle wissenschaftlichen Bibliotheken in Bayern und der Zentralkatalog Nordrhein-Westfalen alle wissenschaftlichen Bibliotheken Nordrhein-Westfalens und des Regierungsbezirks Trier des Bundeslandes Rheinland-Pfalz.

Der *Personenkatalog* enthält unter dem Namen einer Person alle Schriften, die diese selbst veröffentlicht oder herausgegeben hat, sowie alles, was über diese Person geschrieben wurde.

Im *Katalog der Hochschulschriften* finden wir alle an einer Hochschule erstellten Dissertationen, Habilitationen und Diplomarbeiten verzeichnet.

Der *Katalog der Neuerwerbungen* enthält alle im Laufe eines Jahres oder innerhalb einer bestimmten Frist von der Bibliothek neu erworbenen Bücher, die jedoch noch nicht unbedingt für den Ausleihverkehr freigegeben sein müssen.

7.3.2.3 Bibliographien

Bibliographien sind Verzeichnisse von Büchern, die den Bestand an Literatur eines Landes, eines Sprachraums oder eines Sachgebiets nachweisen. Bibliographien erscheinen als selbständige Bibliographie in Heft- oder Karteiform, als Mikrofiches, als CD-ROM und als unselbständige Bibliographie in Handbüchern, Lexika oder wissenschaftlichen Monographien. Sie behandeln als retrospektive Bibliographie einen zeitlich abgeschlossenen Raum oder als periodische Bibliographie eine laufende Übersicht über die erschienene Literatur.

Durch die schnell wachsende Fachliteratur ist es nur noch sehr schwer, einen Überblick über alle vorhandenen Bibliographien zu erhalten, zumal in immer mehr Fachbereichen Teilbibliographien erstellt werden. So entstehen sogenannte »*Bibliographien der Bibliographien*«, die – meist auf nationaler Ebene – die einzelnen Bibliographien zusammenfassen. Als Beispiel hierfür sei die von der Deutschen Bibliothek in Frankfurt herausgegebene *Deutsche Bibliographie* aufgeführt. Sie ist eine Allgemeinbibliographie, in der die gesamte in der Bundesrepublik Deutschland erschienene Literatur verzeichnet ist.

Im Buchhandel vorhandene Kataloge sind ein gutes Nachschlagewerk, das auf Befragen in jeder Buchhandlung und Bibliothek eingesehen werden kann. Am bekanntesten ist das *Verzeichnis lieferbarer Bücher (VLB),* das jährlich mit Ergänzungen neu erscheint und alle derzeit lieferbaren Bücher nach Autor und Schlagwörtern alphabetisch geordnet enthält. Mittlerweile ist das VLB auch im Internet unter http://www.buchhandel.de abrufbar.

(Zur ausführlichen Information sei verwiesen auf: *Theisen* 2000, 45–75; *Poenike* 1988, 49–80; *Rückriem/Stary/Frank* 1997, 90–125; *Kunz* 1986 187–214.)

7.3.2.4 Literaturermittlung

Die Ermittlung der für eine Arbeit notwendigen Literatur hängt von verschiedenen Faktoren ab, von denen Art und Umfang der Arbeit und die zur Verfügung stehende Zeit am wichtigsten sind. Hiervon und von den vorhandenen Vorkenntnissen über das zu bearbeitende Thema hängen auch die Methoden ab, mit deren Hilfe wir die notwendige Literatur ermitteln wollen. Es sei an dieser Stelle noch einmal daran erinnert, dass die für die Literatursuche aufgewendete Zeit in einem vernünftigen Verhältnis zur gesamten Bearbeitungszeit unserer Arbeit stehen soll. Es zählt nicht die Menge der verarbeiteten Literatur, sondern die Intensität der Auseinandersetzung mit ihr und die hieraus erarbeiteten wissenschaftlichen Erkenntnisse und eigenen Schlussfolgerungen. Im wesentlichen haben sich zwei Methoden bewährt: Die systematische Suche und die pragmatische Suche.

Bei der *systematischen Suche* orientieren wir uns an Nachschlagwerken, Bibliothekskatalogen, Bibliographien, amtlichen Veröffentlichungen sowie Zeitschriften und versuchen, die für uns relevante Literatur zu finden. Dieses

System hat den *Vorteil*, dass wir recht umfangreich – aber relativ zeitaufwendig – informiert werden und auch neuere Literatur ausfindig machen können. Vor allem das Studium der Zeitschrifteninhaltsverzeichnisse des laufenden Jahres und einiger vorangegangener Jahre fördert das Auffinden neuester Beiträge. Dieses Verfahren ist insbesondere dann unerlässlich, wenn bei Arbeiten juristischen Inhalts neueste Rechtsprechung erforderlich ist. Diese Methode hat – neben dem Zeitaufwand – noch den *Nachteil*, dass die für uns wesentlichen Werke nicht sofort erkennbar sind, sondern zunächst geprüft werden müssen. Bei der *pragmatischen Suche* – auch Schneeballsystem genannt – geht man davon aus, dass die einschlägige Literatur zu einem bestimmten Themenbereich aus Werken besteht, die zumindest schwerpunktmäßig in jeder Arbeit, die sich mit unserem Thema befasst, aufgeführt sind. Man beginnt deshalb mit dem Literaturverzeichnis eines Buches (zumeist einer Enzyklopädie oder eines Fachlexikons) und verfolgt danach die weiteren Literaturverzeichnisse der dort aufgeführten Werke. Die immer wieder vorkommenden Bücher bilden dann das Grundgerüst für unsere Literatursuche und sollten auf jeden Fall angesehen werden. Der *Vorteil* dieses Systems liegt darin, zum einen die für ein Thema wichtige Standardliteratur zu finden. Zum anderen finden wir in relativ kurzer Zeit sehr viele Literaturstellen, die von uns ausgewertet werden können (vgl. zur Literaturauswahl 7.1.2). Dem steht als *Nachteil* dieses Systems gegenüber, dass wir auf diese Weise nur selten an neue und neueste Literatur herangeführt werden und dass eventuell die Meinungsvielfalt unter der gefundenen Literatur nur eingeschränkt vorhanden ist.

7.4 Festhalten des Materials

Wer für ein Arbeitsvorhaben wichtige Aussagen und Erkenntnisse, auf die er bei der Lektüre von Büchern, Zeitschriften und Skripten gestoßen ist, nicht festhält, wird von der investierten Zeit und Mühe kaum einen Gewinn haben. Das gilt für den Studierenden, der

- ein Referat vorbereitet,
- eine größere Hausarbeit anfertigt,
- sich auf eine Prüfung vorbereitet oder
- sich anschickt, seine Diplomarbeit zu schreiben,

ebenso wie für den diplomierten Sozialarbeiter und Sozialpädagogen, der sich auf einem spezifischen Gebiet berufliche Kompetenz erwerben, erhalten oder steigern will.

7.4.1 Formen des Festhaltens

Es gibt verschiedene Möglichkeiten, Gelesenes festzuhalten. Wir möchten auf das Exzerpt und das Thesenpapier hinweisen.

Das *Exzerpt* ist die *auszugsweise* Wiedergabe eines Textes. Exzerpte können *wörtliche* oder *paraphrasierende* (frei übertragene) Auszüge sein. In der Praxis empfiehlt sich häufig eine Mischform zwischen beiden: Definitionen und zentrale Aussagen werden wörtlich übernommen, Überleitungen, erläuternde Ausführungen und Argumentationsketten gerafft paraphrasiert. Exzerpte sollten möglichst knapp abgefasst werden.

Das *Thesenpapier* ist die *inhaltlich zusammenfassende* Wiedergabe der Argumentationsergebnisse in einem Text. Thesen sind in der Auseinandersetzung mit den zentralen Aussagen und Problemen eines Textes entstandene Leitsätze. Sie müssen einen Zusammenhang aufweisen. Weder eine Gliederung noch eine Sammlung von Schlagworten ist ein Thesenpapier. (Vgl. 5.4)

7.4.2 Technische Hilfsmittel: Aktenordner und Karteien

Das Material für eine größere Arbeit lässt sich in Aktenordnern, Karteien und auf Dateien im Computer (PC) festhalten.

Alle drei Hilfsmittel eignen sich zum Sammeln und Ordnen, die PC-Dateien jedoch nur in Verbindung mit dem Aktenordner oder einer Kartei.

7.4.2.1 Aktenordner als Hilfsmittel

Die Funktion des *Aktenordners* soll als Hilfsmittel bei der Abfassung der *Diplomarbeit* vorgestellt werden. (Vgl. Fragnière 1988, 45–49.)

Was Sie brauchen

– Ein oder zwei stabile Aktenordner für Blätter vom Format DIN A4;
– gelochte Blätter DIN A4 von guter Qualität, da sie einiges an Manipulation vertragen müssen;
– Schere, Klebstift und Kugelschreiber, die schwarz oder rot schreiben (bei den üblichen Kopierverhältnissen).

Was Sie unbedingt beachten sollten

– Beschreiben Sie die Blätter nur einseitig. Sie müssen auseinandergeschnitten und neu zusammengesetzt werden können.
– Lassen Sie auf jedem Bogen am Rand und/oder am unteren Blattende Raum für Ergänzungen und Änderungen.
– Benützen Sie möglichst ein Blatt nur für einen Gedankengang.
– Formulieren Sie die Sätze aus und schreiben Sie leserlich, damit Sie später nicht durch Entziffern der eigenen Schrift Zeit verlieren.

Wie Sie vorgehen können

Die geistigen Arbeitsschritte (»im Kopf«) beim Abfassen der Diplomarbeit finden einen entsprechenden Niederschlag im Aktenordner (s. Seite 107). Der Hinweis »(PC!)« markiert die Einsatzmöglichkeit des Computers. Einer seiner Vorzüge: Er räumt Entscheidungsbarrieren weg beim Schreiben, weil sich am PC leicht Texte später umformulieren und umstellen lassen. Man kann auf ihm sowohl eine Passage zuerst einmal ganz flüchtig niederschreiben, um etwas festzuhalten, als auch einen Abschnitt schon genau ausformulieren, ohne alle vorhergehenden Teile bearbeitet zu haben.

Nochmals einige Hinweise

– Versehen Sie die Blätter im Aktenordner mit Seitenzahlen und ändern Sie sie beim Umorganisieren des Inhalts.

– Blättern Sie im Aktenordner, wenn Sie an einem toten Punkt angelangt sind. Dabei werden die einzelnen Schritte und der Zusammenhang wieder lebendig, und es fällt Ihnen leichter, den Faden aufzugreifen oder einen neuen Einstieg zu finden.

	Im Kopf:	*Im Aktenordner:*
1	Erste Idee für die Arbeit.	Erstes Blatt im Aktenordner: Schriftliche Formulierung des Vorhabens, am besten in Form eines Exposés, eines Berichts, der die Hauptpunkte eines Vorhabens skizziert und erläutert. Es sollte sprachlich ausformuliert sein, also nicht nur aus Stichworten bestehen. In der Regel genügen ein bis zwei DIN-A4-Seiten.
2	Gliederung (Aufbauplan) überlegen, z.B. 4 Kapitel mit je 4 Abschnitten.	Aufbau des Aktenordners gestalten: Jeden der 16 Titel und Untertitel auf ein Trennblatt schreiben, wie man sie im Bürobedarfshandel erhält. Diese 16 Titel-Blätter im Aktenordner abheften.
3	Lesen, Recherchieren.	Den einzelnen Titel-Blättern werden beigegeben: – Fotokopien von wichtigen Texten und Dokumenten (mit vollständiger und genauer Angabe der Fundstelle); – eigene Überlegungen und Analysen (PC!); – Bibliographie-Blätter: auf jedes Blatt nur die Angaben zu einer einzigen Publikation (das erleichtert die Zusammenstellung der Literaturliste); – Hinweisblätter mit nützlichen Informationen (z.B. Adressen von Auskunftspersonen, Hinweise auf noch zu leistende Arbeitsschritte).
4	Zwischenbilanz ziehen und:	
5	Detailliertes Arbeitsprogramm aufstellen.	Den Aufbau des Aktenordners prüfen und dem Arbeitsprogramm anpassen.
6	Lesen und Recherchieren nach dem detaillierten Arbeitsplan fortsetzen.	Den Aktenordner weiter füllen und durch einen zweiten entlasten, der dann nur noch die Teile enthält, die – nach mehrfachem Überarbeiten – für die Endfassung dienlich sind.
7	Konzept für das Manuskript überlegen: – Gliederung endgültig festlegen; – entscheiden, was wohin gehört; – Zeitplan erstellen.	Den Aktenordner zum letzten Mal nach der endgültigen Gliederung umorganisieren. (Mit Schere und Klebestift zu Werke gehen; darauf achten, dass die Fundstelle übertragen wird; eine vorherige Kopie des Ordner-Inhalts empfiehlt sich, falls sich die Zuordnung als falsch erweisen sollte.)
8	Umarbeitung der geordneten Materialsammlung zum Manuskript der Diplomarbeit (PC!)	

– Seien Sie sparsam mit dem Wegwerfen von abgehefteten Texten. Was heute überflüssig erscheint, kann morgen nützlich sein. Wenn überflüssig Erscheinendes stört, wird es gesondert abgeheftet. Wegwerfen können Sie es auch noch, wenn die Diplomarbeit abgegeben ist.

Letzte Empfehlung

Klammern Sie sich nicht stur an das vorgestellte Verfahren. Passen Sie es den Besonderheiten *Ihres* Themas an.

7.4.2.2 Karteien als Hilfsmittel

Eine andere Möglichkeit, Material zu sammeln und zu ordnen, bieten Karten und Karteien.
Eine *Kartei* ist eine Sammlung von Karten, die nach spezifischen Kriterien geordnet sind.
Karten sind leicht handhabbare Informationsträger. Sie lassen sich

– nach speziellen Erfordernissen erstmals und neu ordnen,
– mühelos ergänzen und
– in Bibliotheken oder an andere Arbeitsorte mitnehmen und anschließend wieder in das System einfügen.

Arten von Karten

Die im Studium gebräuchlichen Karteien (Karteisysteme) sind

– die Verfasser- oder Autoren-Kartei,
– die Schlagwort- oder Stichwort-Kartei und
– die Exzerpt- oder Lese-Kartei.

Organisatorisches

Die *Größe* der Karten richtet sich nach dem Zweck der Kartei: Karten im DIN-A7-Format (halbe Postkarte) kommen lediglich für die Verfasser-Kartei in Frage; für die Schlagwort-Kartei empfiehlt sich das DIN-A6-Format (Postkartengröße);
wer eine Exzerpt-Kartei anlegt, sollte Karten im DIN-A5-Format (halbes Schreibmaschinenblatt) wählen.
Was die *Qualität* der Karteikarten betrifft, so eignen sich, neben den im Handel zu erwerbenden, auch selbst zugeschnittene. Damit sie aufrecht stehen können, müssen sie Postkartenstärke haben. Sie sollten holzfrei sein, um ein Vergilben zu verhindern. Linierte Karten erleichtern handschriftliche Notizen. Farbige Karten dürfen nicht zu stark getönt sein, da sich sonst farbige Unterstreichungen nicht deutlich genug abheben.
Die Karten werden nur auf der Vorderseite *beschriftet,* um einen besseren Überblick zu gewährleisten.

Zur *Aufbewahrung* der Karten dienen im Handel erhältliche Kästen aus Kunststoff oder Holz; aber auch starke Pappschachteln erfüllen den Zweck.
Um die Karten übersichtlich zu *ordnen,* werden *Leitkarten* benutzt, die über die beschrifteten Karten hinausragen. Sie werden mit dem entsprechenden *Gliederungsvermerk* versehen: Alphabetisch geordnete Buchstaben für die Verfasser-Kartei, Buchstaben oder Oberbegriffe für die Schlagwort-Kartei. Es empfiehlt sich, sich neben dem größeren Karteikasten bzw. den Karteikästen einen kleinen, transportablen Kasten zuzulegen, in dem man die erforderliche Anzahl Karten in die Bibliothek mitnehmen kann.

Die Verfasser-Kartei

Die Verfasser-Kartei dient

– der Sammlung von Literatur,
– bibliographischen Angaben (besonders bei entliehenen Büchern),
– kurzen Vermerken über den Standort/Fundort,
– stichwortartigen Wertungen des Gelesenen (mit Lesedatum).

Anhand der Autorenkartei lässt sich schnell ein alphabetisch geordnetes Literaturverzeichnis erstellen.
Folgende *Angaben* werden auf der Karteikarte festgehalten: Autor, Sachtitel, Erscheinungsjahr und -ort, Verlag, die Fundstellen (die Bibliothek und/oder den Namen des/der Bekannten, der/die das Buch besitzt) und die Signatur.

Muster:

MENCK, Peter:
Was ist Erziehung?
Eine Einführung in die Erziehungswissenschaft.
Donauwörth: Auer 1998.

Die Schlagwort-Kartei

Für die Stoffsammlung im Hinblick auf eine größere Arbeit (Referat, Hausarbeit, Diplomarbeit) empfiehlt sich die Anlage einer Schlagwort-Kartei, geordnet nach Schlag- oder Stichwörtern. Die Schlagwörter ergeben sich aus der *Gliederung* der Arbeit: Schon in der Phase der Stoffsammlung sollte man möglichst differenziert gliedern. Während der Lektüre kann die Kartei jederzeit durch hinzukommende Gesichtspunkte erweitert und ergänzt werden.
Die Karten der Schlagwort-Kartei enthalten außer dem Stichwort: bibliographische Angaben und Fundstellen, Inhaltsauszüge, wichtige Zitate (Definitionen).

Es empfiehlt sich, nicht alles auf einer Karte unterzubringen, sondern verschiedene Karten anzulegen.

Muster (für Angabe von Fundstellen):

Lernen	
– im Verständnis des Behaviorismus H. Ruprecht, Theorie d. Lernens	43–65
– unter päd. Gesichtspunkt H. Giesecke, Einführung i. d. Pdggk	50
– im Verständnis der prinzipienwiss. Pdggk M. Heitger, Pdggk d. Dialogs	35–44; 109–114
– und Bildung Th. Ballauff, Bildung als Einbezug ins Denken	Tb/CTb 2357, Beiheft

Muster (für Inhaltsauszug):

Lernen

= in der Psychologie ein Prinzip, das jede menschliche Verhaltensänderung, sofern sie aus der Erfahrung und Übung erwachsen ist, umgreift (66).

D.h. nicht: vielmehr: L. bedarf anlagemäß.	⎰ Individuum = bei der Geburt eine tabula rasa, ⎱ Fähigkeit zu lernen hängt sehr eng mit der Erbausstattung ⎰ zusammen. (Lernkapazität des Me. gegenüber der des ⎱ Tieres!)

(R. Oerter (Hg.): Entwicklungspsychologie. Donauwörth: 9. Aufl. 1971, 65–67.)

Die Exzerpt-Kartei

»Kopieren geht über Studieren!« Dieser Slogan (und vor allem seine Umsetzung) garantiert die Nutz- und Wirkungslosigkeit der Verweildauer an einer Hochschule. Aber spätestens wenn die Diplomarbeit ansteht, geht Studieren über alles Kopieren; was man da fein säuberlich abgeheftet hat, muss nun durchgearbeitet werden. Damit die wichtigen Aussagen später *verfügbar* sind, sollten sie in einem Exzerpt festgehalten werden. Die Anlage einer Exzerpt-Kartei erweist sich dabei als hervorragendes Hilfsmittel. Exzerptkarten werden unter dem Namen des *Verfassers* eingeordnet. (Es empfiehlt sich das Format DIN A5.)

Muster:

RITZEL, Wolfgang: Pädagogik als praktische Wissenschaft. Von der Intentionalität zur Mündigkeit. Heidelberg 1973.

11–25   Einleitung: Der Pädagogische Auftrag

13   Plan: Den Grundriss *der* Pädagogik zeichnen,»innerhalb   Plan
         deren jeder pädagogische Gedanke nach Maßgabe seines
         Erkenntniswertes zur Geltung kommt«.

15   Definition des Pädagogischen als »Vermittlung der   Def.
         Mündigkeit an Unmündige«, diese Vermittlung hat Auf-
         gabencharakter.

         Mündigkeit kennzeichnet doppelte Befähigung: Selbst-   Müdigkeit
         hilfe- und Verantwortungsfähigkeit,

16   verklammert durch das specimen humanum Reflexivität.   –2–

7.5 Darstellung des Materials

Vom Studierenden der Sozialarbeit und Sozialpädagogik wird eine Darstellung von Material verlangt:

- in Hausarbeiten (vor allem in häuslichen Seminararbeiten, aber z.B. auch im schriftlichen Anteil einer Fachprüfung),
- in der Diplomarbeit als wissenschaftlicher Examens- und Abschlussarbeit für die staatliche Anerkennung und
- im schriftlichen Part der Berufspraktischen Prüfung.

Eine fertige Arbeit enthält folgende Aufbauelemente:

Diplomarbeit	*Seminar- bzw. Hausarbeit*
• Einband	–
• Deckblatt	–
• Titelblatt	• Titelblatt
• Vorwort (nach Bedarf)	• Vorbemerkung (nach Bedarf)
• Inhaltsverzeichnis/Gliederung	• Inhaltsverzeichnis/Gliederung
• Abkürzungsverzeichnis (nach Bedarf)	• Abkürzungsverzeichnis (nach Bedarf)
• Einleitung	• Einleitung
• Ausführungen mit Zitaten und Quellenangabe	• Ausführungen mit Zitaten und Quellenangabe
• Zusammenfassung/Ergebnisse	• Zusammenfassung/Ergebnisse
• Anmerkungen (nach Bedarf)	• Anmerkungen (nach Bedarf)
• Literaturverzeichnis	• Literaturverzeichnis
• Anhang: Tabellen, Abbildungen u.ä. (nach Bedarf)	• Anhang: Tabellen, Abbildungen u.ä.
• Eidesstattliche Erklärung	–

7.5.1 Einband

Als Einband eignen sich für Haus- bzw. Seminararbeiten Schnellhefter. Diplomarbeiten werden in Druckereien, Buchbindereien oder Copy-Shops mit einem festen Einband versehen.

7.5.2 Deckblatt

Bei Diplomarbeiten gehört vor das Titelblatt ein freies Deckblatt. Es dient verwaltungstechnischen Eintragungen: Eingangsstempel und Vermerken.

7.5.3 Titelblatt

Das Titelblatt enthält folgende Angaben:

Diplomarbeit	*Seminar- bzw. Hausarbeit*
• Name der Hochschule	• Name der Hochschule
• Fachbereich	• Fachbereich
• (Fachrichtung)	• (Fachrichtung)
• –	• Angabe des Faches
• –	• Thema des Seminars
• –	• Semester
• Thema	• Thema der Arbeit
• Name und Amtsbezeichnung des Referenten und Korreferenten	• Name und Amtsbezeichnung des Seminarleiters
• Name und Anschrift des Verfassers/ der Verfasser	• Name und Anschrift des Verfassers/ der Verfasser
• –	• Studiensemester
• Abgabedatum	• (Abgabedatum)

Der Text des Titelblattes kann entweder *linksbündig* gestaltet (vgl.»Titelblatt Seminararbeit«) oder auf der Mittelachse *zentriert* gestaltet werden (vgl.»Titelblatt Diplomarbeit«):

Titelblatt Seminararbeit:

Fachhochschule Niederau	
Fachbereich Sozialwesen	
Studienrichtung Sozialpädagogik	
Seminar:	Jugendarbeitslosigkeit – eine Herausforderung an die Sozialpädagogik
Fach:	Erziehungswissenschaft
Dozentin:	Prof. Dr. Jutta Weber
Semester:	SS 2000
Thema:	*Die psychische Situation arbeitsloser Jugendlicher*
Ilonka Greive, 5. Sem.	
Bergstr. 25	
00133 Niederau	

7.5.4 Vorwort

Das Vorwort gehört nicht zum sachlichen Teil einer größeren Arbeit. Deshalb darf es Persönliches enthalten, z.B.:

- Auskünfte über die Entstehung der Arbeit,
- Erläuterung von Zweck und Absicht der Abfassung,
- Bemerkungen über Schwierigkeiten der Materialbeschaffung,
- Hinweise auf Besonderheiten,
- Dankadressen an Personen oder Institutionen.

Ein *Vorwort* ist nur bei einer umfangmäßig größeren Arbeit angebracht, bei kleineren Ausarbeitungen reicht eine *Vorbemerkung*. Vorwort bzw. Vorbemerkung sind nicht unbedingt notwendig.

7.5.5 Inhaltsverzeichnis/Gliederung

Das Inhaltsverzeichnis gibt den logischen Aufbau und die Gliederung der Arbeit wieder.
Üblich sind:

Titelblatt Diplomarbeit:

---

*Arbeitslose Jugendliche – ihre Probleme und
sozialpädagogische Hilfsmöglichkeiten*
Diplomarbeit

für die
Staatliche Abschlussprüfung
im Fachbereich Sozialwesen
Studienrichtung Sozialpädagogik
an der
Fachhochschule Niederau

vorgelegt von
Ilonka Greive
aus
00133 Niederau
Bergstr. 25

am
12. Mai 2000

Erstkorrektorin:
Prof. Dr. Jutta Weber

Zweitkorrektor:
Prof. Dr. Rolf Wirtz

– Die *kombinierte Zahlen-Buchstaben-Klassifikation*
Beispiel:
A Techniken der Materialfindung
  I. Finden des Materials
    1. Die Arten des Materials
      a) Primäres Material
      b) Sekundäres Material
      c) Tertiäres Material
        aa) ...
        bb) ... usf.

– Die *dekadische (Dezimal-)Klassifikation*
Beispiel:

1.	Techniken der Materialfindung
1.1	Finden des Materials
1.1.1	Die Arten des Materials
1.1.1.1	Primäres Material
1.1.1.2	Sekundäres Material
1.1.1.3	Tertiäres Material
... usf.	

– Eine *weitere Gliederungsmöglichkeit*
Beispiel:
§ 1 Techniken der Materialfindung
  1. Finden des Materials
    Die Arten des Materials
    Die Orte der Materialaufbewahrung
    Bibliothekskataloge und Bibliographien
    Buchhandels- und Verlagskataloge
  2. ...
§ 2 Techniken der Materialaufnahme
  1. ... usf.

> **Bei der Wahl der dekadischen Klassifikation beachten:**
> **Die Gliederung wird bei mehr als fünf Unterklassen**
> **unübersichtlich.**

Manche Studierende neigen zu einer übertrieben detaillierten Gliederung. Die Texte zu den Unterpunkten umfassen dann oft nur wenige Zeilen. Das ist nicht mehr angemessen. Gerade hat sich der Leser auf den angezeigten Punkt eingestellt, sind die Ausführungen dazu auch schon wieder zu Ende. Es drängt sich der Eindruck auf, dass da einer etwas sagen wollte, im Grunde aber nichts zu sagen hatte. Das ist peinlich.

Deshalb sollte der Verfasser einer wissenschaftlichen Arbeit vor der Reinschrift Gliederung und Text noch einmal daraufhin prüfen, ob es dem Werk nicht gut-täte, wenn er auf den einen oder anderen Unter-Unter-Unterpunkt verzichtete und statt dessen die Ausführungen dem Unter-Unterpunkt zuordnete.

Noch ein paar Hinweise:

– Vorwort, Abkürzungsverzeichnis und Einleitung erhalten keine Ziffer.
– Die Kapiteleinteilung muss systemlogisch angelegt werden, das heißt, ein Kapitel darf nicht nur einen Unterpunkt haben.

Beispiel:

1. Techniken der Materialfindung
1.1 Finden des Materials
1.1.1 Die Arten des Materials
1.2 . . . usf.

Einem Abschnitt 1.1.*1 muss* der Abschnitt 1.1.*2* folgen!

– Kapitel- und Abschnittstitel des Inhaltsverzeichnisses müssen im Text im vollen Wortlaut wiederkehren. (Die bloße Ziffern-Angabe genügt nicht.)
– Zum Inhaltsverzeichnis gehören Seitenangaben. Der Vorspann (Vorwort, Abkürzungsverzeichnis) kann mit römischen Ziffern, die übrigen Seiten müssen mit arabischen Ziffern – ohne Einschluss in Gedankenstriche – ver-sehen werden.

7.5.6 Abkürzungsverzeichnis

Der Leser einer größeren wissenschaftlichen Arbeit sollte den Text verstehen können, ohne ein Lexikon für Abkürzungen befragen zu müssen. Das dürfte ihm beim Folgenden nicht ohne weiteres gelingen:»Die ET und die AT setzen innerhalb des SAET eine Kommission ein, um die von SRK formulierten Vor-schläge zu beurteilen.« (Übersetzung:»Die Ergotherapeutinnen und die Aktivierungstherapeutinnen setzen innerhalb der Schweizerischen Arbeitsge-meinschaft der Ergotherapeutinnen eine Kommission ein, um die vom Schwei-zerischen Roten Kreuz formulierten Vorschläge zu beurteilen.«) (*Fragnière* 1996, 94).

> **Abkürzungen und Formelzeichen, die über das Sprach- und Fachübliche hinausgehen, müssen dem Leser erklärt werden.**

Dies geschieht am besten in einem gesonderten Verzeichnis, das zweckmäßig den Ausführungen *vorangestellt* wird, d.h. auf das Inhaltsverzeichnis folgt.

7.5.7 Einleitung

Die Einleitung soll zum einen in das Thema einführen, zum anderen dem Leser einen Überblick über den Gang der Darstellung verschaffen. Die Einführung kann bspw. die Aktualität des Themas, seine Bedeutung für die sozialarbeiterische bzw. sozialpädagogische Praxis aufzeigen oder auch deutlich machen, dass es sich hier um einen vernachlässigten Gegenstand handelt. Es folgt der Gedankenaufriss des Vorhabens, der dem Leser deutlich machen muss, wie sich ein Schritt der Ausführung folgerichtig aus dem anderen ergibt. Dies kann sprachlich etwa so geschehen:
Zunächst soll ... (Kap. 1);
alsdann wird ... (Kap. 2);
daran schließen sich ... an (Kap. 3);
endlich suchen wir das Gesagte anhand von Beispielen zu verdeutlichen, um ... (Kap.4).
Die thesenartige Straffung der zentralen Anliegen der einzelnen Kapitel zwingt den Verfasser der Arbeit, das Vorhaben »auf den Punkt« zu bringen und bewahrt ihn davor, untergeordneten Gesichtspunkten einen zu hohen Stellenwert beizumessen.
Die Einleitung erhält erst am Ende der Manuskriptbearbeitung ihre endgültige Fassung.

7.5.8 Zitate und Quellenangaben

Unter einem *Zitat* versteht man die wörtliche oder nicht-wörtliche (sinngemäße) Übernahme und Wiedergabe schriftlicher oder mündlicher Äußerungen anderer, deren Wortlaut an der Quelle überprüft sein und deren Fundstelle angegeben werden muss.
»Es ist ein Gebot wissenschaftlicher Redlichkeit, geistiges Eigentum Dritter durch genaue Angaben der Quellen oder Belege nachprüfbar zu machen. Eine Übernahme geistigen Eigentums, ohne zu zitieren, nennt man Plagiat« *(Hülshoff/ Kaldewey* 1984, 208). Bei größeren wissenschaftlichen Arbeiten gefährden Plagiate deren Anerkennung als ausreichende Prüfungsleistung (vgl. ebd.).
Wer in einer größeren Arbeit zu wenig zitiert, beweist nicht schon Kreativität; vielleicht hat er sich nur nicht gründlich in der einschlägigen Literatur umgesehen. Wer zuviel zitiert, muss nicht unbedingt belesen sein; vielleicht ist er nur zu bequem, das fremde Gedankengut produktiv zu verarbeiten, oder er wagt es nicht, zu eigenen Überlegungen und Schlussfolgerungen zu kommen.
Zitation und Quellenangabe haben bestimmten Regeln zu folgen.

7.5.8.1 Zitierschemata

Unter einem Zitierschema wird die Art und Weise der Quellenangabe eines Zitats verstanden.

In den geistes- und naturwissenschaftlichen Disziplinen sind unterschiedliche Verfahren üblich geworden. Außerdem hat sich auch bei uns zunehmend das in den U.S.A. gebräuchliche *Harvard-System* eingebürgert. Den Studierenden wird empfohlen, entweder dieses oder das geisteswissenschaftliche Zitierschema anzuwenden.

Zitate sind als solche zu kennzeichnen. Bei einem *wörtlichen* Zitat geschieht dies durch Einschluss des übernommenen Textes in *Anführungszeichen;* die *Quellenangabe* geschieht

entweder

durch die Nennung des Familiennamens des Verfassers, des Veröffentlichungsjahres und der Seite(n) *im fortlaufenden Text:*

Beispiel

»Sozialisation betrifft eine besondere Klasse von kulturellen Inhalten, nämlich die sozialen. Dabei handelt es sich im wesentlichen um die gesellschaftlich relevanten Werte und Normen, Wertorientierungen und Verhaltensweisen, Regeln und Rollen, wie sie in den Institutionen repräsentiert und in den verschiedensten Organisationen gelehrt und gelernt werden« (Kron 1988, 46).

oder

durch die Angabe der Fundstelle auf derselben Seite mittels einer *Fußnote,* die durch eine hochgestellte arabische Ziffer am Ende des Zitats angezeigt wird. Die Fußnote enthält:

– Vorname(n) des Verfassers,
– Familienname des Verfassers,
– Titel der Veröffentlichung (Untertitel können weggelassen werden), – Auflage der Veröffentlichung, wenn mehr als eine erschienen ist,
– Erscheinungsort (ist ein solcher nicht angegeben, wird dies durch die Buchstaben >o.O.< [ohne Ortsangabe] kenntlich gemacht),
– Erscheinungsjahr (ist dieses nicht angegeben, wird das Fehlen durch die Buchstaben >o.J.< [ohne Jahresangabe] vermerkt),
– Seitenzahl; erstreckt sich die zitierte Stelle über die folgende Seite, ist dies durch >f< (folgende Seite) zu kennzeichnen, bei mehreren folgenden Seiten wird die erste und letzte durch einen Bindestrich verknüpft; der Hinweis >ff.< (folgende Seiten) ist zu ungenau.

Beispiel

»Sozialisation betrifft eine besondere . . . und in den verschiedensten Organisationen gelehrt und gelernt werden.«[1]

---

1) Friedrich W. Kron: Grundwissen Pädagogik. München-Basel 1988, 46.

> **Das Harvard-System darf nur bei Titeln angewandt werden,
> die im Literaturverzeichnis aufgeführt sind.**

Sinngemäße Zitate werden lediglich durch die *Quellenangabe* ausgewiesen, eingeleitet mit dem Vermerk >*vgl.*< (vergleiche).

Beispiel

Sozialisation umfasst die sozialen unter den kulturellen Inhalten, näherhin die gesellschaftlich jeweils bedeutsamen Werte und Wertorientierungen, Normen und Regeln, Rollen und Verhaltensweisen, die von den gesellschaftlichen Institutionen repräsentiert und vermittelt werden. (Vgl. Kron 1988, 46.)

Sozialisation umfasst die sozialen unter . . . die von den gesellschaftlichen Institutionen repräsentiert und vermittelt werden.[1]

7.5.8.2 Regeln und Techniken des Zitierens

(1) Zitate müssen nach *Inhalt* und *Form* genau sein.
 – *Inhaltliche* Genauigkeit:
  Jedes Zitat muss seinen ursprünglichen Sinn behalten. Alle Veränderungen (Auslassungen, Ergänzungen, Erläuterungen, Anpassungen, Hervorhebungen) sind zu kennzeichnen (vgl. auch Regel 4);
 – *formale* Genauigkeit:
  Jeder zitierte Text ist in seiner Orthographie und Interpunktion genau wiederzugeben, selbst wenn sie veraltet oder nachweislich falsch sind.

(2) Zitate müssen *ermittelbar* sein.
 Zitieren aus »zweiter Hand« kann jedoch *notwendig* (Originaltext ist nicht zu beschaffen) oder *sinnvoll* sein (bei Verarbeitung eines umfangreichen Gegenstandsbereichs). Wer ein Zitat aus »zweiter Hand« übernimmt, muss kenntlich machen, welcher Text- oder Tonquelle er es entnahm. Dies geschieht durch den Zusatz >*zit. n.*< (zitiert nach) oder >*zit. in:*< (zitiert in).

(3) *Längere Zitate* sind im Text einzurücken und engzeilig zu schreiben.

(4) *Auslassungen* müssen kenntlich gemacht werden. Die Auslassung *eines Wortes* ist durch *zwei* Punkte, die Auslassung *mehrerer Wörter* durch drei Punkte anzuzeigen.
 – Wird beim Einfügen eines kürzeren Zitats in den eigenen syntaktischen Zusammenhang (in die eigene Satzbildung) der *Anfang* eines zitierten Satzes weggelassen, so geht das Einführungszeichen den drei Auslassungspunkten voraus:
  ». . . Luu luuu lu«, luuu.

---

1) Friedrich W. Kron: Grundwissen Pädagogik. München-Basel 1988, 46.

- Bei Auslassungen *im* zitierten Satz werden die drei Auslassungspunkte an der betreffenden Stelle gesetzt:
  »Luu luuu . . . lu lulu.«
- Bei Auslassungen am *Ende* eines zitierten Satzes steht das Ausführungszeichen vor dem den Satz schließenden Punkt:
  »Luu luuu lu . . . «.
- Bei der Auslassung eines *Satzendes* in einem Zitat von mehreren Sätzen wird nach den *drei* Auslassungspunkten und einem Leeranschlag ein *vierter* Punkt gesetzt:
  »Luu luuu lu . . . . Lu luuu lulu.«
- Ein ausgelassener *Satz* oder *mehrere* ausgelassene *Sätze* werden durch *drei Punkte in runden Klammern* gekennzeichnet:
  »Luu lu, luuu lu lulu. (. . .) Luuulu lulu luuu lu.«

(5) *Zusätze* des Zitierenden zum *Text des Zitats* (Ergänzungen bzw. Interpolationen) dienen der notwendigen oder sinnvollen *Erläuterung* oder der Anpassung an die Satzbildung des eigenen Textes.
- *Erläuterungen* werden nach Möglichkeit in *eckigen Klammern* eingefügt und mit dem Vermerk *[d. Verf.] (der Verfasser) versehen:*
  »*Der Verband [Caritas, d. Verf.] gründete bald darauf eine Fachschule für Sozialpädagogik.*«
- *Anpassungen* werden ohne Vermerk in *eckigen Klammern* eingefügt: Der Sozialarbeiter muss berücksichtigen, dass der Klient ». . . sich in einer persönlich recht quälenden Situation [befindet] oder in einer von der gesellschaftlichen Norm abweichenden und daher bedrohten Lage.«
- *Verschmelzungen,* d.h. die Veränderung einzelner Wörter in einem Zitat, die in die Satzbildung des eigenen Textes eingeschmolzen werden, werden nicht gekennzeichnet.
- *Hervorhebungen* in einem Zitat sind zulässig, müssen jedoch als solche in einer der folgenden Weisen gekennzeichnet werden:
  - (Hervorh. nicht i. Original) oder:
  - (Hervorh., d. Verf.) oder
  - (Hervorh., E.B.); die Buchstaben bedeuten die Initialen des Vor- und Nachnamens des Verfassers.
- Die *Nichtübernahme* von Hervorhebungen in einem Zitat muss ebenfalls angezeigt werden:
  - (Hervorh. nicht übernommen, d. Verf.) oder
  - (Hervorh. nicht übernommen, E.B.).

(6) *Zitate im zitiertem Satz:* Wird eine fremde Aussage zitiert, innerhalb derer wiederum ein Zitat steht, so ist dieses in *einfache Anführungszeichen* (=Apostrophzeichen) zu setzen:

»Der Begriff Sozialisation wird zum ersten Mal in der wissenschaftlichen Literatur
von Emile Durkheim (1858–1917) erwähnt. In den berühmten Vorlesungen über >Er-
ziehung, Moral und Gesellschaft< . . ., die er 1902/03 an der Sorbonne in Paris gehalten hat, heißt es, dass Erziehung (éducation) ein >socialisation méthodique<, also
ein stetiger Prozess sei, dem alle Menschen in jeder Gesellschaft unterzogen sind
und der geradezu als eine spezifische und spezielle kulturelle Erfindung der menschlichen Gesellschaft angesehen werden müsse, in dem sich die Gesellschaft selbst er-
halte« *(Kron 1988, 45).*

Zitate innerhalb von Zitaten müssen *nicht* identifiziert werden.

7.5.9 Zusammenfassung/Ergebnisse

Eine Diplomarbeit, die mit dem letzten Satz des letzten Kapitels abrupt ab-
bricht, ist unvollständig. Wie die Einleitung in die Thematik und den Gang der
Darstellung einführt, so sollte der Verfasser in den *Schlussgedanken* noch einmal auf das Vorhaben zurückblicken, um Bilanz zu ziehen. In geraffter Form
sollte er gewonnene Erkenntnisse und Untersuchungsergebnisse vorstellen.
Auch verlangt die Frage, ob das mit dem Thema gesteckte Ziel erreicht wurde,
eine selbstkritische Antwort. Nicht selten zeigen sich erst im Verlauf der Bearbeitung neue Gesichtspunkte und Probleme. Auch sie gehören ins Resümee
einer größeren wissenschaftlichen Arbeit, bilden sie doch oft die Ausgangsba-
sis für weiteres Nachdenken und Forschen.
Und: Warum sollte jemand, der sich mit einem Thema übernommen hat, dieses
nicht eingestehen? Wer einmal ein größeres wissenschaftliches Vorhaben ins
Werk setzte, weiß, dass man am Ende klüger ist als am Anfang. Eigentlich sollte er *jetzt* beginnen können! Da dies jedoch nicht möglich ist, könnten die
Schlussgedanken ausmünden in eine Exposé, in einen Entwurf der Arbeit, wie
der Verfasser sie jetzt schreiben würde.

7.5.10 Anmerkungen

Die Fußnoten enthalten auch die sogenannten *Anmerkungen.* Darunter versteht man Hinweise, die nur in einem *mittelbaren Bezug* zum Text stehen, seine
Lesbarkeit stören würden, aber dennoch aus verschiedenen Gründen notwendig sein können:

– Als *Ergänzung* enthalten Anmerkungen z.B. Hinweise auf weiterführende
  Literatur, kontroverse Standpunkte, Diskussionen in der Literatur, einführende Werke.
– Als *Erläuterung* dienen sie z.B. der Begriffsklärung, dem besseren Verständnis zitierter Textstellen, der Differenzierung von Aussagen.
– Als *Querverweise geben* Anmerkungen Hinweise auf einschlägige Ausführungen, Begriffsklärungen, Skizzen u.ä. im eigenen Text.

Solche Querverweise lassen sich auch, in Klammern gesetzt, *in den fortlaufenden Text* einfügen.

Noch einige formale Hinweise zu den Quellenangaben und Anmerkungen in den Fußnoten:

1. Wiederholtes Zitieren
   - Bei *wiederholtem* Zitieren *desselben Autors* empfiehlt sich eine *verkürzte* Fußnotenangabe; auf den Namen des Autors (Vornamen nur mit dem Anfangsbuchstaben) folgt der Verweis auf das zitierte Werk mit der Abkürzung *>a.a.O.<* (am angegebenen Ort) und die Seitenzahl:
   F. W. Kron, a.a.O., 292.
   - Zitiert man aus *mehreren Werken desselben Autors,* kürzt man den Literaturverweis nach der ersten vollständigen Fußnotenangabe ab, z.B.:
   F. W. Kron, Grundwissen, 292.
   - Zitiert man *mehrmals* aus *derselben Seite,* genügt die Abkürzung *>ebd.<* (ebenda) ohne Seitenangabe:
   F. W. Kron, ebd.
2. Nummerierung von Quellenangaben und Anmerkungen
   Es bieten sich drei Möglichkeiten an.
   - *Durchlaufende* Nummerierung:
   Die Fußnoten werden von der ersten bis zur letzten Seite durchnumeriert.
   Dies ist nur bei umfangmäßig kleinen Arbeiten zu empfehlen.
   - *Kapitelweise* Nummerierung:
   Die Fußnoten werden fortlaufend für die einzelnen Kapitel durchnumeriert.
   - *Seitenweise* Nummerierung:
   Quellenangaben und Anmerkungen werden auf jeder Seite von 1 an neu durchnumeriert.
   Die seitenweise Nummerierung ist jedoch nur bei einer großen Anzahl von Verweisen sinnvoll.
3. *Alle Angaben in den Fußnoten* enden mit einem *Punkt.*
4. Es ist auch möglich, Quellenangaben und Anmerkungen nicht als Fußnoten anzuführen, sondern in einem eigenen *Anmerkungsteil* unterzubringen, der unmittelbar auf den Text der Arbeit folgt.
   Es sei jedoch darauf hingewiesen, dass Fußnoten den *Lesefluss* erleichtern.
5. Wer beim Zitieren das *Harvard-System* bevorzugt, ist gehalten, noch notwendig werdende *Anmerkungen* entweder als Fußnoten oder in einem eigenen Anmerkungsteil unterzubringen.

Hinweis: Zur Form der *Quellenangabe* bei Werken von mehreren Autoren, Zeitschriftenaufsätzen, Beiträgen aus Sammelwerken und Zeitungsartikeln vgl. 7.5.11.

7.5.11 Literaturverzeichnis

Das Literaturverzeichnis muss alles Material enthalten, das zur Erstellung einer wissenschaftlichen Arbeit herangezogen wurde (nicht jedoch alle Veröffentlichungen, die ein Studierender im Laufe seines Studiums gelesen hat).

Die Angaben müssen vollständig sein, dass heißt, der Leser muss sich anhand der *Titelangabe* das Material beschaffen können. Die *grundsätzlich* und *allgemein* für eine *Literaturquelle* erforderlichen *Angaben* wurden bereits gemacht. Im folgenden sollen die Titelangaben für die verschiedenen Veröffentlichungsarten vorgestellt werden.

Bücher

– Ein Verfasser
1. Familienname d. Verf.
2. Vorname(n) d. Verf.
3. Buchtitel mit Untertitel
4. Erscheinungsort
5. Auflage (ab 2. Aufl.)
6. Erscheinungsjahr

Gadamer, Hans-Georg: Lob der Theorie. Reden und Aufsätze. Frankfurt a.M., 3. Aufl. 1991.

– Zwei Verfasser (oder mehr)
1. Familienname des ersten Verf.
2. Vorname(n) des ersten Verf.
3. Familienname des zweiten Verf.
4. Vorname(n) des zweiten Verf. (weitere Angaben wie zuvor)

Revers, Wilhelm J./Fürst, Carl G.: Ehe als Stand und als Prozess. Zur Diskussion über den Ehekonsens. Salzburg 1976.
Ebenso verfährt man bei drei Verfassern.

– Mehr als drei Verfasser
Hat ein Buch mehr als drei Verfasser, so wird nur der im Alphabet erste genannt, die weiteren durch den Hinweis >*u.a.*< (und andere) angezeigt:
Eppler, Erhard u.a.: Überleben wir den technischen Fortschritt? Freiburg i.Br. 1973.
– Ein Verfasser ist Herausgeber
Die Herausgeberschaft eines Buches wird durch den Zusatz >*Hrsg.*< oder >*Hg.*< in Klammern angezeigt:
Pöppel, Karl Gerhard (Hg.): Das Bild des Menschen in der Wissenschaft. Hildesheim – New York 1978.

Wichtig: Handelt es sich um eine *veränderte Auflage,* so ist dies anzugeben, z.B. *>aktual.<* (aktualisierte), *>erg.<* (ergänzte), *>erw.<* (erweiterte), *>überarb.<* (überarbeitete) . . . *Aufl.*

Peterssen, Wilhelm H.: Lehrbuch Allgemeine Didaktik. München, 4., überarb. u. erw. Aufl. 1994.

Aufsätze aus Zeitschriften

1. Familienname d. Verf.
2. Vorname(n) d. Verf.
3. Titel des Aufsatzes
4. Name der Zeitschrift unter Voranstellung des Hinweises *>in<*
5. Jahrgangsnummer
6. Erscheinungsjahr in Klammern
7. Seitenangabe

Prange, Klaus: Was muss man wissen, um erziehen zu können? Didaktisch-theoretische Voraussetzungen der Professionalisierung von Erziehung, in: Vierteljahresschrift für wissenschaftliche Pädagogik 74 (1998) 39–50.

Beiträge aus Sammelwerken, Festschriften u.ä.

1. Familienname d. Verf.
2. Vorname(n) d. Verf.
3. Titel des Beitrags
4. Titel des Sammelwerks unter Voranstellung des Hinweises *>in<*
5. Name des/der Herausgeber(s), eingeleitet durch *>hrsg.* (herausgegeben) *von<* oder ergänzt durch *>Hg.)<*
6. ggf. Angabe des Bandes
7. ggf. Auflage
8. Erscheinungsort
9. Erscheinungsjahr
10. Seitenangabe

Heitger, Marian: Der Mensch in der Pädagogik. Pädagogik zwischen Humanisierung und Funktionalisierung, in: Menschwerden – Menschsein. Im Auftrag des Direktoriums der Salzburger Hochschulwochen hrsg. von Paulus Gordan. Kevelaer und Graz – Wien – Köln 1983, 201–254.

Artikel aus Zeitungen

1. Familienname d. Verf.
2. Vorname(n) d. Verf.
3. Titel des Artikels

4. Name der Zeitung unter Voranstellung des Hinweises >*in*<
5. Nummer der Ausgabe
6. >vom<
7. Datum
8. (Seitenangabe nicht unbedingt erforderlich)

Koenen, Gerd: Das absolute Böse und die ganz normalen Täter. Die Vergleichbarkeit des Unvergleichbaren: Warum Stalinismus und Nazismus doch nicht über einen Kamm zu scheren sind, in: Frankfurter Allgemeine Zeitung (oder: F.A.Z.) Nr. 287 vom 10. 12. 1997, 43.

Promotions- und Habilitationsschriften

1. Familienname d. Verf.
2. Vorname(n) d. Verf.
3. Titel der Arbeit
4. Hochschulort
5. Art der Schrift
   (>*Diss.*< oder>*Habil.-Schr.*<)
6. Jahr

Bender, Hans Günter: Die Helfende Beziehung. Ein Beitrag der »Anthropologie der Relationalität« zum Verständnis des Wesens von Beratung unter besonderer Berücksichtigung von Martin Buber und Carl R. Rogers. Bonn, Diss. 1980.

Texte aus dem Internet

Mit dem Anwachsen wissenschaftlicher Veröffentlichungen im Internet stellt sich auch die Frage nach der Art und Weise des Zitierens. Verbindliche Regeln gibt es bislang noch nicht, jedoch brauchbare Vorschläge.
Im Gegensatz zu gedruckten Werken bedarf es bei Veröffentlichungen im Internet keiner umfangreichen bibliografischen Angaben. Wer den ULR (Universal **R**esource **L**ocator) kennt, also die Adresse eines Objekts im Internet, seien es Webseiten, Dateien, E-Mail-Adressen, findet auch den Text. Wegen der besonderen Dynamik des Internet und dem häufigen Wechsel des ULR empfiehlt es sich jedoch, jeweils das Datum des Abrufs in Klammern anzugeben.
Folgender Modus könnte sich vielleicht durchsetzen:

1. Familienname d. Verf.
2. Vorname(n) d. Verf.
3. Titel des Beitrags
4. ULR (Abfragedatum)

Philosophisch-Politische Akademie e. V. (Hg.): Das Sokratische Gespräch.
http://members.aol.com/ppaev/SokrGespr.html (06. 10. 1999)

Da im vorliegenden Beispiel der Name des Autors bzw. der Autoren nicht genannt ist, tritt die Akademie als Herausgeberin an ihre Stelle.
(Vgl. *Diepold/Tiedemann* 1999, 93.)

Für die *Anlage* eines Literaturverzeichnisses bieten sich folgende *Ordnungsmöglichkeiten* an:

- Alphabetische Anordnung nach Verfassern,
- kapitelweise alphabetische Anordnung nach Verfassern,
- Einteilung nach Büchern und Aufsätzen (in Zeitschriften, Sammelwerken
  und Zeitungen),
- Einteilung nach Quellen (z.b. Akten, Tagebücher von Jugendlichen, Interviews mit Adressaten) und wissenschaftlicher Literatur.

Bei der Zusammenstellung des Literaturverzeichnisses müssen folgende Kriterien berücksichtigt werden:
Richtigkeit: Die Literaturangaben müssen fehlerfrei sein;
Vollständigkeit: Alle Informationen, die zur Identifizierung der angegebenen
Quelle notwendig sind, müssen angegeben werden;
Übersichtlichkeit: Das Literaturverzeichnis muss nach einem der aufgeführten
Ordnungssysteme angelegt werden;
Einheitlichkeit: Die Aufeinanderfolge der einzelnen Elemente der Titel muss
einheitlich sein. (Vgl. *Hülshoff/Kaldewey* 1984, 207.)

Beispiel:

Döring, Klaus W.:	Lehren in der Erwachsenenbildung. Weinheim – Basel 1983.
Müller, Kurt R. (Hg.):	Kurs- und Seminargestaltung. Ein Handbuch für Dozentinnen und Kursleiter. Donauwörth 1983.
Peterssen, Wilhelm H.:	Lehrbuch Allgemeine Didaktik. München 1983.
Schäffter, Ortfried:	Veranstaltungsvorbereitung in der Erwachsenenbildung. Bad Heilbrunn 1984. (Theorie und Praxis der Erwachsenenbildung)

7.5.12 Anhang

In den Anhang gehören *Materialien,* die im Text Dargestelltes veranschaulichen, z.b. Heimordnungen, Anzeigen und Einladungen zu einer sozialpädagogischen Maßnahme, Programme von Veranstaltungen, Kinderzeichnungen,
Zeitungsausschnitte, Bild-Dokumente einer Ausstellung.

Die Blätter sind zu beziffern:
Anhang 1; Anhang 2 . . . usf. Im Text ist darauf wie folgt zu verweisen: (Vgl.
Anhang 1.).

Tabellen und Abbildungen gehören in den Text

- Jede Tabelle ist mit einer *Überschrift* zu versehen, aus der erkennbar ist, was sie in sachlicher, zeitlicher und räumlicher Hinsicht enthält.
- Die Tabellen werden *durchnumeriert* und in einem Verzeichnis zusammengestellt. Das *Verzeichnis* gehört in den Anhang.
- Tabellen sind stets einzurahmen.
- Tabellen und Abbildungen, die der *Literatur entnommen* sind, werden mit einer *Quellenangabe* versehen: bei *Tabellen* als *Über*schrift (Tab. 1 . . .), bei *Abbildungen* als *Unter*schrift (Abb. 1 . . .).

Wichtiger Hinweis

Der Text einer wissenschaftlichen Arbeit muss nach

- **Orthographie (Rechtschreibung),**
- **Interpunktion (Zeichensetzung) und**
- **Syntax (Satzbau)**

richtig sein.
Wer sich darin nicht sicher fühlt, sollte auf alle Fälle jemanden bitten, das Manuskript der Arbeit daraufhin durchzusehen und zu korrigieren.

8. Planung und Durchführung eines Projekts

Hans Gerhard Stockinger

Zur Einführung

In den bisherigen Kapiteln haben wir verschiedene Arbeitstechniken kennen gelernt, die uns im Studium und bei der täglichen Arbeit helfen und entlasten können. Jede Arbeitstechnik, jede Arbeitsform und jeder Hinweis zur Motivation kann von den Lesern bei ihrer Arbeit nach Bedarf eingesetzt werden. Das folgende Kapitel gibt Hinweise zur Bewältigung eines größeren, in sich geschlossenen Arbeitsvorhabens, das wegen seiner Komplexität eine Sonderstellung in unserer Arbeit einnimmt. Ein solches Projekt ist nichts anderes als der Gebrauch mehrerer Arbeitsformen und -techniken in einem genau abgestimmten Zusammenspiel. Deshalb begegnen uns in diesem Kapitel bereits bekannte Hilfen, die in den Zusammenhang mit einem Projekt gestellt, aber nicht mehr einzeln erläutert werden.

Zur Orientierung

Im Folgenden geht es um die Punkte:

- Lernen, ein größeres Arbeitsvorhaben systematisch zu planen und durchzuführen;
- Kennenlernen der verschiedenen Projektphasen;
- Lernen, wie man eine Diplomarbeit erstellt;
- Kennenlernen der Planung einer Wochenendveranstaltung.

8.1 Projekt als größeres Arbeitsvorhaben

8.1.1 Begriff

Ein Projekt ist ein zielorientiertes Vorhaben mit einem definierten Beginn und einem definierten Ende. Nach der DIN-Norm 69901 (Deutsches Institut für Normung 1980) ist ein Projekt ein »Vorhaben, das im Wesentlichen durch Einmaligkeit der Bedingungen in ihrer Gesamtheit gekennzeichnet ist, wie z.B.

- Zielvorgabe
- zeitliche, finanzielle, personelle oder andere Begrenzungen
- Abgrenzung gegenüber anderen Vorhaben
- projektspezifische Organisation«.

Ein Projekt ist demnach ein *einmaliges Vorhaben,* das über die in der Definition genannten Merkmale hinaus noch gekennzeichnet ist von Komplexität, Produkt- und Handlungsorientierung und gegebenenfalls Interdisziplinität. Deshalb erfolgt die Projektarbeit in der Regel in einer Gruppe (vgl. auch Kap. 2).

In Industrie und Wirtschaft dient ein Projekt beispielsweise zur Einführung eines neuen Produkts, zur Bewältigung eines größeren Bauvorhabens oder zur Einrichtung eines neuen Werkes oder einer Werkhalle. Aber auch in der sozialen Arbeit begegnen uns von der üblichen Routine abweichende größere Arbeitsvorhaben, die durchaus als Projekt bezeichnet werden können. Beispiele hierfür sind:

Planung und Durchführung

- einer mehrwöchigen Ferienfreizeit,
- eines Tages der offenen Tür,
- einer Pressekonferenz mit Vorstellung unserer Einrichtung und Arbeit,
- einer Wochenendfortbildungsveranstaltung,
- eines Forschungsprojekts zur Ermittlung der Freizeitwünsche und -bedürfnisse von Kindern und Jugendlichen in einer Stadt,
- der Einrichtung einer neuen Tagesstätte oder eines neuen Wohnheims.

Im Studium ist die *Diplomarbeit* das klassische Beispiel für ein Projekt: Innerhalb einer bestimmten Zeit müssen wir uns mit einem bestimmten Thema auseinandersetzen, das in der Regel von hoher Komplexität und großer Bedeutung für das gesamte Studium ist und für den Bearbeiter eine neue Herausforderung darstellt.

8.1.2 Projektphasen

Um das vorgegebene Ziel eines Projekts zu erreichen, ist es notwendig, das gesamte Projekt in verschiedenen Phasen zu untergliedern. Jede Projektphase stellt ein Teilziel dar, dessen Erfüllung notwendig ist, um das Gesamtziel zu erreichen. So wird das Projekt übersichtlicher und kann leichter – eventuell auch in Zusammenarbeit mit anderen – bewerkstelligt werden.
Die einzelnen Projektphasen sind:

- Projektauslösung
- Projektplanung
- Projektdurchführung
- Projektauswertung.

Die erste Phase der *Projektauslösung* kommt in der Regel nur bei Projekten in der Praxis zum Tragen, da diese Phase bei der Diplomarbeit auf die Verpflichtung, gemäß Studienordnung eine solche Abschlussarbeit zu verfassen, reduziert ist. In der Praxis ist die Projektauslösungsphase die Zeitspanne vom Erkennen eines Problems und dem Einsehen, eine Lösung zu erarbeiten, bis hin zur Entscheidung, dass ein Projekt zur Problemlösung geplant und durchgeführt werden soll.
Dabei kann die Problemerkennung gezielt durch eine Schwachstellenanalyse – eine Schwachstellenanalyse ist eine systematische Prüfung zur Erkennung

von organisatorischen Problemen – oder durch Problemerkennungstechniken ermittelt werden.

Hierbei unterscheidet man *positive* und *negative Problemerkennung*. Bei der *negativen Problemerkennung* tritt das Problem dadurch zutage, dass zwischen dem zur Zeit bestehenden Zustand (Ist) und dem gewünschten Soll eine negative Abweichung besteht. Ein Beispiel mag dies verdeutlichen: In einer Wohngruppe der Lebenshilfe für Behinderte sind sieben Plätze in Einzelzimmern vorhanden. Mittlerweile wohnen aber bereits zwölf Behinderte in dieser Gruppe. Das Ist (zwölf Bewohner) weicht daher erheblich vom Soll (sieben Plätze) ab. Das erkannte Problem der Überbelegung und die erforderlichen Maßnahmen zu dessen Beseitigung können Gegenstand eines Projektes sein. Bei der *positiven Problemerkennung* ergibt sich das Problem dadurch, dass das bisherige Soll aufgegeben und durch ein neues Soll ersetzt wird. Als Beispiel sei hier ein Jugendgästehaus eines freien Trägers angeführt, das wegen mangelnder Belegung in den letzten Jahren in ein Heim für in der Ausbildung befindliche Jugendliche mit den erforderlichen Unterrichtsräumen umgewandelt werden soll.

In derPhase der Projektauslösung schließt sich an die Problemerkennung die *Problemanalyse* an, da bei der Problemerkennung häufig nur die Auswirkungen und nicht die Ursachen eines Problems gesehen werden. Schwerpunkt der Problemanalyse ist es deshalb, die Ursachen eines Problems zu erforschen und diese Erkenntnisse für die Problemlösung nutzbar zu machen.

Die zweite Phase der *Projektplanung* beinhaltet die vorausschauende Festlegung der Projektdurchführung. Als Voraussetzungen hierfür gelten (nach *Steinbuch* 1997, 75f.):

– Das Vorhandensein einer Problemanalyse, die das erkannte Problem beschreibt und über alle wesentlichen Problemgegebenheiten Aussagen macht.
– Vorgabe – zumindest jedoch Formulierung – von Aufgaben und Zielen des Projekts, damit die Projektplanung entsprechend vorgenommen werden kann.
– Erarbeitung eines Konzepts.
– Die Bedingungen, unter denen die Projektdurchführung erfolgen soll, müssen bekannt sein.
– Mitarbeiter für die Ausarbeitung der Projektplanung müssen vorhanden sein.

Nach dem Vorliegen der genannten Voraussetzungen werden dann zunächst die Aufgaben und Ziele des Projekts in *Teilaufgaben* und *Teilziele* zerlegt und deren folgerichtiger Ablauf festgelegt.

Als Beispiel soll ein Projekt dienen, das den Bedarf an Freizeitmöglichkeiten für Kinder und Jugendliche in einer kreisfreien Stadt ermitteln soll. Das Ziel »Ermittlung des Bedarfs an Freizeitmöglichkeiten« wird in Teilziele zerlegt, die dann auch konkrete Aufgaben beinhalten. Teilziele können sein:

- Ermittlung der vorhandenen Freizeitmöglichkeiten,
- Ermittlung der Interessen von Kindern und Jugendlichen bezüglich ihrer Freizeitgestaltung,
- Ermittlung des Bedarfs an neuen Freizeitmöglichkeiten,
- Darstellung konkreter Angebote für neue Freizeitmöglichkeiten.

Als Teilaufgaben zur Umsetzung dieser Teilziele ergeben sich im genannten Beispiel folgende Möglichkeiten:

- Sichten der vorhandenen Unterlagen über derzeit bestehende Möglichkeiten zur Freizeitgestaltung,
- Erarbeiten von Befragungsmethoden zur Ermittlung vorhandener Freizeitmöglichkeiten (Fragebogen, Interviews),
- Erarbeiten von Befragungsmethoden zur Ermittlung der Interessen von Kindern und Jugendlichen bezüglich ihrer Freizeitgestaltung,
- Auswertung der durchgeführten Befragungen,
- Darstellung neuer Freizeitmöglichkeiten.

Jetzt werden das zur Durchführung des Projekts erforderliche Personal und die zur Bearbeitung erforderliche Zeit ermittelt. Stehen mehrere Mitarbeiter zur Durchführung des Projekts zur Verfügung, so bilden sie eine Projektgruppe, die von einem Projektleiter, der auch die Verantwortung für das gesamte Projekt trägt, geführt wird. Insbesondere muss geprüft werden, ob die benötigten Mitarbeiter bereits beim Träger, der ein Projekt durchführen will, beschäftigt sind oder ob gegebenenfalls Neueinstellungen – auch von ehrenamtlich oder nebenamtlich Tätigen – vorgenommen werden müssen.

Falls die Dauer eines Projekts nicht bereits vom Auftraggeber vorgegeben ist, muss sie jetzt ermittelt werden. Innerhalb dieses feststehenden Zeitraums sind auch für die einzelnen Teilziele und -aufgaben feste Zeiten einzuplanen. Für diese Planung unterscheiden wir die *progressive Terminierung* – auch *Vorwärtsterminierung* genannt – und die *retrograde Terminierung* – auch als *Rückwärtsterminierung* bezeichnet. Die progressive Terminierung geht vom Beginn der Projektdurchführung aus und terminiert die einzelnen Teilaufgaben in die Zukunft hinein. Die retrograde Terminierung geht dagegen vom Ende der Projektdurchführung aus und plant rückwärts in Richtung Gegenwart. Zur besseren Verdeutlichung der *Terminplanung* wird eine graphische Darstellung der gesamten Projektdurchführung und der darin enthaltenen Teilaufgaben erstellt. (Vgl. hierzu das in 8.2 dargestellte Beispiel der Terminplanung einer Diplomarbeit.)

Im nächsten Schritt sind die zur Durchführung des Projekts erforderlichen *Sachmittel* festzulegen. Dies können beispielsweise sein: Arbeitsräume, Büromöbel, Büromaschinen, EDV-Anlagen und die Standardarbeitsmittel wie Schere, Stempel oder Formulare.

Es folgt die *Ermittlung der Kosten,* die bei der Durchführung des Projekts entstehen. Projektkosten sind – dem Selbstverständnis eines Projekts entsprechend – in der Regel einmalige Kosten. Zu unterscheiden:

- Personalkosten für das im Projekt eingesetzte haupt-, neben- oder ehrenamtliche Personal,
- Materialkosten der eingesetzten Sachmittel,
- Fremdleistungskosten, wenn solche in Anspruch genommen werden müssen (z.b. Kosten einer EDV-Auswertung oder einer Meinungsumfrage außerhalb der Einrichtung),
- gegebenenfalls Kapitalkosten, wenn Kapitalgüter eingesetzt werden (Abschreibungen, Zinsen, kalkulatorische Mieten).

Es ist wichtig, den gesamten Verlauf des Projekts zu dokumentieren und die Form der Veröffentlichung des *Projektergebnisses* bereits in der Planungsphase festzulegen. Üblicherweise werden zur *Projektdokumentation* schriftliche Protokolle der einzelnen Arbeitsschritte und deren Ergebnisse gefertigt. Hinzukommen können auch noch mit Tonband oder Video festgehaltene akustische oder optische Ergebnisse der Projektarbeit.

Bei der dritten Phase, *Durchführung des Projekts,* also der eigentlichen Projektarbeit und somit auch der längsten Phase, ist darauf zu achten, dass die festgelegte Projektplanung auch eingehalten wird. Dies gilt sowohl für den zeitlichen Ablauf als auch für die Sach- und Personalmittel.

Es empfiehlt sich, bei der Projektdurchführung auch Mitarbeiter und Vorgesetzte, die nicht unmittelbar am Projekt beteiligt sind, über dessen Fortlauf zu informieren, falls und soweit dies die Aufgabenstellung des Projekts zulässt.

Im Rahmen einer *Projektkontrolle,* die parallel zur Projektdurchführung erfolgt, wird festgestellt, ob die festgesetzten Teilziele auch eingehalten werden. Sollte sich eine Abweichung ergeben, die aus nicht vorhergesehenen Teilergebnissen resultiert, sind die folgenden Teilziele und -aufgaben entsprechend zu ändern und den neu gewonnenen Erkenntnissen anzupassen.

Die vierte und letzte Phase stellt die *Auswertung des fertigen Projekts* dar. Es wird festgestellt, ob das gesteckte Projektziel erreicht wurde und welche Ursachen gegebenenfalls für die Nichterreichung vorliegen. Der Ablauf des Projekts wird überprüft und Schwierigkeiten bei der Durchführung analysiert. Die Auswertung ist somit eine Reflexion des gesamten Projekts.

8.2 Die Diplomarbeit als Beispiel eines wissenschaftlichen Projekts

Die Diplomarbeit wurde als Beispiel für ein wissenschaftliches Projekt herangezogen, weil jeder Student bei Studienabschluss verpflichtet ist, diese Arbeit anzufertigen. Auch jeder, der bereits als Sozialarbeiter oder Sozialpädagoge tätig ist, wird sich an seine eigene Diplomarbeit erinnert fühlen und sie mit dem vorgeschlagenen Beispiel vergleichen können.

Die Phase der Projektauslösung fällt – wie bereits oben erwähnt – bei einer Diplomarbeit weg, da sich ihre Notwendigkeit aus der jeweiligen Studienordnung ergibt. Auch die abschließende Projektphase der Projektauswertung fällt bei einer Diplomarbeit nicht an, da dies den Prüfern überlassen bleibt. Allenfalls könnte eine intensive Besprechung der Arbeit mit ihnen nach der Notengebung eine Art Projektauswertung oder -reflexion darstellen.

8.2.1 Projektplanung

8.2.1.1 Themenwahl

Die Themenwahl steht am Beginn einer jeden Diplomarbeit, sofern das Thema von der Hochschule nicht zugeteilt oder ausgelost wird. Für die Themenwahl gelten folgende *Grundregeln:*

– Der Autor muss Interesse am Thema haben.
– Der Autor sollte sich mit der grundsätzlichen Fragestellung des Themas schon einmal beschäftigt haben. Eine zu starke persönliche Identifikation des Autors mit dem Thema ist jedoch eher ein Hemmschuh für eine wissenschaftliche Arbeit.
– Das für die Arbeit benötigte Material muss zugänglich oder zumindest leicht beschaffbar sein.
– Das Material muss sich mit den dem Autor zur Verfügung stehenden Mitteln bearbeiten lassen. Umfangreiche Meinungsumfragen im Rahmen einer Diplomarbeit sprengen deren Rahmen ebenso wie bei manchen Themen erforderliche fremdsprachige Literatur, die der Autor mangels Sprachkenntnissen nicht bearbeiten kann.
– Der Autor muss die gewählten Arbeitsmethoden bereits vor Beginn der Arbeit beherrschen. Eine in erster Linie empirisch angelegte Arbeit erfordert schon vor der Bearbeitung Kenntnisse im Umgang mit den Methoden der empirischen Sozialforschung.

Bei konsequenter Anwendung dieser Grundregeln liegt als Zwischenergebnis jetzt ein Thema im Umriss vor, das nach einer *Themenreflexion,* die den Abschluss der Themenwahl bildet, zu einem konkret gefassten Arbeitstitel wird. Hierbei soll geprüft werden,

– welche Anforderungen sich aus dem Thema für den Bearbeiter ergeben,
– welche Fragen der Autor in der Arbeit beantworten will,
– welche wissenschaftliche, gesellschaftliche und aktuelle Bezüge das Thema hat,
– welche Konsequenzen sich aus dem Thema für die Methoden der Bearbeitung ergeben und
– welche konkreten Vorkenntnisse der Autor wirklich zum Thema hat.

8.2.1.2 Kostenplanung

Nach der Themenwahl sollte gleich eine Kostenrechnung ermittelt werden, da sich aufgrund der begrenzten Mittel, die in der Regel einem Studenten zur Verfügung stehen, Konsequenzen für das Thema ergeben können, das zu diesem Zeitpunkt noch geändert und dem tatsächlichen Kostenrahmen angepasst werden kann. Folgende Kosten sind hierbei zu berücksichtigen:

- Materialbeschaffung (Buchanschaffungen, Kopierkosten, Gebühren für externe Recherchen, Büromaterial),
- Kommunikation (Porto, Telefon, Reisen),
- EDV-Auswertung einer Umfrage,
- Schreibarbeiten für die Reinschrift,
- Druck oder Vervielfältigung und Bindearbeiten.

8.2.1.3 Zeitplanung

An dieser Stelle ist eine sorgfältige Zeitplanung für die Erstellung der Arbeit erforderlich, die die einzelnen Arbeitsschritte der Projektdurchführung aufeinander abstimmt. Hierdurch wird auch erreicht, dass schon während der Bearbeitung eine Kontrolle über die Einhaltung der Teilziele der einzelnen Schritte erfolgen kann.

Bei der Aufstellung eines Zeitplans sollte von realistischen Vorgaben über die dem Bearbeiter wirklich zur Verfügung stehende Zeit ausgegangen werden. Beschränkungen innerhalb der Bearbeitung können sein:

- Tage, an denen die Bibliothek gar nicht oder nur halbtags geöffnet ist (Sonn- und Feiertage, Samstage oder andere Tage mit beschränkten Öffnungszeiten);
- Vorlesungs- oder Seminartermine, da die Diplomarbeit meistens in den letzten Semestern parallel zum Studium verfasst wird;
- voraussichtliche Verpflichtungen außerhalb der Hochschule (Ferienfreizeiten, Familienfeiern oder Jobs zum Geldverdienen).

Der Zeitplan sollte in graphischer Form angelegt und an gut sichtbarer Stelle in der Nähe des Arbeitsplatzes aufgehängt werden. Bereits erledigte Vorgänge können zur besseren Motivation der weiteren Arbeit abgehakt werden. Als Beispiel soll der folgende Zeitplan für eine Diplomarbeit mit dreimonatiger Bearbeitungszeit dienen:

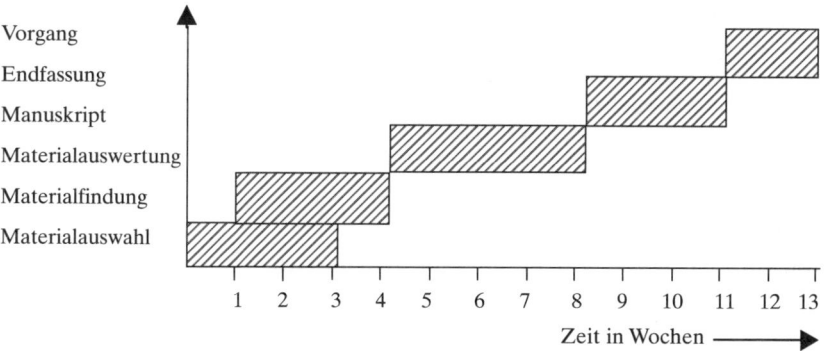

8.2.2 Projektdurchführung

8.2.2.1 Materialfindung

Mit der Materialfindung erfolgt der Einstieg in die eigentliche Arbeit. Zweckmäßigerweise beginnt man, sich in Nachschlagewerken und Lexika zunächst einen Überblick über das zu bearbeitende Thema und die dort vorhandene Literatur zu schaffen. Die hier gefundenen Erkenntnisse werden dann im Sach- und Autorenkatalog der Bibliothek erweitert. Zur Literatursuche empfiehlt sich auch das Schneeballsystem (vgl. Kap. 7.3.2.4).

Vom Thema der Diplomarbeit hängt es ab, ob der Autor über Literatur hinaus noch weiteres Material benötigt. In Frage kommen hier beispielsweise unveröffentlichte Meinungsumfragen, Dokumente aus Archiven, Filme, Tonbandaufzeichnungen oder Videobänder, die bei den entsprechenden Stellen angefordert werden können.

Das gefundene Material muss überprüft werden, ob es für die zu erstellende Arbeit verwendet werden kann. Hierfür werden die in Kapitel 7.1.2 empfohlenen Prüfungsschemata verwendet.

Als *Ergebnisse* dieser Phase der Materialfindung und Materialauswertung bestehen jetzt:

- Eine *Literaturliste,* in der die gefundene Literatur aufgeführt ist;
- eine *Verfasserkartei* (vgl. Kap. 7.4.2.2), in der die für die weitere Arbeit erforderlichen Bücher und Aufsätze erfasst sind.

8.2.2.2 Materialauswertung

Das gefundene und für die Arbeit brauchbare Material muss systematisch ausgewertet werden (vgl. hierzu Kapitel 7.4). Ergebnisse dieser Arbeitsphase sind:

- *Exzerptkarten,* auf denen einzelne Literaturstellen vermerkt sind;
- eine vorläufige *Gliederung.*

Die Gliederung ist der rote Faden des zu erstellenden Werkes. Sie bietet das Gerüst für die weitere Arbeit und zwingt den Verfasser, folgerichtig vorzugehen. Als Grundregel gilt: Je differenzierter die Gliederung erstellt wird, desto einfacher ist dann die Manuskripterstellung. Der Gliederungsprozess sollte weitgehend parallel zur Materialauswertung erfolgen, da gerade in dieser Arbeitsphase eine sehr intensive Auseinandersetzung mit dem gewählten Thema stattfindet. (Zum formalen Gliederungsaufbau siehe Kapitel 7.5).

8.2.2.3 Manuskript

Mit der Erstellung des Manuskripts beginnt die Arbeit, langsam konkrete Formen anzunehmen. Je nach Möglichkeit und Fähigkeit des Autors kann das »Manuskript« hand- oder maschinenschriftlich erstellt werden. Es ist aber darauf zu achten, dass ein handschriftliches Manuskript dann zu Schwierigkeiten führen kann, wenn die maschinenschriftliche Endfassung von einer fremden Person erstellt werden soll, für die die Handschrift des Autors neu und vielleicht auch – zum Teil – unleserlich ist.

Unabhängig von der hand- oder maschinenschriftlichen Erstellung des Manuskripts sollten folgende Grundsätze beachtet werden:

– Nur DIN-A4-Blätter verwenden;
– die Blätter nur einseitig beschreiben;
– genügend Rand für Korrekturen und Ergänzungen lassen;
– Zitate sind bereits im Manuskript aufzunehmen;
– für Fußnoten sollte ein entsprechender Raum vorgesehen werden.

8.2.2.4 Endfassung

Wenn das Manuskript inhaltlich und stilistisch überarbeitet wurde, kann die Endfassung, die fast immer als Vorlage für den Druck oder die Vervielfältigung der Arbeit dient, erstellt werden. In vielen Fällen wird heute die Endfassung in einem Schreibbüro erstellt, da nicht jeder Student über Kenntnisse in perfekter Maschinenschrift und Profi-Layout einer Diplomarbeit verfügt.

Zu beachten ist jedoch eine frühzeitige Terminvereinbarung und eine Klärung der voraussichtlich mit der Erstellung der Endfassung benötigten Zeit mit einem in Aussicht genommenen Schreibbüro, damit keine Probleme mit dem Abgabetermin entstehen. Dasselbe gilt auch – falls erforderlich – für die Vereinbarung mit dem Drucker und Buchbinder.

8.3 Eine Wochenendveranstaltung als Beispiel eines praktischen Projekts

Als Beispiel eines praktischen Projekts wurde die Vorbereitung und Durchführung einer Wochenendveranstaltung gewählt. Im folgenden werden die einzelnen Schritte in der Form einer Checkliste dargestellt. Zur inhaltlichen Vorbereitung siehe Kapitel 6.

8.3.1 Projektauslösung

Aus der täglichen Arbeit eines freien Trägers heraus ergibt sich der Bedarf einer Fortbildungsveranstaltung für die hauptamtlichen Mitarbeiter. Diese soll an einem Wochenende stattfinden. Das übergreifende Thema der Veranstaltung wird in Gesprächen mit den Mitarbeitern und den zuständigen staatlichen Stellen festgelegt.

8.3.2 Projektplanung

- Erstellen eines Kostenplanes,
- Prüfung möglicher Zuschüsse,
- Festlegen der Einzelthemen,
- Festlegen der Arbeitsformen (z.B. Vortrag, Diskussion, Gruppenarbeit),
- Planung des Ablaufs der Veranstaltung,
- Auswahl eines Tagungsleiters,
- Auswahl von Referenten,
- Ansprache der Referenten,
- Festlegen des Programms,
- Reservierung einer Tagungsstätte,
- Vorbereitung der Einladungsschreiben,
- Versand der Einladungsschreiben,
- Entgegennahme der Anmeldungen,
- Gegebenenfalls nachfassen bei möglichen Teilnehmern.

8.3.3 Projektdurchführung

8.3.4 Projektauswertung

- Reflexion mit den Teilnehmern,
- Reflexion mit den Referenten,
- eventuelle Publikation der Ergebnisse,
- Abrechnung der Veranstaltung mit den Zuschussgebern,
- Veranstaltungsbericht für die Akten fertigen.

9. Darstellung von Forschungsprojekten unter Berücksichtigung quantitativer und qualitativer Forschungsmethoden

Karin Schleider

Zur Einführung

Im Laufe der Entwicklung des Fachgebiets »Soziale Arbeit« hat sich die Fachwelt in den letzten zehn Jahren verstärkt um eine bisher noch weitgehend fehlende wissenschaftliche Fundierung der Disziplin bemüht. Im deutschsprachigen Raum ist in diesem Zusammenhang z.b. auf die grundlegende Arbeit von *Engelke* (1992) »Soziale Arbeit als Wissenschaft« hinzuweisen. Darüber hinaus wird es aufgrund aktueller gesellschaftlicher Entwicklungen notwendig, für die Praxis der Sozialen Arbeit Methoden und Strategien, im Rahmen einer angewandten Praxisforschung, einzusetzen, mittels derer das professionelle Handeln empirisch begründet und die Effektivität dieses Handelns einer Prüfung zugänglich gemacht werden kann.

Ziel des vorliegenden Beitrages ist es, in Anlehnung an sozialwissenschaftliche Nachbardisziplinen wie Soziologie, Psychologie etc. Richtlinien für das schriftliche Abfassen von geplanten Forschungsvorhaben i.S. eines Exposés oder von bereits durchgeführten Forschungsarbeiten für das Studium und die Praxis der Sozialen Arbeit vorzulegen.

Im Text wird versucht, sowohl *quantitative* als auch *qualitative* Zugänge zu berücksichtigen. Dies gestaltet sich nicht immer einfach, zum einen, da die Fachliteratur zur *qualitativen* Forschung aufgrund der erst neuerlichen Renaissance dieses Gebietes noch sehr heterogen ist. Zum anderen liegen nur wenige Lehrbücher vor, in denen qualitative und quantitative Methoden gleichermaßen gewichtet und differenziert behandelt werden. Eine Ausnahme bildet das Lehrbuch von *Bortz/Döring* (1995).

Schließlich ist darauf hinzuweisen, dass das vorliegende Kapitel eine gründliche Lektüre einschlägiger Lehrbücher zu Planung, Durchführung, Auswertung und Interpretation von Forschungsprojekten nicht ersetzt. Auch kann hier keine Einführung in die gebräuchlichen *qualitativen* und *quantitativen* Untersuchungsmethoden gegeben werden.

Zur Orientierung

Im Folgenden geht es um die Punkte:

- Inhalte einleitender Kapitel von Forschungsberichten,
- Darstellung und Bewertung theoretischer und empirischer Grundlagen,
- Formulierung von Fragestellung und Hypothesen der eigenen Studie,

- Elemente bei der Darstellung der methodischen Umsetzung des Forschungsvorhabens,
- Deskription und Interpretation der erhobenen Befunde im Ergebnisteil,
- mögliche Inhalte der abschließenden Diskussion,
- Anmerkungen zur Erstellung des Literaturverzeichnisses,
- Inhalte des Anhangs von Forschungsberichten.

Besonderheiten bei der Erstellung von Deck- und Titelblatt, Vorwort und Inhaltsverzeichnis werden an anderer Stelle dieses Buches behandelt (vgl. Kap. 6).

9.1 Einleitung

Die Einleitung dient, wie bei anderen wissenschaftlichen Arbeiten, der Hinführung zum Thema. Ein Ziel ist es, das Interesse der Lesenden zu gewinnen. Zudem soll eine Orientierung zur Verortung und Bedeutung des bearbeiteten Themas gegeben werden. Dabei sollten Anlass und Notwendigkeit der Bearbeitung des gewählten Themas oder andere Bezüge zur Theorie und Praxis der Sozialen Arbeit dargestellt werden. Darüber hinaus sollten auch die eigenen Erkenntnisinteressen Berücksichtigung finden. Schließlich gibt die Einleitung einen Überblick über die wesentlichen Gliederungspunkte und Inhalte des nachfolgenden Textes im Sinne eines »advanced organisers«. Die Einleitung bildet keinen umfangreichen Textbaustein. Sie sollte sich inhaltlich klar von den theoretischen und empirischen Grundlagen abheben.

9.2 Theoretische und empirische Grundlagen

Hier werden die für die eigene Studie relevanten theoretischen und/oder empirischen Hintergründe und Grundlagen systematisch und prägnant unter Berücksichtigung des aktuellen Diskussionsstandes der Fachwelt dargestellt. Dem folgt eine kritische Bewertung, die als Basis der eigenen Problem- und Fragestellung dient. Der schriftlichen Formulierung dieses Textabschnitts geht eine umfangreiche Literaturrecherche voran. Außer der Berücksichtigung wissenschaftlicher Monographien und Fachzeitschriften unter Zuhilfenahme der computerunterstützten Suchmethoden für ausgewählte Bibliographien ist es mitunter sinnvoll, auch institutionsinterne Veröffentlichungen, aktuelle Kongressbeiträge oder neue Medien wie das Internet in die Recherche miteinzubeziehen. Üblicherweise wird dieser Teil des Forschungsberichtes in den Grundzügen bereits vor der Durchführung der Studie geschrieben, da seine Inhalte maßgeblich für die Präzisierung der eigenen Fragestellung und somit für alle nachfolgenden Schritte sind.

Mitunter fällt es schwer, und dies gilt insbesondere für Studierende, das Thema sinnvoll einzugrenzen und keine zwar umfangreiche, aber oft oberflächliche Behandlung eines ganzen Forschungsgebietes anzustreben. Daraus folgt auch, dass nicht alle im Prozess der Auseinandersetzung mit dem Thema gelesenen

Schriften zu referieren sind. Des weiteren sollte davon abgesehen werden, allgemeines, bei Fachkräften der sozialen Arbeit vorauszusetzendes Fachwissen auf Lehrbuchniveau allzu breit darzustellen. Ferner sollte man sich davor hüten, zu leichtfertig vorzugeben, es läge zu bestimmten Aspekten keine Fachliteratur vor. Oftmals stellt sich dabei heraus, dass die durchgeführte Recherche nicht umfassend genug war.

9.3 Fragestellung und Hypothesen

Wie bereits erwähnt, leitet sich aus den theoretischen und empirischen Grundlagen die eigene Fragestellung ab. Auch dieser Teil des Berichtes sollte schon vor Durchführung der Studie skizziert werden. Dabei ist zu beachten, dass die Fragestellung nicht zu umfangreich und zu allgemein formuliert wird, da sie in diesem Umfang im Rahmen der eigenen Studie meist nicht beantwortet werden kann. Sinnvoll ist es, ein bis zwei Hauptfragen zu formulieren und dann entsprechende Unterfragen zu spezifizieren. Es dürfen somit nur solche Fragen gestellt werden, die ggf. auch beantwortet werden können. Dieser Teil des Berichtes ist zwar nicht sehr umfangreich, erfordert aber umsichtige Vorüberlegungen, da sich aus der Formulierung der Fragestellung die weiteren Schritte ableiten (s.o.).

Untersuchungshypothesen sollten nur dann aufgestellt werden, wenn beabsichtigt wird, diese im Rahmen der entsprechenden Forschungsstrategien und Untersuchungspläne (vgl. z.B. *Bortz/Döring,* 1995) auch zu prüfen. In der angewandten Praxisforschung ist dies seltener der Fall, da eher explorative oder populationsbeschreibende Studien durchgeführt werden.

Je nachdem, ob *qualitative* oder *quantitative* Untersuchungsmethoden eingesetzt werden, ergeben sich Besonderheiten in der Formulierung von Fragestellung und Hypothesen. Die Erörterung dieser Besonderheit würde den Rahmen dieses Textes sprengen, sie sind in der einschlägigen Fachliteratur nachzulesen, für *quantitative* Studien z.B. *Bortz/Döring* (1995), für *qualitative* Studien z.B. *Flick* u.a. (1991).

9.4 Methodik

Die Erläuterung der Art und Weise, wie die Untersuchung durchgeführt wurde, hat so präzise zu erfolgen, dass die Studie von Fachleuten genau nachzuvollziehen ist und/oder von anderen Forschenden wiederholt und überprüft werden kann. Alle für die eigene Untersuchung relevanten Informationen erfahren eine kurze und prägnante Darstellung. Gängiges Lehrbuchwissen über Forschungsstrategien und Erhebungsmethoden wird hier nicht referiert.

Der weiteren Untergliederung des Methodenteils ist vorauszuschicken, dass die Feingliederung in Inhalt und Abfolge dieses Teils in der einschlägigen sozialwissenschaftlichen Fachliteratur nicht einheitlich vorgenommen wird. Zudem ist es mitunter sinnvoll, je nach Vorgehensweise die Abfolge zu ändern oder verschiedene Gliederungspunkte zusammenzufassen. Die folgende Untergliederung ist somit als Vorschlag zu verstehen, der in begründeten Fällen modifiziert werden kann.

9.4.1 Forschungsstrategie, Untersuchungsplan und Datenerhebungsmethode

Aufgrund der Vielfalt möglicher *Forschungsstrategien* ist zunächst darauf einzugehen, welche Strategie warum und mit welchem Ziel gewählt wurde. Es lassen sich unterscheiden (vgl. z.B. *Bortz/Döring*, 1995):

(a) explorative Studie zur Hypothesengewinnung und Theoriebildung, wobei *empirisch-quantitative* und *empirisch-qualitative* Explorationen zu unterscheiden sind,
(b) populationsbeschreibende Untersuchung,
(c) explanative Studie zur Prüfung von Zusammenhangs-, Unterschieds- oder Veränderungshypothesen,
(d) Evaluationsstudie zur Prüfung von Effekten.

Bezüglich der angestrebten Gültigkeit der Befunde sollte gesagt werden, ob es sich um eine experimentelle oder quasi-experimentelle, eine Feld- oder Laboruntersuchung handelt (vgl. z.B. *Atteslander*, 1995; *Bortz/Döring*, 1995; *Roth*, 1993). Auch weitere Klassifikationsmerkmale, wie Quer- oder Längsschnittuntersuchung (vgl. z.B. *Petermann*, 1995), Einzelfall- oder Gruppenanalyse (vgl. z.B. *Bortz*, 1984), interessieren an dieser Stelle.

In Abhängigkeit von der gewählten Forschungsstrategie ist zunächst darzustellen, welcher *Untersuchungsplan*, d.h. welche Untersuchungsanlage der Studie zugrunde gelegt wurde.

* Typische Beispiele experimenteller Untersuchungspläne, die meist bei *quantitativen* Studien angewendet werden, beziehen sich auf den Vergleich von verschiedenen Untersuchungsgruppen und/oder Kontrollgruppen. Es können auch verschiedene Zeitpunkte miteinander verglichen werden, beispielsweise im Rahmen einer Längsschnittstudie oder eines einfachen Prä-Post-Vergleichs, z.B. vor und nach einer sozialpädagogischen Intervention. Hinweise auf komplexere Versuchspläne finden sich in den entsprechenden Lehrbüchern zur empirischen Sozialforschung (s. Literaturverzeichnis).
* Gängige Untersuchungspläne *qualitativer* Forschung sind beispielsweise Einzelfallanalyse, Dokumentenanalyse, Handlungsforschung (vgl. *Mayring*, 1993).

Auf die Darstellung des Untersuchungsplans folgt die Erläuterung der *Untersuchungsvariablen*.

* Bei *quantitativen* Studien sind unabhängige, abhängige und intervenierende Variablen mit jeweils unterschiedlichen funktionalen Bedeutungen zu differenzieren:

(a) Als unabhängige Variablen (UV) werden die Faktoren oder Bedingungen benannt, die durch den Forschenden manipuliert (z.b. Durchführung eines Trainings für aufmerksamkeitsgestörte Kinder: mit/ohne Training) oder ausgewählt (z.b. Altersgruppen: 6, 8, 10 Jahre; Aufmerksamkeitsstörungen: mit/ohne Störung) wurden, um deren spezifischen Einfluss auf die abhängigen Variablen (z.b. Lernleistungen, Konzentrationsfähigkeit) in der gewählten Stichprobe zu untersuchen.

(b) Die abhängige Variable (AV) bezeichnet demnach die Variable, auf welche die UV Einfluss nimmt und deren Veränderung in der Datenerhebung gemessen werden soll.

(c) Des weiteren sind die berücksichtigten moderierenden oder intervenierenden Variablen (IV) wie Kontrollvariablen (z.b. Geschlecht) oder Störvariablen (z.b. Lärm) zu beschreiben, die außer der UV Einfluss auf die gewünschten Veränderungen der AV nehmen können.

- Bei *qualitativen* Studien erfolgt keine strenge Differenzierung von AV, IV und UV. Dennoch ist an dieser Stelle des Untersuchungsberichts genau darzulegen, welches Datenmaterial bzw. welche Arten von Daten erhoben und welche moderierenden Variablen berücksichtigt wurden.

Daran anschließend ist zu beschreiben, welche *Erhebungsmethode* warum gewählt wurde.

- Typische *quantitative* Erhebungsmethoden sind (vgl. z.b. *Atteslander,* 1993; *Bortz,* 1984, *Bortz/Döring,* 1995; *Kromrey,* 1991; *Westhoff,* 1993):
  - – Zählen (z.b. quantitative Inhaltsanalyse),
  - – Urteilen (z.b. Rating-Skalen),
  - – Testen (z.b. Test-Skalen),
  - – Befragen (z.b. schriftliche Befragung),
  - – Beobachten (z.b. systematische Verhaltensbeobachtung).
- Gängige *qualitative* Erhebungsmethoden sind (vgl. *Bortz/Döring,* 1995; *Flick,* 1995; *Flick u.a.,* 1995; *Mayring,* 1993):
  - – qualitative Befragungen (z.b. Leitfaden-Interview),
  - – qualitative Beobachtungen (z.b. Beobachtung von Rollenspielen),
  - – nonreaktive Verfahren (z.b. Inhaltsanalysen von Tagebüchern),
  - – komplexe Methoden (z.b. Methoden zur Biographieforschung).

9.4.2 Stichprobe

Die Beschreibung der Stichprobe beinhaltet wesentliche Merkmalsklassen, wie Anzahl, Alter und Geschlecht, sowie weitere für die eigene Untersuchung relevante gruppenbildende Variablen, d.h. Variablen, die zur Auswahl der an der Untersuchung Teilnehmenden führten (z.b. Schulzugehörigkeit, sozioökonomische Schicht etc.). Ausführlichere tabellarische Darstellungen dieser Merkmale finden im Anhang Platz. Stichprobenmerkmale, die im weiteren Verlauf der Untersuchung ermittelt wurden, werden erst im Ergebnisteil dargestellt. Des weiteren wird hier erläutert, mit welcher Begründung die jeweilige Stichprobe und ihr spezifischer Umfang gewählt und unter welchen Bedingungen (z.B. Zeitungsannonce) sie zusammengestellt wurde. Falls Teilnehmende die Untersuchung abgebrochen haben oder nachträglich in der Studie nicht berücksichtigt wurden, ist dies ebenfalls mit Begründung zu dokumentieren. Ergänzend sollten an dieser Stelle, falls erforderlich, Aspekte des Datenschutzes behandelt werden, beispielsweise, wie die Daten anonymisiert oder ob und wie Einverständniserklärungen eingeholt wurden. Eine hilfreiche Checkliste zum Thema »Datenschutz« findet sich in *Höge* (1994).

9.4.3 Durchführung

In diesem Teil des Untersuchungsberichts finden sich die konkreten Durchführungsbedingungen der Studie, wie räumliche Situation, zeitliche Abläufe, Instruktionen und Untersuchungsmaterialien. Zur Vermeidung einer Übergliederung des Inhaltsverzeichnisses können die einzelnen Unterpunkte wie folgt im Text abgesetzt werden.

Situation: Alle für die Untersuchungssituation bedeutsamen Bedingungen sind kurz und prägnant zu beschreiben. Dazu gehören Angaben zu: Raum und Raumausstattung oder Untersuchungsfeld (beispielsweise Bahnhofsvorplatz), Lärm- und Lichtbedingungen, Tageszeit, Anordnung und Anzahl der anwesenden Personen (Untersuchungsteilnehmende, Untersuchungsleitung, Helfende etc.). Zur Erläuterung der Beschreibung ist mitunter eine schematische Abbildung sinnvoll.

Ablauf: Bei der Darstellung des zeitlichen Ablaufs empfiehlt sich meist eine chronologische Ordnung, die ebenfalls in einer Abbildung oder tabellarischen Auflistung veranschaulicht werden kann. Auf die bei komplexeren Untersuchungsdurchführungen benutzten Untersuchungsprotokolle ist zu verweisen. Diese werden dem Anhang beigefügt.

Instruktion: Die Beschreibung der Instruktion beinhaltet die Informationen und Anweisungen, die Untersuchungsteilnehmenden während des Untersuchungsverlaufs erhalten haben. Im Rahmen einer experimentellen Untersuchung muss die Instruktion in wörtlicher Rede abgefasst und in den Untersuchungsbericht aufgenommen werden. Sind die Instruktionen zu umfangreich, können sie im Anhang Aufnahme finden.

Materialien und Geräte: Alle verwendeten Materialien sind aufzuführen, zu beschreiben und ggf. abzubilden, wie:

- spezifische Untersuchungsmaterialien (z.B. Interviewbögen, Testmaterialien),
- Geräte/Apparaturen zur Darbietung von Untersuchungsmaterialien (z.B. PC),

- Geräte/Apparaturen zur Datenerhebung (z.b. Videokamera, Kassettenrecorder),
- sonstige Materialien (z.B. Spielmaterial).

Erscheint das verwendete Untersuchungsmaterial zu umfangreich, sollten nur einige repräsentative Beispiele ausgewählt werden, ansonsten ist auf den Anhang zu verweisen. Für Untersuchungsmaterialien, die im Handel erhältlich sind (z.b. gängige Testverfahren), genügt eine exemplarische Abbildung mit entsprechendem Quellennachweis.

9.4.4 Auswertungsmethoden

Den Abschluss des Methodenkapitels bilden Ausführungen über die Auswertungsmethoden incl. der verwendeten Statistik- und Graphik-Programme.

• Bei *quantitativen* Studien sind, je nach gewähltem Forschungsansatz, die spezifischen Auswertungsmethoden der deskriptiven Statistik (z.b. Häufigkeitsverteilung, Mittelwert und Standardabweichungen) und der prüfenden Statistik (z.b. Prüfungen von Zusammenhangs- und Unterschiedshypothesen) sowie weitergehende Prüfungen mittels multivarianter oder varianzanalytischer Verfahren zu nennen. Generell ist zu beachten, dass die Darstellung der Auswertungsmethoden nicht ausufert, da diese in den Lehrbüchern (z.B. *Bortz*, 1993) nachzulesen sind. Es genügt ein Verweis auf die der Auswertung zugrunde gelegte Fachliteratur. Als Statistikpakete werden bei quantitativen Studien meist »SPSS« oder »SAS« eingesetzt. (Weiterführende Informationen hierzu finden sich in *Bortz/Döring*, 1995). Weniger komplexe Datensätze können beispielsweise auch mit »Excel« bearbeitet werden.
• Da in *qualitativen* Untersuchungen die inhaltliche Darstellung des Vorgehens bei der Auswertung und die hierbei gefundenen Ergebnisse ineinander verschränkt sind, erfolgt an dieser Stelle des Forschungsberichtes nur die Nennung und Begründung der Verfahren zur Datenaufbereitung (z.b. wörtliche oder kommentierte Transkription, vgl. *Mayring*, 1995; Kodierungen, vgl. *Strauss*, 1994) und zur Auswertung (z.b. qualitative Inhaltsanalyse, psychoanalytische Textinterpretation, vgl. *Flick u.a.* 1995, *Mayring*, 1995). Zudem sind die bei der Datenaufbereitung und Datenanalyse verwendeten spezifischen Computerprogramme aufzuführen. Eine Übersicht der Programme, die speziell bei *qualitativen* Datenanalysen zum Einsatz kommen, findet sich in *Mayring* (1993).

9.5 Ergebnisse

Grundsätzlich gilt, dass die Deskription, d.h. die beschreibende Darstellung der Ergebnisse, der Interpretation immer vorangestellt und inhaltlich klar von dieser getrennt ist.

Deskription: Im Ergebnisteil erfolgt zunächst die Beschreibung des gefundenen Datenmaterials, wobei die Rohdaten mit einem entsprechenden Verweis dem Anhang beizufügen sind. Hieran schließen sich Ausführungen über die weitere Datenaufbereitung und die einzelnen Auswertungsschritte an, ggf. unter Nennung der den einzelnen Auswertungsverfahren zugrunde gelegten Fachliteratur.

Die weitere Untergliederung des Ergebnisteils, in dem nun die ermittelten Einzelbefunde dargestellt werden, erfolgt nach den eingangs formulierten Fragen und Hypothesen, spez. bei *quantitativen* Studien, oder nach den vorgenommenen Auswertungsschritten, spez. bei *qualitativen* Studien. Bei umfangreicheren Forschungsarbeiten ist es sinnvoll, den Textteil der jeweiligen Untergliederungspunkte mit einer Zusammenfassung der Befunde, bspw. im Hinblick auf die Beantwortung der jeweiligen Fragestellung, abzuschließen.

Interpretation: Bei zahlreichen Einzelbefunden oder umfangreichen Fragestellungen kann es im Sinne einer besseren Lesbarkeit und Übersichtlichkeit sinnvoll sein, die Interpretation der Ergebnisse direkt an deren Darstellung anzuschließen. Bei der Interpretation findet ein Vergleich zwischen den Befunden und den eingangs formulierten Fragen und Hypothesen statt. Es wird kommentiert, welche Ergebnisse unerwartet oder vielleicht auch unschlüssig und welche möglichen Erklärungen hierfür in Betracht zu ziehen sind. Auch sollten Bezüge zu den referierten theoretischen und empirischen Grundlagen hergestellt werden.

Je nachdem, ob eine *quantitative* oder *qualitative* Forschungsstrategie gewählt wurde, ergeben sich bestimmte Besonderheiten oder Modifikationen bei der Formulierung des Ergebnisteils inkl. der Auswertungsschritte:

• Im Ergebnisteil *quantitativer* Studien werden zu Beginn die erhobenen Daten unter Anwendung der Methoden der deskriptiven Statistik (z.B. Häufigkeiten, Mittelwerte, Standardabweichungen) in Form von Tabellen oder graphischen Darstellungen zusammenfassend dargestellt und in den wesentlichen Merkmalen beschrieben. Erfolgen, bspw. im Rahmen von hypothesenprüfenden Studien, weitere statistische Analysen von Zusammenhängen oder Gruppenunterschieden, sind die entsprechenden prüfstatistischen Verfahren mit den Ergebnissen der Signifikanztests (z.B. F-Wert, t-Wert, Chi-Quadrat-Wert) und deren zufallskritische Bewertungen (p-Werte) in Form von Tabellen anzugeben und in den wesentlichen Merkmalen zu beschreiben. Die zur Veranschaulichung der Ergebnisse verwendeten Tabellen (Tab.) und graphischen Darstellungen (Abbildungen, Abb.) sind durchgehend zu nummerieren und mit einer prägnanten Überschrift (bei Tabellen) oder Unterschrift (bei Abbildungen) zu versehen. (Vgl. dazu Kap. 7.5.12.) Detaillierte Angaben zur Darstellung von Tabellen und Abbildungen finden sich z.B. in *Höge* (1994). Bei der Angabe von Zahlenwerten ist zu beachten, dass diese üblicherweise auf zwei Stellen hinter dem Komma, prozentuale Angaben meist als ganze Zahlen gerundet werden. Der Text kommentiert dabei nur die wesentlichen Merkmale der in den Abbildungen und Tabellen dargestellten Befunde, wie bspw. Maximal- und Minimal-Werte, fehlende Werte, Anstieg und Abfall von Kurvenverläufen, Signifikanzen oder Nichtsignifikanzen. Auf die entsprechenden Abbildungen und Tabellen ist dabei jeweils zu verweisen (s. Abb. x, s. Tab. x). Graphiken und Tabellen, die der Text nicht kommentiert, werden dem Anhang beigefügt.

• Wesentlicher Bestandteil des Ergebnisteils von *qualitativen* Studien ist, im Gegensatz zu *quantitativen* Studien, die Notwendigkeit der ausführlichen Erläuterung der einzelnen Auswertungsschritte und der hierbei gefunden Ergebnisse. Da aber die Datenaufbereitung und die Datenauswertung eng mit der Ergebnisdarstellung und deren Interpretation verknüpft sind, ist es naheliegend, diese Teile unter einem gemeinsamen Oberpunkt zu vereinen. Die Überschrift dieses Gliederungspunktes ist dann entsprechend zu modifizieren, in »Auswertung und Ergebnisse«. Unter dem Punkt »Auswertungsmethoden« (vgl. 8.4) erfolgt lediglich eine kurze Beschreibung der eingesetzten Methoden und Verfahren sowie die Begründung der Auswahl.

Der Ergebnisteil *qualitativer* Studien beginnt zunächst mit einer genaueren Beschreibung des Vorgehens bei der Datenfixierung und der Datenaufbereitung. Daran schließt sich die Darstellung der einzelnen Schritte bei der Anwendung der gewählten Auswertungsverfahren und der gefundenen Ergebnisse an. Dabei kann es sinnvoll sein, die Einzelbefunde mittels tabellarischer Aufstellungen oder graphischer Abbildungen zu veranschaulichen und zusammenzufassen. Hinsichtlich der weiteren Strukturierung schlagen *Bortz/Döring* (1995) z.B. für die Methode der *qualitativen Inhaltsanalyse* folgende orientierenden Richtlinien vor, die von anderen Autoren z.T. durchaus anders dargestellt werden (z.B. *Mayring*, 1997; *Strauss*, 1994):

(a) Text- und Quellenkritik des qualitativen Materials,
(b) Datenmanagement,
(c) kurze Fallbeschreibung,
(d) Auswahl von Fällen für die Feinanalyse,
(e) Kategoriensystem,
(f) Kodierung,
(g) Kennzeichnung von Einzelfällen,
(h) Zusammenfassung der Einzelfälle,
(i) Ergebnispräsentation.

Abschließend sei angemerkt, dass an dieser Stelle keine allgemeingültigen Richtlinien gegeben werden können. Der Grund liegt einerseits in der großen Vielfalt der Erhebungs- und Auswertungsmethoden, die sich in ihren einzelnen Schritten mitunter stark unterscheiden. Zudem werden diese in Abhängigkeit des jeweiligen Untersuchungsgegenstandes und der Untersuchungsbedingungen modifiziert. Auch finden sich in der einschlägigen Fachliteratur zu den einzelnen Analyseschritten z.T. recht heterogene Angaben.

9.6 Diskussion und Ausblick

Ziel dieses Textteils ist es, durch Interpretation und Diskussion der Untersuchungsbefunde zu versuchen, die eigene Fragestellung zu beantworten und einen Ausblick auf weitere Untersuchungen und Anwendungsbezüge zu geben.

Diskussion: Diskutieren heißt erörtern, Pro und Kontra sowie alternative Erklärungsmöglichkeiten abwägen. Waren die vorangegangen Teile »Pflichtelemente«, ist die Diskussion als »Kür« anzusehen. Hier zeigt sich der Reifegrad einer Arbeit. Die Diskussion stellt somit nicht nur einen wesentlichen Teil des Forschungsberichts, sondern dessen »Herzstück« dar, da auf jedes der vorangegangenen Kapitel (Einleitung, theoretische und empirische Grundlagen, Methodik, Ergebnisse) Bezug genommen wird. Die Argumentationsstruktur muss einer sorgfältigen Planung unterliegen. Dies verlangt Muße und ausreichend Zeit. Meist ist es erforderlich, diesen Teil mehrfach neu zu formulieren. Sinnvoll ist dabei, bereits während der Planung, Durchführung, Auswertung der Studie und beim Schreiben der vorangegangenen Teile des Forschungsberichts Ideen für die Diskussion zu sammeln. Gerade jetzt kann das Gespräch mit sachverständigen Fachkräften und interessierten Mitdenkenden hilfreich und anregend sein.

Die Diskussion sollte durch ihre innere Struktur und Stringenz überzeugen. Folgende Strukturelemente werden vorgeschlagen:

Ein erster wesentlicher Teil ist der Versuch einer weiterführenden Interpretation und Erklärung der vorliegenden Ergebnisse im Hinblick auf die eingangs formulierten Fragen und Hypothesen. Dabei sollte auch Bezug genommen werden auf die zu Beginn referierten theoretischen und empirischen Grundlagen. Die Feingliederung kann sich an der Struktur der Fragestellung und/oder des Ergebnisteils orientieren. Bei der Suche nach Erklärungen für das Zustandekommen der Ergebnisse sollte von allzu weit führenden Spekulationen abgesehen werden. Dabei bietet es sich eher an, ggf. den Konjunktiv zu gebrauchen oder neue Fragen und Hypothesen zu formulieren. Wurde bereits im Ergebnisteil eine ausführliche Interpretation vorgenommen (vgl. 8.5), erfolgen an dieser Stelle nur eine zusammenfassende Erklärung der Befunde sowie der Versuch einer abschließenden Stellungnahme zu den einzelnen Fragen und Hypothesen.

Ein weiteres Element bildet eine kritische Stellungnahme zur Bedeutung der eigenen Ergebnisse unter Berücksichtigung der Probleme und Mängel bei Planung, Durchführung und Auswertung der Studie. Solche kritischen Aspekte können aber auch bereits zur Interpretation der Ergebnisse herangezogen werden.

Gerade in Forschungsarbeiten im Fachgebiet »Soziale Arbeit« sollten Konsequenzen und Bedeutung für die Praxis der Sozialen Arbeit sorgfältig herausgearbeitet werden. Dies mag für einzelne Teilergebnisse geschehen, kann aber auch allgemein erfolgen. So können Konsequenzen für die Ausbildung von

Fachkräften der Sozialen Arbeit, den Umgang mit bestimmten Klientelen, für organisatorische Abläufe in Institutionen oder das Management sozialer Daten ausgeführt werden.

Ausblick: Der abschließende Ausblick beinhaltet Gedanken und Ideen, die über die eigene Studie hinausgehen. So können Anregungen zu vertiefenden Fragestellungen oder Hypothesen möglicher Folgestudien und deren methodische Umsetzung, Vorschläge für Verbesserungen der eigenen Vorgehensweise oder weiterführende Möglichkeiten der praktischen Umsetzung gegeben werden. Der Ausblick kann bei entsprechendem Umfang auch als getrennter Gliederungspunkt aufgeführt werden.

9.7 Zusammenfassung

In der Zusammenfassung werden die wesentlichen Inhalte des Forschungsberichts auf maximal fünf Seiten dargestellt. Dabei dürfen keinerlei neue Aspekte z.B. bezüglich der Ergebnisdarstellung, der Diskussion oder anderer Textelemente aufgenommen werden. Die Struktur des Textes orientiert sich an der Gliederung der vorgelegten Arbeit, d.h. die Hauptgliederungspunkte, nämlich theoretische und empirische Grundlagen, eigene Fragestellung, Methodik, Ergebnisse und Diskussion und Ausblick, werden in einigen Sätzen prägnant zusammengefasst. Sinnvollerweise wird die Zusammenfassung erst nach Abschluss der schriftlichen Arbeit formuliert.

Das *Abstract* oder die Kurzfassung stellt eine weitere Komprimierung des Textes auf nicht mehr als einer halben Seite dar, wobei die Textstruktur der für die Zusammenfassung beschriebenen entspricht. Das Abstract wird üblicherweise direkt hinter dem Inhaltsverzeichnis platziert. Gute Vorlagen hierfür finden sich in Artikeln qualifizierter Fachzeitschriften, in welchen jedem Text ein Abstract zur bibliographischen Weiterverarbeitung und ersten Orientierung der Leserschaft vorangestellt ist.

Die Formulierung eines Abstracts wird, gerade von Studierenden, als lästige Zusatzarbeit bewertet. Jedoch nur eine solche Kurzfassung ermöglicht eine bibliographische Verarbeitung, z.B. mittels EDV. Nur so sind auch die Inhalte von Diplomarbeiten rasch einer breiteren Leserschaft zugänglich zu machen. Zudem stellt die Formulierung eines Abstracts eine gute Vorübung für spätere Publikationen dar.

9.8 Literaturverzeichnis

Wie bei wissenschaftlichen Arbeiten üblich, beinhaltet das Literaturverzeichnis von Forschungsarbeiten nur die Quellen, auf die im Text verwiesen wird. Hierzu gehören auch unveröffentlichte Schriften oder gewichtige mündliche Mitteilungen anerkannter Fachleute, die im Text zitiert werden. Auf Probleme der Literaturauswahl kann an dieser Stelle nicht eingegangen werden (vgl.

Kap. 7). Hinzuweisen ist nochmals auf die Notwendigkeit der Berücksichtigung der aktuellen Fachliteratur und ggf. der einschlägigen »Klassiker« des Themengebietes.

Dem Literaturverzeichnis kann eine Rubrik »Weiterführende Literaturhinweise« beigefügt werden, in die für die interessierte Leserschaft zusätzliche, nicht erwähnte Titel aufgenommen sind. Weitere Hinweise zu Zitierweisen oder bibliographischen Angaben sind an entsprechender Stelle in diesem Buch nachzulesen (vgl. Kap. 7).

9.9 Anhang

Der Anhang empirischer Studien beinhaltet v.a. die in der Studie benutzen Untersuchungsmaterialien und Daten. Im Einzelnen gehören hierzu etwa: anonymisierte Listen der an der Untersuchung Teilnehmenden und dazugehörige Rohdaten, Protokollbögen, Ergebnisbögen, Listen beteiligter Institutionen, Fragebögen, Fotomaterialien, Auswertungstabellen, ggf. entsprechende Rechnerausdrucke, die nicht in den Text aufgenommen wurden, ggf. Materialien, ergänzend zu den Ausführungen im Text (z.B. inhaltliche Konzeptionen von Institutionen etc.). Werden im Text eine Vielzahl von Abkürzungen verwendet, ist es sinnvoll, diese in einem gesonderten Abkürzungsverzeichnis zu erklären, das am Anfang des Anhangs aufgenommen wird. Zur Gewährleistung der Übersichtlichkeit des Anhangs werden die einzelnen Teile numerisch oder alphabetisch gegliedert. Ist der Anhang zu umfangreich, kann er durchaus als Extraband mit Deckblatt und Inhaltsverzeichnis gebunden werden.

10. Darstellung von Praxisprojekten auf der Grundlage handlungstheoretisch orientierter Praxismodelle

Karin Schleider

Zur Einführung

Ziel dieses Kapitels ist es, theoriegeleitete Richtlinien zu Gliederung und möglichen Inhalten schriftlicher Darstellungen von Praxisprojekten aus Arbeitsfeldern der Sozialen Arbeit vorzulegen. Sie können sowohl für die Darstellung von sogenannten Lern- oder Feldprojekten und projektbezogenen Diplomarbeiten im Rahmen von Studienanforderungen als auch für die Formulierung von Projektanträgen oder -abschlußberichten aus der beruflichen Praxis herangezogen werden. Den wissenschaftlichen Hintergrund sollen handlungstheoretisch orientierte Praxismodelle bilden. Warum gerade diese Modelle hier von besonderem Interesse sind, ist im folgenden kurz begründet.

Um professionelles Handeln in der psychosozialen und pädagogischen Praxis zu systematisieren und somit zu optimieren, werden in der einschlägigen Fachliteratur praxisnahe Arbeitsmodelle favorisiert, wie bspw. in der klassischen Arbeit von *Bartlett* (1970, dt. 1979) »The Common Base of Social Work Practice«. Im deutschsprachigen Raum wird in diesem Zusammenhang immer wieder auch auf handlungstheoretische Modelle Bezug genommen, von *Kleiber* (1981), *Kratochwil* (1993), *Fuchs* (1995), *Gröschke* (1997), um nur einige zu nennen. In ihrem grundlegenden Werk charakterisieren *Miller/Galanter/Pribram* (1960, dt. 1973) menschliches Handeln durch die Schritte: einen Plan aufstellen, diesen Plan verfolgen und ihn überprüfen. Zur Erstellung des Handlungsplans (vgl. *Zoeke u.a.,* 1981) ist zunächst (a) eine umfassende Situationsanalyse erforderlich. Daran schließt sich (b) eine Analyse der angestrebten Ziele an. Im nächsten Schritt, (c) der Mittel-Weg-Analyse, wird entschieden, welche Interventionen sinnvoll sind, um die gesetzten Ziele zu erreichen. Auf die Erstellung des Handlungsplans folgt (d) die eigentliche Ausführung. Daran schließt sich (e) die Phase der Evaluation bzw. der Auswertung der erreichten Ergebnisse an. Die Erkenntnisse aus dieser Auswertung können dann, im Sinne einer (f) Rückkoppelungsschleife, ggf. zu einem neuen Handlungsplan führen. Jeder dieser Schritte erfordert detaillierte Fachkenntnisse und praxisbezogene Fertigkeiten. Beiträge hierzu liefern die verschiedenen wissenschaftlichen Grundlagenfächer der Sozialen Arbeit wie Erziehungswissenschaft, Psychologie, Recht, Soziologie u.a. (vgl. hierzu auch Kap.6).

Das skizzierte handlungstheoretisch orientierte Praxismodell stellt somit nicht nur einen theoretischen Rahmen dar, um professionelles Handeln in der Praxis der Sozialen Arbeit effektiv zu planen und durchzuführen sowie die erzielten Ergebnisse einer systematischen Prüfung zugänglich zu machen, es bietet zudem die Möglichkeit, Kenntnisse und Fertigkeiten aus verschiedenen Grundlagenfächern sowie aus unterschiedlichen theoretischen Interventionskonzepten, etwa verhaltenstherapeutische oder klientenzentierte (vgl. *Geißler/Hege*, 1997), in einer engen Verknüpfung von Theorie und Praxis sinnvoll zu integrieren (vgl. *Schleider*, 1996).

Zur Orientierung

Im folgenden geht es um die Punkte:

- Inhalte des einleitenden Kapitels von Projektberichten,
- Analyse der Ausgangslage oder des Ist-Zustands im gewählten Praxisfeld,
- Formulierung der Ziele, die durch das professionelle Handeln angestrebt werden,
- Darstellung der Methoden zur Erreichung der Ziele im Rahmen der Mittel-Weg-Analyse,
- Beschreibung der Ausführungsbedingungen der professionellen Handlung,
- Analyse der Ergebnisse und möglicher Fehler im Rahmen der Evaluation,
- Aspekte der abschließenden Diskussion.

Besonderheiten bei der Erstellung von Deck- und Titelblatt, Vorwort und Inhaltsverzeichnis werden an anderer Stelle dieses Buches behandelt (vgl. Kap. 7).

10.1 Einleitung

Der Schwerpunkt der Einleitung von schriftlichen Berichten zu Praxisprojekten liegt auf der Darstellung der Notwendigkeit und des Nutzens des durchgeführten Projekts aus der Sicht des jeweiligen Praxisfeldes und der für die Durchführung verantwortlichen Fachkräfte. Ansonsten gelten die für Einleitungen typischen Inhalte und Zielsetzungen, wie Hinführung zum Thema, Anlass und Bedeutung des Projektes unter besonderer Berücksichtigung auch der eigenen erkenntnisleitenden Interessen und Ziele sowie Überblick über die nachfolgenden Elemente des Berichts (vgl. Kap. 7 und 9).

10.2 Situationsanalyse

Eine sorgfältige Situationsanalyse ist die wesentliche Grundlage für die Erstellung eines professionellen Handlungsplans. Sie dient der Feststellung des Ist-Zustands oder der Ausgangslage. Dieser Teil des Projektberichtes sollte bereits vor der Ausführung formuliert werden, da hierauf alle weiteren Schritte aufbauen. Sinnvoll ist es, eine allgemeine von einer speziellen Situationsanalyse zu unterscheiden.

Allgemeine Situationsanalyse: In der allgemeinen Situationsanalyse werden die relevanten theoretischen und empirischen Grundlagen zum Problembereich bzw. Praxisfeld dargestellt. Der Formulierung dieses Textteils geht eine ausführliche Recherche voraus (Hinweise hierzu s. Kap. 7 und 9). Im Idealfall sind die Beiträge der einzelnen für die Praxis der Sozialen Arbeit wesentlichen Grundlagenwissenschaften (s.o.) zu berücksichtigen. Schwierig ist es mitunter, sich auf die für das eigene Projekt wesentlichen theoretischen und empirischen Grundlagen zu beschränken und die diversen Einzelbeiträge verschiedener Fächer sinnvoll zu integrieren. Auf eine ausführliche Darstellung von vorauszusetzendem Lehrbuchwissen ist zu verzichten (vgl. Kap. 9).

Bei der Strukturierung der Situationsanalyse ist möglichst systematisch und theoriegeleitet vorzugehen. So kann es beispielsweise sinnvoll sein, biologische, psychologische, soziale und pädagogische sowie physikalische Bedingungen in ihren prädisponierenden, auslösenden, aufrechterhaltenden und protektiven Funktionen zu berücksichtigen (vgl. *Schleider,* 1993). Ein solches Raster würde sich auch für die spezielle Situationsanalyse anbieten (s.u.).

Spezielle Situationsanalyse: Unter diesem Punkt erfolgt die Beschreibung der speziellen Ausgangslage im Praxisfeld, d.h. die projekt- bzw. problemspezifische Situationsanalyse. Dabei werden Aspekte wie spezifische Probleme und Merkmale des Klientels bzw. der Zielgruppe, institutionelle Merkmale und rechtliche Rahmenbedingungen berücksichtigt. Es ist anzuraten, bei der Darstellung dieser spezifischen Bedingungen ebenfalls theoriegeleitet vorzugehen, zumindest aber sollte eine logische Stringenz erkennbar sein (s.o.).

Mitunter kommen bei der Analyse der Ausgangslage auch Methoden aus dem Bereich der Psychodiagnostik (vgl. z.B. *Schleider,* 1997) oder der empirischen Sozialforschung (vgl. z.B. *Bortz/Döring,* 1995) bzw. der angewandten Praxisforschung (vgl. Kap. 9) zum Einsatz. Hinweise zur Darstellung gewonnener statistischer Daten und Befunde sind in Kap. 9 oder in *Höge* (1994) nachzulesen.

10.3 Zielanalyse

Die Zielanalyse als weiterer wesentlicher Bestandteil des Handlungsplans analysiert den Soll-Zustand. Es ist sinnvoll, allgemeine und spezielle Ziele bzw. Grob- und Feinziele zu differenzieren und sie ggf. in eine hierarchische Ordnung zu bringen. Wie die Situationsanalyse sollte auch dieser Teil aus den genannten Gründen unbedingt schon vor der Durchführung der Maßnahme verfasst werden.

Allgemeine Zielanalyse: Die Grundlage für die allgemeine Zielanalyse bietet die Situationsanalyse. Allerdings genügt es nicht, die angestrebten Ziele folgerichtig aus der Situationsanalyse zu erschließen, sie bedürfen einer Begründung. Dieser Begründungszusammenhang kann unter Zuhilfenahme der genannten Grundlagenfächer, wie vor allem der Erziehungswissenschaft, hergeleitet werden.

Spezielle Zielanalyse: Die spezielle Zielanalyse beinhaltet die in der konkreten Maßnahme angestrebten Ziele. Hilfen für die Zielformulierung finden sich vor allem im Fach Didaktik-Methodik der Sozialen Arbeit.

10.4 Mittel-Weg-Analyse

In diesem Teil, der ebenfalls vor der Projektdurchführung zu formulieren ist, wird dargestellt, wie, d.h. mit welchen Mitteln, die aufgestellten Ziele erreicht werden sollen. Damit ist die Planung der professionellen Handlung abgeschlossen. Auch hier kann es sinnvoll sein, zwischen einem allgemeinen und speziellen Teil zu unterscheiden.

Allgemeine Mittel-Weg-Analyse: Inhalt dieses Textbausteins ist die Darlegung und Begründung der angewendeten Methodologie bzw. des methodischen Konzepts in Hinblick auf die gesetzten Ziele. Dabei sollten die entsprechenden theoretischen Grundlagen beispielsweise aus der Didaktik-Methodik der Sozialen Arbeit (vgl. z.B. *Geißler/Hege*, 1997) oder aus den verschiedenen Grundlagenwissenschaften (z.b. gruppenpädagogische Interventionen aus der Pädagogik oder lerntheoretisch fundierte Interventionen aus der Psychologie) ausgeführt werden.

Spezielle Mittel-Weg-Analyse: Im speziellen Teil wird im einzelnen dargestellt, welche konkreten Ziele mit welchen konkreten Methoden oder Techniken erreicht werden sollen. Dies erfolgt selbstverständlich unter Angabe der Quellen bzw. der Autoren und Begründer der Einzelmethoden.
Zur besseren Verständlichkeit bietet es sich an, ggf. die eingesetzten Methoden den angestrebten Zielen tabellarisch gegenüberzustellen.

10.5 Ausführung

Es folgt die Darstellung der Umsetzung oder Ausführung des Handlungsplans. Auch dieser Textteil kann weiter untergliedert werden, nämlich in allgemeine Rahmenbedingungen und spezielle Ausführungsbedingungen.

Allgemeine Rahmenbedingungen: Die allgemeinen Rahmenbedingungen sollten kurz und prägnant beschrieben werden, wesentliche Elemente sind:

*   Zielgruppe: die an der Maßnahme Teilnehmenden, das Klientel oder die Adressaten, ggf. ergänzt durch eine tabellarische Zusammenstellung der wesentlichen Merkmale der Zielgruppe (z.b. Alter, Geschlecht etc.),
*   institutionelle Rahmenbedingungen: z.b. Organisationsstruktur und/oder pädagogisches Konzept der Institution (s.o.),
*   raum-zeitliche Bedingungen: z.b. Raumausstattung, zeitlicher Ablauf der Intervention, ggf. ergänzt durch graphische Abbildungen und Tabellen,
*   Durchführende: professionelle Fachkräfte sowie andere Mitarbeitende,
*   Materialien: z.B. Spielmaterialien, Videoanlage,
*   finanzielle Aufwendungen: z.B. Personal- und/oder Sachmittel.

Spezielle Ausführungsbedingungen: Hier erfolgt die konkrete Beschreibung der professionellen Maßnahme im Sinne einer kurzen und prägnanten Vorgangsbeschreibung (ggf. anhand eines Beispiels). Etwaige Interventionsprotokolle sind im Anhang beizufügen.

10.6 Evaluation

An die Darstellung der Ausführungsschritte und -bedingungen des Praxisprojektes schließt sich die Evaluation bzw. Auswertung der Ergebnisse an, was nicht zu verwechseln ist mit dem Begriff der »Evaluationsstudie«, in der u.a. Metaanalysen bereits vorliegender Studien durchgeführt werden (vgl. *Bortz/Döring*, 1995).

Darstellung der Ergebnisse: Zunächst wird beschrieben, wie die Ergebnisse festgestellt wurden. Möglicherweise können, wie bei der Situationsanalyse, Methoden der Psychodiagnostik, der empirischen Sozialforschung bzw. der angewandten Praxisforschung, aber auch andere Auswertungsmethoden, bspw. aus dem Bereich der Methoden der Sozialen Arbeit (z.b. Reflexions- oder Feedbackübungen), zum Einsatz kommen.

Daran schließt sich die eigentliche Ergebnisdarstellung an. Deren weitere Strukturierung erfolgt sinnvollerweise in Anlehnung an die Untergliederung der aufgeführten Ziele. Dabei sollte jeweils beschrieben werden, welche Ziele erreicht und welche nicht erreicht wurden. Zudem kann berücksichtigt werden, in welchem Maße (Quantitäten) oder in welcher Art (Qualitäten) eine Veränderung stattgefunden hat. Handelt es sich um die Messung von Veränderungen, sind die entsprechenden Grundlagen aus der empirischen Sozialforschung zu berücksichtigen (vgl. *z.b. Bortz/Döring*, 1995). Auch nicht erwartete Ergebnisse oder Entwicklungen sind mit aufzuführen und ggf. zu erklären.

Interpretation und Fehleranalyse: An dieser Stelle des Berichtes werden die erreichten Ergebnisse insgesamt interpretiert. Zudem wird reflektiert, aus welchen Gründen oder durch welche Fehlerquellen bestimmte Ziele nicht erreicht wurden. Eine systematische Analyse möglicher Fehlerquellen orientiert sich sinnvollerweise an dem zugrunde gelegten handlungstheoretischen Praxismodell:

(a) Situationsanalyse: z.b. Vernachlässigung wesentlicher Bedingungen oder theoretischer und empirischer Grundlagen,

(b) Zielanalyse: z.b. unrealistische Ziele, unterschiedliche Ziele bei Klientel und Fachkraft,

(c) Mittel-Weg-Analyse: z.b. unangemessene Methodenauswahl,

(d) Ausführung: z.b. mangelnde Motivation der Teilnehmenden, problematische Teamstrukturen, mangelnde praktische Fertigkeiten der Fachkräfte,

(e) Evaluation: z.b. unangemessene Auswertungsmethoden, Vernachlässigung wichtiger Fehlerquellen.

Ist die Zielsetzung sehr differenziert und umfangreich, kann es sinnvoll sein, Interpretation und Fehleranalyse direkt im Anschluss an die Darstellung der Einzelergebnisse der jeweiligen Zielsetzung folgen zu lassen. Dies ist im Einzelfall zu entscheiden. Auf jeden Fall sind, wie bei der Erstellung von Forschungsberichten, Darstellung und Interpretation von Ergebnissen deutlich voneinander zu trennen (vgl. Kap. 9).

10.7 Diskussion und Ausblick

In diesem Gliederungspunkt wird die Darstellung des Praxisprojektes abgerundet, wobei sich gerade hier die Qualität der vorgelegten Arbeit zeigt (vgl. Kap. 9).

Diskussion: Einzelne Strukturelemente dieses Gliederungspunktes sind mit denen anderer wissenschaftlicher Arbeiten vergleichbar und wurden bereits an anderer Stelle ausgeführt (vgl. Kap. 7, 9). Zusammenfassend ist zu sagen, dass in der Diskussion die erreichten Ergebnisse mit den gesetzten Zielen auf dem Hintergrund der Fehleranalyse reflektiert und ggf. mit entsprechenden theoretischen und empirischen Grundlagen in Beziehung gebracht werden.

Ausblick: Im abschließenden Ausblick können Überlegungen beispielsweise zu möglichen Konsequenzen für zukünftige Praxisprojekte in diesem Bereich, zur Theoriebildung und Methodenlehre der Sozialen Arbeit, zu möglichen Forschungsprojekten oder weiteren praxisbezogenen Aspekten angestellt werden (s.a. Kap. 9).

Im Anschluss an Diskussion und Ausblick folgen die üblichen Gliederungspunkte: Zusammenfassung (incl. Abstract), Literaturverzeichnis und Anhang. Ausführlichere Hinweise für die formale und inhaltliche Gestaltung dieser Teile wurden bereits an anderer Stelle gegeben. (vgl. Kap. 7 u. 9).

11. Der Personalcomputer (PC) als Hilfsmittel im Studium

Uwe Kaspers

Zur Einführung

Die Bedeutung von Datenverarbeitungssystemen in unserer Gesellschaft ist in den letzten Jahren rapide gewachsen. Offenbar sind alle Berufe, die nicht unmittelbar auf Körpereinsatz, handwerklichem Geschick oder künstlerischer Begabung beruhen, mit Datenverarbeitungssystemen konfrontiert. Datenverarbeitungssysteme begegnen uns in der Praxis in Form des Personal-Computers, der als äußerst leistungsfähige Rechenmaschine oder Schreibmaschine, als Kommunikationsmittel oder Steuerungssystem sowie zunehmend auch als Medienwiedergabegerät eingesetzt wird.

Die Bedeutung des Personal-Computers für Studierende im sozial- und geisteswissenschaftlichen Bereich kann nicht hoch genug eingeschätzt werden. Sicherlich: es ist möglich, ein Studium ohne Computereinsatz zu absolvieren, und der Studienerfolg kann nicht von den wirtschaftlichen Möglichkeiten, einen Computer finanzieren zu können, abhängen. Dies ändert nichts daran, dass praktisch alle Arbeitsplätze, die mit Universitäts- oder Fachhochschulabsolventen besetzt werden, mit der Bedienung eines Computersystems verbunden sind.

Vor diesem Hintergrund verschaffen sich Studierende, die frühzeitig Computer einsetzen, eine Grundqualifikation, die ihnen viele Bereiche des Arbeitsmarktes öffnet. Jedoch bereits aus rein praktischen Erwägungen – im Sinne von Arbeitserleichterung – erscheint der Einsatz von Computern angezeigt. Dies haben die meisten Studenten erkannt. Kaum noch werden »getippte« Seminararbeiten abliefert. Texte werden immer häufiger sowohl auf Papier als auch auf Datenträgern ausgetauscht. Computer gehören zum Arbeitsalltag.

Als die Firma IBM Ende der 70er Jahre den Personal-Computer erfand, wurde die Bezeichnung Personal-Computer als Gegenstück zum Großrechnersystem etabliert. Damals schien der Gedanke, dass jeder einmal seinen persönlichen Computer besitzen würde, überaus visionär. Heute ist der Besitz eines *persönlichen* Computers für den erfolgreichen Abschluss eines Studiums ein entscheidender Faktor.

Was bedeutet jedoch in unserem Zusammenhang Personal-Computer? Personal-Computer bedeutet, dass Sie einen Rechner immer dann, wenn Sie ihn brauchen, zur Verfügung haben. Der Computer ist mit den Programmen bestückt, die Sie brauchen, und Sie haben persönliche Einstellungen vorgenommen, die Ihrer Arbeitsweise entgegenkommen. Dies bedeutet nicht unbedingt, dass Sie diesen Personal-Computer alleine besitzen müssen. In der Regel ist dies jedoch der Fall. Im Ausnahmefall teilen sich mehrere Personen, die in einer Familie oder Wohngemeinschaft leben, einen Rechner.

Wenn Sie sich mit dem Gedanken zum Kauf eines Computers angefreundet haben, dann setzen Sie Ihr Vorhaben schnell um. An der Tatsache, dass der Innovationsprozess in der Computertechnik dazu führt, dass die Rechner immer leistungsfähiger und preiswerter werden, können Sie nichts ändern. Das bedeutet, dass Sie sich spätestens nach einem halben Jahr wegen des Preisverfalls Ihres Gerätes mächtig ärgern werden. Doch dafür haben Sie ja auch bereits ein halbes Jahr mit dem Computer lernen und arbeiten können. Sie werden dem Effekt des Preisverfalls jedoch zumindest teilweise entgehen können, wenn Sie sich bei Ihrem Kauf immer an der Technik orientieren, die vor 6 bis 12 Monaten up to date war. So nutzen Sie die erste Phase des Preisverfalls für sich und besitzen noch ein Gerät mit vertretbaren Leistungsmerkmalen. Lassen Sie sich nicht einreden, dass Sie jeweils die neueste Technik benötigen. Sie werden mit dem Vorjahresgerät alle EDV-Anforderungen eines sozial- und geisteswissenschaftlichen Studiums erfüllen. Dies gilt nicht, wenn Sie an Ihr Gerät erhöhte Anforderungen, insbesondere im Multimediabereich (Wiedergabe von Tönen und bewegten Bildern), stellen.

Noch ein letzter Hinweis zum Softwareeinsatz – zu der Frage, mit welchen Programmen Sie auf dem Rechner arbeiten sollten. In den letzten beiden Jahrzehnten hat sich das von Bill Gates gegründete Unternehmen *Microsoft* zu einem Quasi-Monopolisten im Bereich von Standardanwendungen entwickelt. Daran sollten Sie nicht bedenkenlos vorbeigehen. Sie erhöhen Ihre eigenen Einsatzbereiche im Beruf, wenn Sie sich an diesem Standard orientieren. Aller Voraussicht nach werden Ihre zukünftigen Arbeitgeber auch mit Microsoft-Produkten arbeiten. Darüber hinaus werden Sie aufgrund der Marktdurchdringung der Microsoft-Produkte überall Helfer bei Problemen und Partner für den Austausch von Daten finden.

Zur Orientierung

Im folgenden geht es um die Punkte

- Schaffen eines Ordnungssystems in Gestalt eines Verzeichnisbaums;
- Abfassung von Texten, z.B. Studienarbeiten;
- Tabellenkalkulation und empirisches Arbeiten;
- Diagramme als Formen grafischer Auswertung;
- Sammeln von Daten und Kombinieren zu »neuen« Texten;
- Internet und seine Möglichkeiten;
- Kooperieren über den PC (u.a. E-Mail);
- Tipps zum Erstellen der Diplomarbeit und zur Datensicherung.

11.1 Ordnungssystem schaffen

Mit einem Computer umzugehen bedeutet zunächst einmal, Ordnung zu schaffen. Viele unbedachte Anwender verfallen der Verlockung, erst einmal einfach

»drauflos zu schreiben«, ohne dabei zu bedenken, wo die Daten abgespeichert werden. Wenn Sie ohne Computer arbeiten, sind Sie auf ein Ordnungssystem angewiesen. So werden Sie für jedes Fach oder jede Lehrveranstaltung einen Ordner anlegen. Vielleicht werden Sie nach einem Semester wiederum neue Ordner anlegen. Es ergibt sich ein mehrstufiges Ordnungssystem, welches wie folgt veranschaulicht werden kann:

Wenn Sie bestrebt sind, Ordnung zu halten, wird sich – auch wenn Sie keinen Computer einsetzen – ein ähnliches Ordnungssystem in Ihrer Aktenablage wiederfinden. Sie können es aber auch unmittelbar auf Ihren Rechner übertragen. Dazu legen Sie auf der Festplatte Ihres Rechners einen Verzeichnisbaum an. Unter Windows 95 z.B. nutzen Sie dazu den EXPLORER, mit dem Sie, ausgehend vom Hauptverzeichnis Ihrer Festplatte (in der Regel C:), über die Befehlsfolge:

- Datei
- Neu
- Ordner

den sogenannten Verzeichnisbaum anlegen.

Bei der Nutzung eines elektronischen Ordnungssystems in Gestalt eines Verzeichnisbaums haben Sie einige Vorteile gegenüber Ihrem System im Aktenschrank:

- Der Speicherplatz, der einen Ordner auf Ihrem Computer einnimmt, ist nur so groß wie die Daten, die er aufnimmt. Ein leerer Ordner belegt praktisch keinen Speicherplatz.
- Die Kapazität, die alle Ordner auf Ihrem Computer aufnehmen können, ist nur durch die Gesamtkapazität Ihrer Festplatte begrenzt. Sie legen also nur dann einen neuen Ordner an, wenn es Sinn macht, und nicht nur deshalb, weil eine technisch begründete Grenze (z.B. 600 Seiten) erreicht ist.

Jeder Ordner kann beliebig viele Unterordner aufnehmen. Um dies handhabbar zu machen, werden elektronische Ordnungssysteme als Baumstruktur dargestellt. Die Schachtelungstiefe ist dabei unbegrenzt, so dass ein Teil Ihres Verzeichnisbaumes nach einigen Monaten z.B. so aussehen könnte:

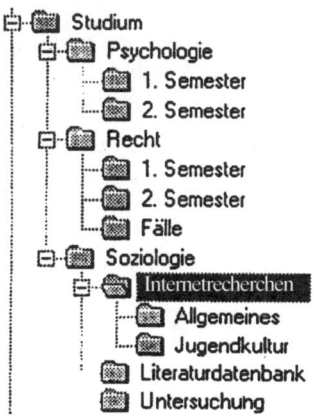

Sie werden sehen, dass ein derartiges Ordnungssystem Ihnen sehr viel Flexibilität bietet und mit der Ausweitung Ihrer Studieninhalte und Betrachtungsgegenstände Schritt hält. Letztlich wird der Verzeichnisbaum Ihrer Festplatte ein Abbild der Struktur Ihres Studiums sein.

Dieses Ordnungssystem werden Sie nun im Laufe der Zeit mit einer Menge von Dateien füllen. Dabei handelt es sich in der Regel um:

* Textdateien
* Tabellenkalkulationsdateien oder
* Datenbankdateien

11.2 Standardsoftware

11.2.1 Textverarbeitung

Wir können uns an dieser Stelle eine grundlegende Diskussion über die Sinnhaftigkeit der Arbeit mit Textverarbeitung sparen. Die Vorteile werden Ihnen geläufig sein. An dieser Stelle soll es um einige häufig verkannte Funktionen der Textverarbeitung gehen, die Ihnen die Abfassung von Studienarbeiten erheblich erleichtern können. Doch vorher einige Anmerkungen zur Abfassung von Texten mit Hilfe eines Textverarbeitungssystems.

Wenn Sie z.b. mit einer Textverarbeitung wie WORD 97 arbeiten, dann kann sich Ihre Arbeitsweise verändern. Sie können sich nämlich relativ lange Ungenauigkeiten beim Aufbau und bei der Formulierung Ihrer Texte leisten. Vielleicht kommt es Ihnen entgegen, dass Sie einen Text nicht unbedingt in der Reihenfolge erfassen müssen, in der er nachher ausgedruckt erscheinen soll. Im Extremfall kann es sinnvoll sein, mit dem Resümee oder der Kernaussage, auf die sie hinarbeiten möchten, zu beginnen. Auf diese Weise können Sie ständig überprüfen, ob Ihre Argumentation im ersten Teil des Textes tatsächlich Ihre Kernaussage stützt. Auch können Sie Teile eines Textes, zu denen Ihnen zu einem bestimmten Zeitpunkt noch Material fehlt, zunächst nur mit einer Überschrift versehen und später ausformulieren. Ihr Text kann so mosaikartig wachsen. Damit Ihnen dabei trotzdem nicht die Ordnung verloren geht, bieten moderne Textsysteme einige Hilfsmittel.

Eine Arbeit – eine Datei: Mit den Möglichkeiten eines modernen Textverarbeitungssystems sind Sie in der Lage, auch sehr lange Texte in einer einzigen Datei zu bearbeiten. Nur auf diese Weise können die im folgenden beschriebenen Funktionen des Programms sinnvoll genutzt werden. Die Arbeit mit einer einzigen Datei maximiert natürlich das Schadensausmaß für den Fall, dass Sie Ihre Daten versehentlich löschen oder auf andere Art und Weise zerstören. Um hier Vorsorge zu treffen, sei Ihnen der Abschnitt zum Thema Datensicherung zur Lektüre empfohlen.

Gliederungsfunktion: Die Gliederungsfunktion ist eng verknüpft mit der Erstellung von Inhaltsverzeichnissen. Wenn Sie diese Funktion nutzen wollen, müssen Sie die Überschriften Ihres Texten zunächst als solche kennzeichnen. Dabei weisen Sie jeder Überschrift eine Gliederungsebene zu. Die Gliederungsebene bestimmt, welche Überschrift als Kapitel-, Abschnitts- oder Unterabschnittsüberschrift erscheint. Die Gliederungsebene bestimmt auch die Nummerierung der Überschriften:

1.   Grundlagen
1.1.   Soziologische Aspekte
1.1.1. Soziale Schicht als Auslöser für . . .
1.1.2. Sozialisationsbedingungen
1.2   Rechtliche Rahmenbedingungen . . .

Wenn Sie den Text verfassen, kümmern Sie sich nicht um die Nummerierung der Gliederungspunkte. Sie weisen jeder Überschrift lediglich die Formatierung für die automatische Nummerierung zu. Da jede Überschrift zugleich mit der Gliederungsebene verknüpft ist, kann Ihr Textsystem die Nummer automatisch ermitteln. Hilfreich ist diese Funktion insbesondere dann, wenn Sie Gliederungspunkte einfügen. Sie brauchen sich dann nicht um den Neuaufbau der Nummerierung im Text hinter der Einfügeposition zu kümmern. Das Textsystem erledigt diese Arbeit automatisch.

Fußnotenfunktion: Ein wesentlicher Teil einer wissenschaftlichen Arbeit besteht aus dem Fußnotenapparat. Auch hier stellen moderne Textverarbeitungssysteme hilfreiche Funktionen vor. Zunächst einmal können Sie die Fußnoten automatisch nummerieren lassen. Dabei haben Sie die Wahl zwischen einer Nummerierung für den ganzen Text, für jeden Abschnitt oder für jede Seite. Die automatische Nummerierung bringt Ihnen eine erhebliche Erleichterung, wenn Sie Textabschnitte einfügen oder umstellen. Die Fußnoten bleiben mit dem Text verknüpft und wandern mit. Die Nummerierung wird automatisch angepasst. Bei der Einrichtung einer Datei können Sie festlegen, an welcher Stelle die Fußnoten erscheinen sollen (am Seitenende oder als Anmerkungen am Textende).

Schlagwortindex: Einem Leser, der einen Schnelleinstieg in einen wissenschaftlichen Text haben möchte, wird ein Schlagwortindex hilfreich sein. Auch ein solcher Index kann automatisch erstellt werden. Sie markieren dafür die Worte im Text und geben ihm über sog. Feldfunktionen die Zusatzinformation, dass das Wort in den Schlagwortindex eingetragen werden soll. Den Schlagwortindex positionieren Sie am Textende. Um ihn aufzubauen, geben Sie einen Befehl ein, durch den die Schlagworte im Text »eingesammelt« und in einen Index eingetragen werden. Der Index wird alphabetisch geordnet, und jedem Wort wird die aktuelle Seitenzahl zugeordnet.

Abbildungen und Graphiken einbetten: Die Zeiten des Einklebens von Graphiken und Schaubildern in wissenschaftliche Arbeiten gehen zu Ende. Mittlerweile weisen integrierte Softwarepakete (wie z.b. Office 97) hinreichende Fähigkeiten bei der Einbettung von Daten aus fremden Programmen in einen Text auf. Dabei haben Sie grundsätzlich zwei mögliche Vorgehensweisen: Sie können »fremde Daten« *einfügen* oder *verknüpfen.*

Einfügen bedeutet, dass Sie die Daten in einer anderen Anwendung kopieren und im Text eine Kopie der Daten einbetten. Dies bedeutet, dass nachträgliche Veränderungen in den Originaldateien in ihrem Text unberücksichtigt bleiben. Die Kopie kümmert sich, nicht um nachträgliche Änderungen des Originals. Anders verhält es sich wenn Sie mit Verknüpfungen arbeiten. Beim Einbetten einer Verknüpfung wird in Ihrem Text ein Verweis auf das Originalobjekt (die Graphik, das Bild) geschrieben. Dies kann vorteilhaft sein, wenn nachträgliche Änderungen der Objekte in Ihrem Text berücksichtigt werden sollen. Diese Verfahrensweise setzt jedoch voraus, dass die Objekte, mit denen Ihr Text verknüpft ist, immer verfügbar sind. Problematisch wird die Arbeit dann, wenn Sie den Text auf einen anderen Computer übertragen, ohne die verknüpften Objekte mitzunehmen.

11.2.2 Tabellenkalkulation

Wenn Sie etwas Erfahrung mit Textverarbeitung gemacht haben, werden Sie vielleicht nach mehr Funktionalität im Bereich von Berechnungen und Graphik suchen. Spätestens jetzt wird das Thema Tabellenkalkulation für Sie bedeutsam.

Tabellenkalkulation bedeutet zunächst »Rechnen mit Adressen«. Mit Zahlen zu rechnen, sind wir durchaus gewohnt; das Rechnen mit Adressen bedeutet, etwas abstrakter mit Zahlen umzugehen. Wenn Sie eine Zahl in eine Berechnung einbeziehen wollen, erfassen Sie nicht etwa die Zahl selbst; statt dessen geben Sie dem Rechner vor, an welcher Position in einer Tabelle der Wert zu finden ist. Eine Adresse in einer Tabelle wird als Koordinate in einem Zeilen- und Spaltenraster oder als Name eines Datenfelds erfasst. Eine wesentliche Funktion des Systems besteht darin, dass Sie als Adresse ganze Tabellenbereiche eingeben können. Dadurch haben Sie die Möglichkeit, auch extrem große Datenmengen auf einfache Art und Weise auszuwerten (zum Beispiel durch Summation, Mittelwert oder Standardabweichung).

Doch auch wenn Sie die Rechenfunktionalität der Software nicht nutzen, kann die Anwendung einer Tabellenkalkulation sehr sinnvoll sein. Viele Inhalte lassen sich in Tabellenform darstellen. Dazu zählen zum Beispiel folgende Inhalte:

- Literaturlisten
- Einzelergebnisse von Beobachtungen oder Befragungen
- Anschriften/Personenregister und
- Zeittafeln

Die Nutzung einer Tabellenkalkulation als Erfassungsprogramm für Tabellen führt zur Nutzung von Datenbankfunktionen. Diesen Aspekt werden wir weiter unten beschreiben.

11.2.3 Tabellenkalkulation und empirisches Arbeiten

Ein wesentlicher Qualitätsfortschritt durch Einsatz eines PC ergibt sich, wenn Sie im Rahmen des Studiums empirisch arbeiten möchten, d.h. Daten aus Befragungen, Beobachtungen oder Dokumenten systematisch auswerten. Eine Tabellenkalkulation wie Excel bietet Ihnen einen umfassenden Apparat an statistischen Funktionen.

Zunächst nutzen Sie Excel zur Erfassung Ihrer Einzelwerte. Dies sei am Beispiel eines Fragebogens kurz beschrieben:

Jede Spalte Ihrer Tabelle nimmt ein Merkmal Ihres Fragebogens auf. Dabei können einzelne Fragen eines Fragebogens durchaus mehrere Merkmale aufweisen. Wenn Sie zum Beispiel nach dem Geschlecht, der Kinderzahl oder dem Einkommen fragen, so stellt dies ein Merkmal dar, welches in einer Spalte unterzubringen ist. Sobald bei einer Frage jedoch Mehrfachnennungen möglich sind, erhöht sich die Anzahl der Spalten entsprechend der Anzahl der Vorgaben, aus denen gewählt werden kann.

Die Auswertung der in Ihrer Befragung erfassten Daten führen Sie in einer gesonderten Tabelle durch. Für moderne Tabellenkalkulationssysteme ist es kein Problem, mit mehreren Tabellen gleichzeitig zu arbeiten. Wenn Sie das »statistische Handwerk« auch ohne Computer beherrschen, wird es Ihnen mit etwas Übung gelingen, nun Auswertungen über die Tabelle der Ausgangsdaten zu definieren.

11.2.4 Graphische Auswertungen in Form von Diagrammen

Eine weitere Funktion der Tabellenkalkulation liegt in der graphischen Aufbereitung von Zahlenmaterial. Moderne Systeme stellen eine breite Palette von Diagrammtypen zur Verfügung (Balken-, Säulen-, Kreis-, XY-, Punktdiagramme etc.).

Einfache Diagramme lassen sich ad hoc erstellen. Wer jedoch spezielle Modifikationen an vordefinierten Formaten durchführen oder mehrere Datenebenen in einem Diagramm darstellen möchte, braucht dazu einige Übung. Für die Einbettung der Diagramme in Ihren Text gelten die Ausführungen zum Umgang mit Graphiken und Bildern entsprechend. Auch hier ist das Kopieren wie das Verknüpfen möglich.

In Studium und Praxis kommt es darauf an, Diagramme an den richtigen Stellen und in richtiger Art und Weise einzusetzen. Dazu noch zwei Hinweise:

Vermeiden Sie aufwendige Diagramme mit banalem Inhalt.

Wählen Sie die richtige Diagrammform für Ihre Daten, so z.B.:

* Liniendiagramme, wenn Sie Entwicklungen darstellen möchten,
* Kreis- oder Kuchendiagramme, wenn Sie Verteilungen darstellen möchten,
* Säulen oder Balken, wenn Sie Häufigkeitsverteilungen darstellen möchten.

11.2.5 Erste Schritte mit Datenbanken

Wenn Sie die Möglichkeiten der Sammlung und Darstellung von Daten in Tabellenform schätzen gelernt haben, werden Sie ggf. schnell an die Grenze der
Datenbankfunktionalität einer Tabellenkalkulation gelangen. Dies ist insbesondere der Fall, wenn Sie Inhalte in einer sogenannten relationalen Datenbank darstellen möchten.

Was ist unter einer relationalen Datenbank zu verstehen?

Im Rahmen einer relationalen Datenbank werden Beziehungen zwischen
Datenbanktabellen hergestellt. Für solche Beziehungen gibt es viele Beispiele.
Nehmen wir hier eine Literaturdatenbank und gehen wir davon aus, dass Sie
nicht nur Literaturquellen, sondern auch Informationen über die Autoren sammeln wollen. Hier ist es sinnvoll, eine Datenbanktabelle mit den Werken (Bücher, Aufsätze, etc.) zu erstellen. Eine weitere Datenbank nimmt die Einzelan-
gaben über die Autoren auf. Nun ist es sehr wahrscheinlich, dass eine Reihe
von Autoren mehr als ein Werk verfasst hat. Dies bedeutet, dass zu einem Da-
tensatz in der Autorendatenbank mehrere Datensätze in der Werkdatenbank
existieren. Die beiden Datenbanktabellen stehen also in Beziehung. Man nennt
die hier beschriebene Beziehung 1 : n-Beziehung (sprich:»1 zu n«). Auf dieser
Grundlage können Sie recht einfache Recherchen über die Werke eines Autors
erstellen. Wenn Sie in Ihrer Datenbank unterbringen möchten, welche Themengebiete von Ihrer gespeicherten Literatur abgedeckt werden, so ist es sinnvoll,
eine Datenbanktabelle Ihrer Themengebiete zu erstellen. Hier besteht nun eine
andere Beziehung. In einem Werk können mehrere Themen behandelt werden. Die Verknüpfung von Themen und Werken ist im Rahmen einer n : m-
Relation möglich. n : m-Relation bedeutet in unserem Beispiel, dass es zu einem Thema mehrere Werke geben kann und einem Werk wiederum mehrere
Themen zugeordnet werden können.

Aus unserem Beispiel ergibt sich eine weitere interessante Auswertung. Die
Datenbank kann daraufhin befragt werden, welcher Autor zu welchem Thema
gearbeitet hat. Das System recherchiert dann, welche Themen den Werken eines Autors zugeordnet sind. Eine Recherche in entgegengesetzter Richtung
kann ebenso interessant sein:Welche Autoren lassen sich zu einem bestimmten
Thema ausmachen?

Bleibt noch anzumerken, dass sich die Funktionalität eines Datenbank-
programms wie z.B. ACCESS 97 nicht auf intuitive Art und Weise erschließt
wie bei einer Textverarbeitung. Wer sich auf die Arbeit mit einer Datenbank
einlässt, wird Handbücher oder andere Anleitungen durcharbeiten und einige
Einarbeitungszeit investieren müssen.

Wir haben nun alle relevanten Bereiche von sogenannter Standardsoftware angesprochen und ihre Bedeutung für das Studium und die Arbeit in der Praxis beleuchtet. Abschließend noch einige Hinweise zum EDV-Einsatz im studentischen Arbeitsalltag.

11.3 Daten sammeln und neue Inhalte generieren

Wenn Sie die bisherigen Abschnitte dieses Kapitels durchgearbeitet und einige Anregungen in die Praxis umgesetzt haben, werden Sie feststellen, dass der Personal-Computer mehr und mehr zu Ihrem alltäglichen Arbeitsinstrument – ja weitgehend zum Ersatz für den Umgang mit Bleistift und Papier – wird. Der Personal-Computer wird zum strukturierten Datenspeicher für alles, was in Ihrem Interessengebiet relevant ist.
Sie werden nicht nur Ihre Schriftstücke und Ausarbeitungen auf dem PC speichern, sondern auch fremde Texte, Tabellen und Graphiken sammeln. Anstatt Daten auf Papier zu bekommen, werden Sie danach trachten, sich datenträgergebundene Informationen zu beschaffen. Es wird Ihnen lästig sein, dass Sie in Vorlesungen und Seminaren keinen PC verfügbar haben. Vielleicht werden Sie sich ein Notebook (einen tragbaren Computer) oder einen Organizer mit Textverarbeitung (z.B. von Psion) zulegen und mit Hilfe eines solchen Gerätes die Veranstaltungen protokollieren. Neben Ausarbeitungen Ihrer Kommilitonen oder Kollegen wird das Internet zur einer wichtigen Quelle Ihrer Datensammlung werden.
Auf der Grundlage Ihrer Datensammlung werden Sie in der Lage sein, neue Inhalte durch geschickte Kombination von gesammelten Versatzstücken zu generieren. Sie müssen grundlegende Gedanken, die zur Einführung in ein Thema dienen, kaum noch neu erarbeiten, sondern werden Textelemente abrufbar haben. Diese technischen Fähigkeiten bringen Ihnen gegenüber Mitbewerbern Zeit- und Qualitätsvorteile.
Mittel- und langfristig jedoch wird die Qualität einer wissenschaftlichen Arbeit anders bewertet werden müssen. Aufgrund der globalen Verfügbarkeit von Grundlagenwissen werden Sie sich voll auf die Generierung und Darstellung neuer Inhalte und Erkenntnisse konzentrieren können und müssen. Man wird voraussetzen, dass Sie grundlegende Zusammenhänge erkannt haben und diesbezüglich Quellen zuordnen können. Bestenfalls werden Sie Verweise (Neudeutsch: Links) in Ihre Darstellungen einarbeiten. Worauf es jedoch ankommt, ist, dass Sie neue Ansätze präsentieren.

11.4 Das Internet als wichtige Informationsquelle

Angesichts der rasanten Entwicklung des Internet wird die Bedeutung gedruckter Quellen kontinuierlich zurückgedrängt werden. Dies wird begünstigt durch drastische Preissenkungen und steigende Übertragungsraten im Onlinesektor.

Das bedeutet, dass Sie für immer weniger Geld in immer kürzerer Zeit immer mehr Daten abrufen können.

Im Bereich des Internets gibt es einen dominierenden Dienst: das *World-Wide-Web*, kurz www. Hier sind in einem weltweiten Verbund von in der Regel ständig verbundenen Rechnern Daten aus sämtlichen Wissenschaftsbereichen verfügbar. Dabei ist zu beachten, dass es sich um ein absolut anarchisches System handelt. Niemand kontrolliert die Inhalte und garantiert für ihre Authentizität. Private Anbieter, das heißt, Einzelpersonen und Unternehmen, stehen gleichberechtigt neben Behörden und Universitäten. Sie können jedoch sicher sein, dass Sie nach kurzer Zeit für Ihr Interessensgebiet eine ganze Reihe von Adressen mit einer Fülle von Informationen finden werden.

Einen ersten Zugang erhalten Sie über die Nutzung sogenannter Suchmaschinen (z.b. *Yahoo* oder *Focus netguide*). Hier können Sie Stichworte zu Ihrem Interessensgebiet eingeben, und das System sucht nach Internetseiten, in denen das Wort vorkommt oder für die das Wort als Schlagwort hinterlegt ist. Als Ergebnis der Suchoperationen erhalten Sie Listen mit sogenannten Hyperlinks, durch die Sie zu den selektierten Internetangeboten gelangen.

Der Umgang mit dem Internet ist bis auf die Zugangsprozedur selbsterklärend und bedarf nur geringer Einarbeitung.

11.5 Elektronische Kooperation und Kommunikation

Durch den Einsatz von Personal-Computern in Studium und Praxis ergeben sich ganz neue Kooperationsmöglichkeiten. Durch einen geschickten Umgang insbesondere mit Textverarbeitungssystemen werden Sie auf einfache Weise dezentral erarbeitete Daten zu einem Werk zusammenfassen können. Moderne Textverarbeitungen wie WORD 97 bieten hierfür die Funktionalität der Strukturierung eines Textes in Zentral- und Filialdokumente. Durch Austausch von Dateien können Sie sich kurzfristig über den Stand der Arbeit von Kommilitonen oder Kollegen informieren und die Ergebnisse miteinander verknüpfen.

Ein wertvolles Instrument der Verbesserung und Beschleunigung der Kooperation ist die Nutzung von E-Mail (elektronischer Post). E-Mail ermöglicht Ihnen den Versand von Daten im globalen Rahmen mit Zustellzeiten in der Größenordnung von Stunden. Praktisch jeder Anbieter von Internet-Diensten bietet Ihnen auch E-Mail. Eine E-Mail-Adresse (in der Form: Mein_Name@Mein_Privoder) zu haben, bedeutet, bei einem Anbieter (Provider) auf einem Rechner Speicherplatz zu mieten, von dem aus Daten verschickt und an Sie adressierte Daten (in der Regel Texte und Datendateien) angerufen werden können. Wenn Sie E-Mail nutzen, werden Sie nach kurzer Zeit feststellen, dass sich Ihr Kommunikationsverhalten ändert und Sie in der Gruppe der E-Mail-Nutzer andere Formen von Zusammenarbeit bzgl. wissenschaftlicher Inhalte entwickeln werden.

11.6 Die Diplomarbeit

Wenn Sie Ihr Studium konsequent mit Hilfe Ihres EDV-Systems dokumentiert haben, stehen Sie bei der Erstellung Ihrer Diplomarbeit vor der folgenden Frage:
Wie gelingt es Ihnen, Ihre verfügbare Text- und Datenmenge im Hinblick auf Ihr Thema zu systematisieren und auf das Maß einer Diplomarbeit zu reduzieren?
Dazu ein paar grundlegende Tipps für die Computerarbeit:

Schreiben Sie Ihre Arbeit in der Reihenfolge, wie Ihr Denkprozess es Ihnen vorgibt. Die EDV gibt Ihnen diese Freiheit. Bei vielen Arbeiten merkt man, dass sie chronologisch geschrieben wurden. Im ersten Teil wurde ein unverhältnismäßig großer Aufwand für die Verarbeitung einführender Gedanken betrieben, während die Qualität der Arbeit gegen Ende – wenn der Leser die Auswertung der Erkenntnisse in ihren Konsequenzen für Forschung und Praxis erwartet – bedenklich abfällt. Dies liegt einmal an der Zeiteinteilung und zum anderen an ungeschicktem EDV-Einsatz.

Wenn Sie im Bereich der Erarbeitung von Grundlagen Ihrer Thesen Quellen bearbeiten, sollten Sie mehrgleisig fahren:

- Formulieren Sie, bezogen auf die Quelle, mit der Sie gerade arbeiten, Versatzstücke Ihrer Arbeit, die Sie dann an den Stellen – sprich Gliederungspunkten – Ihrer Arbeit positionieren, denen Sie inhaltlich zuzuordnen sind.
- Tragen Sie jede verarbeitete Quelle unmittelbar in das Quellenverzeichnis ein, das sich dadurch Schritt für Schritt aufbaut.
- Drucken Sie Ihre Arbeit regelmäßig aus, und geben Sie Ihre Textauszüge anderen Personen zum Lesen. Arbeiten Sie die Korrekturen regelmäßig in den Text ein.

Verschwenden Sie keine Zeit für aufwendige Formatierungen. Gehen Sie in folgenden Schritten vor:

Bearbeitungsphase	Das ist wichtig
1	Sie »hacken« den Text in das System und achten kaum auf Rechtschreibung und Zeichensetzung. Wichtig ist in erster Linie die inhaltliche Stimmigkeit des Textes.
2	Überprüfen Sie Ihre Texte auf den inhaltlichen Beitrag zu Ihrer Gesamtaussage.
3	Sie arbeiten Korrekturen ein, die Ihnen von dritten Personen vorgelegt werden.
4	Sie sorgen für ein einheitliches Erscheinungsbild mit sinnvollen Formatierungen. Vermeiden Sie ein »Feuerwerk« an Textauszeichnungen (Fettdruck; Kursivdruck; Unterstreichung; unterschiedliche Schriftgrößen), die für den Leser bei der Erfassung der Inhalte nicht hilfreich sind.
5	Erstellen Sie den Endausdruck

Achten Sie auf eine regelmäßige Datensicherung.

11.7 Daten sichern

Die technischen Verfahren und Bauteile in der Computertechnik haben sich in den letzten Jahren in bezug auf Zuverlässigkeit erheblich verbessert. So wird es Ihnen nur äußerst selten passieren, dass Sie Ihre Daten aufgrund technischer Defekte verlieren. Jedoch auch bei noch so viel Erfahrung werden Sie Fehlbedienungen nicht vermeiden können. Dazu zählt insbesondere das unbeabsichtigte Löschen oder unbeabsichtigte Überschreiben von Daten. Selbst wenn die Software Sie vorher vor den Folgen Ihres Befehls warnt, können Ihnen derartige Missgeschicke unterlaufen, weil Sie mit zunehmender Erfahrungen die Meldungen Ihres System eher als lästig denn als hilfreich empfinden (und schlicht »wegklicken«).

Der Erkenntnis folgend, dass Dinge, die schief gehen können, irgendwann schief gehen, sollten Sie sich aus dieser Risikosituation befreien, indem Sie ein sicheres System der Datensicherung aufbauen.

Zunächst einmal sollten Sie sich bezüglich des Umfang Ihrer Datensicherung im klaren sein.

1. Sichern Sie nur eine Auswahl der von Ihnen gesammelten oder selbst erstellten Dateien.
2. Sichern Sie alle von Ihnen gesammelten oder selbst erstellten Dateien.
3. Erstellen Sie eine Komplettsicherung Ihrer Festplatte.

Aus Ihrer Entscheidung ergibt sich der Speicherbedarf. Vielleicht kommen Sie mit einer oder wenigen Disketten hin (Alternative 1). Wenn Sie erfolgreich Daten gesammelt haben, werden Sie größere Speichermedien einsetzen müssen (z.B. ein sog. Zip-Laufwerk). Wenn Sie die komplette Festplatte sichern möchten, benötigen Sie ein Bandlaufwerk.

Nachdem Sie den Umfang der Datensicherung festgelegt haben, müssen Sie sich über den Rhythmus Gedanken machen. Hüten Sie sich vor willkürlichen Sicherungsterminen. Sie geraten in die Gefahr, zu lange Zeit ohne Sicherung zu sein. Sichern Sie:

• nach jedem Arbeitstag,
• jede Woche oder wenigstens
• jeden Monat.

Wichtig ist, dass Sie die Sicherung auf jeweils neuen Medien vornehmen. Dadurch entgehen Sie der Gefahr, bereits beschädigte oder aus anderen Gründen unbrauchbare Daten zu sichern. Folgendes Schema ist angebracht.

Sicherung Nr.	auf Medium Nr.	Archivierung von Medium Nr.
1	1	1
2	2	
3	3	
4	4	
5	5	
6	2	2
7	3	
8	4	
9	5	
10	6	
11	3	3
12	4	
13	5	
14	6	
15	7	
. . .	. . .	. . .

Wie Sie aus der Tabelle ersehen, bedeutet Archivieren, dass Sie das Sicherungsmedium (Diskette, Zip-Diskette, Band) für einige Zeit (z.B. 4 Monate) nicht mehr in den Datensicherungszyklus einbeziehen. Wie viele Medien Sie archivieren, ist in Ihr Belieben gestellt. Wenn Sie jedoch sehr wichtige Daten verarbeiten, sollten Sie während der Bearbeitungszeit keines der archivierten Medien wiederverwenden. Schließlich könnte es sein, dass Sie ausgerechnet Daten des allerersten Bearbeitungsstands wiederherstellen müssen.

12. Mündliche und schriftliche Prüfungen

Rudolf Knapp

Zur Einführung

Prüfungen stellen für Prüflinge wie für Prüfer eine belastende Angelegenheit dar, der sie am liebsten aus dem Wege gingen. Beide möchten gern auf sie verzichten – wenn dies doch möglich wäre. Aber in einer auf Leistung angewiesenen Gesellschaft ist es erforderlich, entsprechende Qualifikationsnachweise zu erbringen und sich hinsichtlich erworbener Kompetenzen mit anderen vergleichen zu lassen, um bestimmte Berufe ausüben oder bestimmte Positionen einnehmen zu dürfen. Prüfungen haben gesellschaftliche Funktionen und sind von daher legitimiert. Dass sie auch Prüfern wie Prüfungskandidaten Aufschlüsse über ihre Lehr- bzw. Lernergebnisse liefern können, ist ein weiteres Argument zur Begründung von Prüfungen.

Die mit Prüfungen verbundenen Ängste lassen sich niemals gänzlich ausschließen, auch wenn die Prüfung langfristig und gründlich vorbereitet wurde.

In Prüfungen sollen bestimmte Fähigkeiten, Fertigkeiten und Kenntnisse festgestellt und bewertet werden; dafür steht nur ein begrenzter Zeitraum zur Verfügung. Diese Funktion erfüllen mündliche und schriftliche Prüfungen nur unzureichend, weil sich Prüfungsergebnisse nicht immer exakt feststellen und bewerten lassen und zumeist hierbei verschiedene subjektive Faktoren Einfluss nehmen.

Zur Orientierung

Im Folgenden geht es um die Punkte:

– Die Funktionen von Prüfungen erkennen,
– Einzelheiten über Probleme bei der Feststellung und Bewertung von Lernergebnissen erfahren,
– Informationen erhalten, wie eine gezielte Vorbereitung auf Prüfungsanforderungen geleistet werden könnte,
– Hinweise zum Verhalten in Prüfungen bekommen und im Hinblick auf Verwendbarkeit prüfen,
– Kriterien für die Bewertung schriftlicher Arbeiten (z.B. Diplomarbeiten/ Staatsarbeiten) kennen lernen und als Orientierungshilfen bei der Abfassung von Gutachten gebrauchen.

12.1 Zum Problem der Feststellung und Bewertung von Lernergebnissen

Bildungsabschlüsse bringen in Gesellschaften, die am Leistungsprinzip orientiert sind, in der Regel die Voraussetzungen zum Eintritt in eine Berufslaufbahn mit sich. Die Abschlüsse werden durch das erfolgreiche Bestehen von mündlichen und schriftlichen Prüfungen erreicht. Das Leistungsprinzip übt durch sog. soziale Auslese, d.h. das Messen und Beurteilen von Lern- und Leistungsergebnissen, eine Statuszuweisung in unserer Gesellschaft aus. Ständische Privilegien früherer Zeit, z.b. durch adlige Geburt gegeben, existieren nicht mehr. An ihre Stelle sind erfolgreich durchlaufene Ausbildungs- und Studiengänge sowie erbrachte Leistungsnachweise getreten. Sie schaffen heute Berechtigungen und eröffnen die damit verbundenen beruflichen und auch sozialen Chancen.

Die Prüfung von Lernergebnissen wird auf Lern- bzw. Studien- oder Ausbildungsziele bezogen. In der Beurteilung wird festgestellt, inwieweit der Prüfling das Gelernte nur reproduziert, inwiefern er in der Lage ist, Gelerntes auf ähnliche und neue Arbeitssituationen zu übertragen und in welcher Weise bei ihm die Fähigkeit zu problemlösendem produktivem, kreativem Denken vorliegt. Wissen, Können, Fähigkeiten werden also in Prüfungen kontrolliert. Gleichzeitig werden hiermit Lehr- und Lernziele überprüft, d.h. das Prüfungsergebnis vermittelt Lehrenden (Prüfern) und Lernenden (Prüflingen) eine gewisse Aufklärung über das Erreichen oder Nichterreichen bestimmter Absichten. Prüfungen regen damit auch die Reflexionsprozesse über das Lehr- und Lernverhalten an.

Dem Prüfungsergebnis schreibt man Aussagewert hinsichtlich potentieller Leistungsfähigkeiten in zukünftigen beruflichen Arbeitszusammenhängen zu. Mit Prüfungen wird also kontrolliert, ob Prüflinge hinreichend für berufliche Tätigkeiten vorbereitet sind oder in welchem Maße sie z.b. durch Teilnahme an Weiterbildungsveranstaltungen dazugelernt haben.

Wir kennen Aufnahme-, Zulassungs- und Eignungsprüfungen, die dazu dienen, herauszufinden, wer aufgrund äußerer Umstände oder einer bestimmten Ausgangslage oder bestimmter vorliegender Qualifikationen z.b. in eine Einrichtung aufgenommen werden kann. Vorprüfungen werden durchgeführt, um festzustellen, ob ein Zwischenziel erreicht wurde (z.b. Vordiplom). In Abschlussprüfungen wird über das Erreichen oder Nichterreichthaben bestimmter Ziele am Ende eines Ausbildungsgangs oder Lernabschnittes geurteilt. Dies erfolgt zumeist noch in Beurteilungsstufen, nicht nur im Sinne von »Bestanden« oder »Nicht bestanden«.

Bei Prüfungen zeigen sich viele *Probleme*. Generell schwierig ist es, einzuschätzen, inwiefern der punktuelle Leistungsnachweis, oft mit großem Aufwand und Fleiß erbracht, tatsächlich Prognosewert haben kann. Eigentlich gilt er doch nur für den Prüfungszeitraum, in dem er festgestellt wurde. Wie schnell zudem

»eingepauktes« Prüfungswissen vergessen wird und somit nur noch unzulänglich für die Bewältigung von Alltagssituationen im Beruf zur Verfügung steht, ist bekannt. Der berufliche Alltag bringt ferner eine Reihe anderer Ansprüche, bedingt durch den Arbeitsplatz, die Mitarbeiter/Kollegen, das spezifische Arbeitsfeld von Sozialarbeit/Sozialpädagogik, mit sich, zu deren Bewältigung Kompetenzen erforderlich sind, die durch Prüfungen nur unzureichend oder gar nicht erfasst werden können. Die Punktualität von Prüfungen berücksichtigt zu wenig Leistungen und Fähigkeiten im Längsschnitt. Abgeschwächt wird dieses Problem durch sog. »gleitende« Prüfungen. Im Studium sind dies z.b. Prüfungen in Verbindung mit dem Erwerb von Leistungsscheinen in Seminaren, Beurteilungen über Erfolg von Vollzeitpraktika oder nach Ableisten eines Anerkennungsjahres. – Im Beruf werden sog. »Regelbeurteilungen« durchgeführt.

Ein weiteres Problem stellt die *Examenssituation* für Prüflinge wie für Prüfer dar. Die Angst vor dem Versagen in der Stresssituation einer Prüfung beeinflusst viele Prüflinge psychisch so stark, dass sie trotz guter Vorbereitung ihre Leistungsmöglichkeiten nicht voll zeigen können. Über Konzentrationsschwäche und Denkblockaden bei Prüfungen klagen viele. Prüfungsangst kann »auch zu folgenden Verhaltensweisen führen, die sich dem Willen des Prüflings weitgehend entziehen:

– Der Prüfling wird unfrei und zeigt ein Verhalten, das für ihn atypisch ist, er wird z.b. unsozial oder unaufrichtig.

– Die sprachliche Kompetenz ist beeinträchtigt, so dass der Prüfling nicht nur stottert, sondern nur noch einfachste oder stümperhafte (restringierte) Formulierungen zustande bringt, weil er über seinen tatsächlichen Sprachfundus überhaupt nicht mehr verfügen kann.

– Das Selbstwertgefühl schwindet bis zur Infragestellung der eigenen Persönlichkeit . . .« (*Kunz* 1986, 229).

Für Prüfer wie Prüflinge liegt das Problem der Examenssituation vorrangig in der Abhängigkeit der Beurteilungsergebnisse von der Person des Beurteilers, d.h. von seiner Subjektivität bzw. mangelnden Objektivität. Das Urteil des Prüfers wird durch nachfolgend genannte Effekte beeinträchtigt, auch wenn vermeintlich klare Ziele bzw. fachorientierte Anforderungen vorher festgelegt wurden.

Beim sog. »*Halo-Effekt*« (auch als Hof- oder Heiligenscheineffekt bezeichnet) werden Eigenschaften eines Menschen gewertet und positiv oder negativ »eingefärbt« auf Grund von Voreingenommenheiten und Vorurteilen. Ein sympathisch wirkender Prüfling wird so z.b. eher für intelligent gehalten als ein unsympathischer. Viele Eigenschaften einer zu beurteilenden Person werden zusammengefasst und wie mit einem Stempel versehen.

Eine andere Quelle, die das Urteil beeinflusst, ist der sog. »*logische Fehler*«. Bei diesem verknüpft der Prüfer auf Grund einer impliziten Persönlichkeitstheorie Eigenschaften des Prüflings, die er als zusammengehörig ansieht. Oft wird z.b. ein direkter Zusammenhang zwischen Leistungsmotivation und Intelligenz gesehen. Besonders fleißige Studierende oder Berufskolleginnen und -kollegen haben dadurch häufig einen »Bonus« oder werden überschätzt. Beim *»Milde- oder Strenge-Fehler«* werden z.b. bekannte bzw. sympathische Studierende entgegenkommender beurteilt als unbekannte bzw. unsympathische. Die Beurteilungswerte liegen hier im oberen bzw. unteren Teil der Bewertungsstufen.

Bei einem anderen »Fehler« des Prüfers, dem der *»Neigung zur Zentraltendenz«*, liegt die Mehrzahl der Beurteilungen in der Mitte der Rangskala.

Bekannt ist auch ein weiterer Effekt, der das Prüfungsurteil stark beeinflussen kann: *»der Pygmalion- oder Erwartungseffekt«*. Er bedeutet soviel, dass z.b. positive Einstellungen oder Erwartungen der Lehrenden/Prüfer das Leistungsverhalten und die Prüfungsergebnisse begünstigen, negative Einstellungen oder Erwartungen sich entsprechend negativ auswirken können.

Der Beurteilungsprozess verläuft in zwei Phasen. In der ersten Phase geht es um die Feststellung der Leistung, in der zweiten um die Bewertung der Leistung. Bei der Bewertung können folgende Beurteilungsnormen unterschieden werden:

1. die personenbezogene oder individuelle Norm
2. die sozialbezogene oder interindividuelle Norm
3. die sachbezogene oder kriteriums- bzw. lehr-/lernzielorientierte Norm.

Um Fehler bei Messungen und Beurteilungen möglichst gering zu halten, ist es erforderlich, Lehr- und Lernziele kriterien- oder normorientiert zu definieren. Bei den Prüfungsformen sprechen wir von sog. informellen (kriteriumsbezogenen oder lehr-/lernzielorientierten) Prüfungsformen und von den formellen (standardisierten bzw. normbezogenen) Tests. Gute Tests haben folgende Eigenschaften: sie sind valide, d.h. erfassen wirklich das was erfasst und geprüft werden soll; sie sind reliabel, d.h. ein Paralleltest oder erneuter Test bringt kein deutlich abweichendes Ergebnis; sie sind objektiv, d.h. die Ergebnisse sind unabhängig vom Beurteiler; sie sind normiert, d.h. einzelne Testergebnisse können nach einem Bezugssystem eingeordnet und dadurch bewertet werden.

12.2 Vorbereitung auf mündliche und schriftliche Prüfungen

12.2.1 Lernstrategische Hinweise

Es muss nicht nur für Prüfungen gelernt werden. Schon vorher in der Schule stand zielorientiertes Lernen im Mittelpunkt, und nach dem Lernen für die Prüfungen im Studium verlangen auch berufliche Anforderungen von uns, dass wir ständig weiterlernen. Lebenslanges Lernen ist Realität im Leben der Menschen einer Industrie- und Dienstleistungsgesellschaft. Es geht hier stets darum, dass Lernende sich Ziele setzen bzw. sich den Anforderungen an sie stellen und wissen, wie sie erfolgreich lernen. Im Laufe des Lebens entwickelt jeder seinen individuellen Lernstil auf der Basis gemachter Erfahrungen und integrierter Orientierungen, die andere ihm vermittelten. Im folgenden sollen einige praxisorientierte strategische Hinweise für ein erfolgreiches Lernen und Behalten des Angeeigneten gegeben werden.

Aus der Verhaltenspsychologie

Untersuchungen zeigen (vgl. Correll 1991, 210–n), dass das Behalten eines Lernstoffes gestört wird, wenn vorhergehendes und nachfolgendes Lernen ähnliche Lerngebiete umfasst. Solche pro- und retroaktiven Hemmungen können durch einen Wechsel im Lernstoff, in den Aktivitäten (auf eine Phase intellektueller Arbeit folgt z.B. eine motorische Tätigkeit) sowie durch Pausen (Ruhepausen) minimiert werden. Der Schlaf (auch ein nur ganz kurzer Schlaf) gilt als beste Inaktivität nach einem Lernvorgang, dessen Inhalt im Gedächtnis bleiben soll. Das verteilte Lernen, also Lernen in Einheiten, durch andere Aktivitäten oder durch Pausen gegliedert, ist in der Tendenz für das Behalten besser als das gehäufte Lernen. Natürlich ist hier nach Sachgebieten, ihrer Komplexität und ihrem Schwierigkeitsgrad, nach individuellen Fähigkeiten zur Verarbeitung von Informationen sowie individueller Belastbarkeit zu unterscheiden. Das Gelernte muss zudem in Intervallen wiederholt und so aufgefrischt werden. Die Vergessensforschung geht davon aus, dass vermeintlich verschwundene Gedächtnisinhalte nicht völlig verloren gehen. Psychoanalytische Auffassungen betrachten Verdrängungsvorgänge als Ursache verschiedener Vergessensphänomene. Die verdrängten Lerninhalte und -situationen bleiben z.T. im Unbewussten weiterhin wirksam. Sie zeigen sich z.B. in Traumbildern oder auch in neurotischen Tendenzen und Handlungen.
Sinnvolles Lernmaterial wird deshalb leichter behalten als sinnloses, da es in Elementen den Lernenden bereits bekannt ist.
Ein gewisses »Überlernen«, d.h. über den Punkt hinaus, an dem das Material beherrscht wird, ist erforderlich, um das Gelernte nicht wieder zu vergessen. Das bedeutet aber nicht, dass stumpfsinnig »gepaukt« werden müsste. Es geht vielmehr darum, einen sicheren Weg des Behaltens zu gehen. Dazu ist ein Überlernen – wenn möglich in wechselnden Transferzusammenhängen – geeignet. Leere Paukerei bringt negative Emotionen mit sich, die u.U. einen Lernstoff in die Vergessenheit drängen.

Aus der Lernbiologie

Beim Lernen sollen möglichst viele Sinne angesprochen werden. Aus der Hirnforschung ist bekannt, dass wir den Lernstoff über möglichst viele Eingangskanäle anbieten, einprägen und verarbeiten sollen. »Je mehr Wahrnehmungsfelder im Gehirn beteiligt sind, desto mehr Assoziationsmöglichkeiten für das tiefere Verständnis werden vorgefunden, desto größer werden Aufmerksamkeit und Lernmotivation, und desto eher findet man die gelernte Information wieder, wenn man sie braucht« (*Vester* 1991, 105). Nach *Vester* gibt es folgende Lerntypen von Menschen: den Sehtyp, Hörtyp, verbalen Typ, Gesprächstyp. Er geht davon aus, dass jeder die Möglichkeit haben soll, den Lernstoff in die Assoziationsmöglichkeiten des eigenen Grundmusters zu übersetzen.

Aus der Suggestopädie

Der Bulgare *Georgi Lozanov* hat Anfang der 60er Jahre eine Lehr-Lern-Methode entwickelt, die sog. Suggestopädie. Suggestion beim Lernen will er nicht als Manipulation, sondern als Angebot mit ganzheitlicher Zielsetzung (Körper, Seele und Geist umfassend) verstanden wissen. Er möchte der lernenden Person viele Wahlmöglichkeiten für den Lernprozess anbieten, die sie in entspanntem Zustand, frei und selbstgesteuert wahrnehmen kann. Dabei vertraut er den vorhandenen Lernkapazitäten der Lernenden und will deren mögliche negative Selbstbilder durchbrechen. Folgende unverzichtbare Prinzipien gelten: Lernen mit Freude, Lernen unter Einbeziehung von bewusster und unbewusster Ebene und damit der unterschiedlichen Möglichkeiten des Gehirns. Beispielsweise werden Sprache und Musik miteinander verbunden. Musik spricht die rechte, Sprache die linke Gehirnhälfte an. Lozanov verbindet neuere Erkenntnisse aus der Gehirnforschung und der Lernpsychologie mit den mnemotechnischen (d.h. gedächtnistechnischen, R. K.) Praktiken der alten Griechen und indischen Brahmanen« (*Decker* 1995, 139), um die mentalen Kapazitäten des Menschen besser zu nutzen.

So gehören folgende integrative Momente zum suggestopädischen Lernen: Musik zur Gestaltung und Begleitung; Spiele und Tänze; Entspannungsphasen; sinnlich-bildhafte Vorstellungstechniken, die ästhetisch gestaltete Lernumgebung; handlungs- und bewegungsorientierte Erarbeitung des Lernstoffs.

Eine wichtige Feststellung lautet: der Mensch lernt nur dann optimal, wenn er von körperlichen, geistigen und psychischen Blockaden frei ist. Negative Lerneinstellungen erzeugen eine negative Erwartungshaltung, die zur Lernbarriere wird, die die Aufnahme des Lernstoffes behindert oder gar verhindert. Als wichtige Methode gilt hier die Selbstkommunikation, die bewusst gegensteuert mit bestimmten Formeln, wie z.B.: »Das kann ich !« – »Ich werde das schon behalten, wenn ich mir Mühe gebe!« – »Ich will das gesteckte Prüfungsziel erreichen!« – »Ich habe jetzt die Ruhe und bin geduldig, auch mit mir selbst!« Durch Phantasiereisen wird die eigene Vorstellungskraft erweitert. »Mind-Mapping« bezeichnet das Verfahren bildlicher Darstellung (vgl. *Decker* 1995, 127ff.). Thesen, Schlüsselwörter werden zu einem »Bild« mit vielen Knotenpunkten und Verzweigungen gezeichnet. Neue Ideen, z.B. in Form von graphischen Symbolen (oder Stichwörtern oder Farben), können immer wieder dazugesetzt werden. Diese vernetzte Aufzeichnungsmethode entspricht eher der komplexen Arbeitsweise des Gehirns, als wenn wir uns vorrangig mit linearen Strukturen befassen.

Es gibt inzwischen Weiterentwicklungen der Suggestopädie Lozanovs, sodass eher von Konzepten als von einem festumrissenen Theoriegebäude gesprochen werden kann (vgl. *Riedel* 1995).

Aus der Neurolinguistischen Programmierung (NLP)

Mit neurolinguistischem Programmieren wird »die grundlegende Dynamik zwischen Geist (Neuro) und Sprache (Linguistik)« in Verbindung mit den »Auswirkungen ihres Wechselspiels auf Körper und Verhalten (Programmieren)« beschrieben (*Decker* 1995, 60). *J. Grinder* und *R. Bandler* gelten als die Väter von NLP. Sie stützen sich bei ihrem Ansatz für ein wirkungsvolles Lernen und Behalten auch auf die Erkenntnisse aus ihren Analysen der Gestalttherapie (*F. Perls*), der Systemischen Familientherapie (*V. Satir*) sowie der Theorien von *G. Bateson* vom menschlichen Geist. Folgende Gedanken der NLP erscheinen besonders wichtig:

*   Neurologische Systeme verbinden Geist und Körper. So zeigen wir z.b. durch Körperhaltung, Gesten, Augenbewegungen und bestimmte Sprachmuster (mit sprachlichen Vorlieben), was beim Denken in uns vorgeht. Dem physiologischen Zustand, wie der nonverbalen, unbewussten, unmittelbaren Reaktion, muss daher Aufmerksamkeit geschenkt werden. Sie ermöglicht uns nämlich Zugänge zur Person.
*   Wir können nur einen begrenzten Teil der vielfältigen Welt in uns aufnehmen. Daher verarbeitet das Gehirn sensorische Repräsentationen und Eindrücke (Sehen, Hören, Riechen, Schmecken, Sich-Erinnern, Phantasieren) zu »Landkarten«. Wir bringen diese Landkarten immer wieder auf den neuesten Stand, d.h., wir lernen Verhaltensweisen, indem wir vorhandene sensorische Repräsentationen untereinander sowie mit den neuen Sinneseindrücken verbinden. Einer der fünf Sinne dominiert in der Regel bei einem bestimmten mentalen Schritt.
*   Die Sprache gilt in der NLP als eigenes Repräsentationssystem, da sie anders als z.B. Klänge im Gehirn repräsentiert wird.
*   Wir Menschen verfügen bereits über die Fähigkeiten, die wir brauchen, um neue Verhaltensweisen aufzubauen und zu entwickeln. Wichtig ist: das, was wir wissen oder bereits können, zu erschließen und in Verbindung mit der Bewältigung neuer Aufgaben zu nutzen.

NLP kann somit in der Vorbereitung auf Prüfungen helfen, sich selbst zu motivieren, neue Fähigkeiten sowie Lernstrategien für ein effizientes Lernen und Behalten zu entwickeln.

12.2.2 Erstellen eines Vorbereitungsplans

Da Prüfungen im Studium und im Beruf nicht überraschend kommen, sondern hinsichtlich des Zeitpunktes und der Anforderungsprofile kalkulierbar sind, sollten die mit den Prüfungen zusammenhängenden Aufgaben nach individuellem Plan vorbereitet werden. Dieser Plan hat Entwurfs- und Orientierungscharakter. Er muss ergänzbar, korrigierbar sein, sollte andererseits wichtige Aufgabenelemente in geordneter Zeitstruktur auf das Ziel hin, nämlich die Prüfung (oder die Prüfungen), enthalten. Er dient der Optimierung der Prüfungsvorbereitung, indem er sichtbar macht, was im Einzelnen zu tun ist, worauf besonders Wert gelegt werden muss und an welcher Stelle und zu welchem Zeitpunkt besonders belastende Momente auftreten.

Wie detailliert geplant werden soll, hängt vom Vorbereitungsumfang, aber auch von der Planungsbereitschaft ab. Manchen reicht eine selbst erstellte Grobübersicht, andere fertigen sich lieber eine großflächige Grafik im Sinne eines Planungsdiagramms an und tragen in die einzelnen Kästchen die Tätigkeiten in ihrer Abhängigkeit voneinander und in zeitlicher Abfolge ein. Je nach Lerntyp bevorzugen einige statt visueller Möglichkeiten Gespräche mit anderen über Prüfungsinhalte.

Prüfungszeit

Vorbereitungsplan zur Prüfung

Vorbereitungs-Phasen ▲	Fachlich-organisatorische Zielklärung ▲	Fachlich-inhaltliche Zielklärung	Literatur-recherchen	Aufarbeiten zum Prüfungsstoff	Einprägen und üben ▲
Tätigkeiten, Vorgänge ▲	*(Beispiele:)* – Prüfungsfächer – Anforderungen – Art der Prüfung – Zulassungs-voraussetzungen – Prüfer usw.	*(Beispiele:)* – Themen/Inhalte – Was liegt bereits ausgearbeitet vor? – Welche neuen fachlichen Schwerpunkte müssen (oder können) gesetzt werden? usw.	*(Beispiele:)* – Literaturstudium – Auszüge aus der Fachliteratur – Durcharbeiten eigener Skripten, Notizen bzw. von Vorlesungs- und Seminarskripten usw.	*(Beispiele:)* – Übersichtliche Kurzfassung wichtiger Inhalte, Fakten, Theorien, Modelle, Forschungsergebnisse, – Querverweise, Kritik, eigene Meinung – Zusammenhänge zwischen den Inhalten?	*(Beispiele:)* – Wiederholen und Einprägen übergreifender Zusammenhänge bzw. von Sinnstrukturen ▲ – Prüfungssimulation: Mögliche Aufgaben selbst stellen; Aussagen mit den Augen des Prüfers sehen; mögliche Verbindungen von Inhaltselementen durchgehen usw. ▲
Zuordnung der einzelnen Schritte in grafischer Form ▲	▢–▢ ▢ ▢▢▢	...	usw.	usw.	usw. ▲
Zeit (Monat/Wochen)	Januar (4 Wochen)	...	...	...	... ▲

12.2.3 Generelle Ansprüche in mündlichen und schriftlichen Prüfungen

Um die Prüfungen hinsichtlich der zu erwartenden Leistungsansprüche gezielt vorbereiten zu können, müssen sich Prüflinge darauf einstellen, dass sich die verschiedenen Frage- und Aufgabenstellungen zumeist auf die Kategorien *Beschreiben, Erklären, Anwenden* zurückführen lassen. (Vgl. *Novak* u.a. 1982, 288ff.)

Beim *Beschreiben*, das auch mit den Verben wie darstellen, schildern, berichten oder skizzieren verlangt wird, sollten Sie zunächst prüfen, wie ausführlich die Beschreibung gewünscht wird. Bei der Beschreibung selbst sollten Sie angesichts der zumeist relativ kurzen Prüfungszeit nur die wichtigsten Details möglichst genau schildern, sich um eine dem Inhalt angemessene Fachsprache bemühen, aber keine persönliche Stellungnahme abgeben. Die Wertung lässt sich allerdings kaum ganz vermeiden, denn z.b. bei einer Gegenüberstellung von Ursachenfaktoren oder von möglichen Kriterien zur Einordnung bestimmter Einzelheiten schwingen immer Bewertungsmomente mit.

Die Kategorie *Erklären* ist z.b. erkennbar an Aufgaben wie »Begründen Sie«, »Nehmen Sie kritisch Stellung«. Eine wissenschaftliche Erklärung kann z.b. nach folgenden Schritten aufgebaut werden:

»a) Erklärung mit Hilfe einer Gesetzmäßigkeit
  1. Schritt: Angabe der Gesetzmäßigkeit
           (. . .)
  2. Schritt: Beschreibung der gegebenen Situation, der Bedingungen
  3. Schritt: Erklärung (= Schlussfolgerung, Synthese)
           >Das Versagen des Schülers ist eine Folge seiner überstarken Prüfungsangst<«. (Vgl. *Novak* u.a. 1982, 292f.)

Bei dieser Kategorie ist zu beachten, dass nicht nur Meinungen und Theorien anderer zitiert werden, sondern auch die eigene Meinung sachlich und begründet geäußert wird.

Die Kategorie *Anwenden* wird z.b. deutlich an Aufgaben wie »Entwickeln Sie vorbeugende Möglichkeiten zu . . .«, »Wie würden Sie in diesem Fall vorgehen?« oder »Konzipieren Sie einen Förderplan zu . . .«. Es ist bei dieser Leistungskategorie wichtig zu beachten, dass die Voraussetzung zur fundierten »Anwendung« die problemorientierte Beschreibung z.b. des Phänomens oder Sachverhalts und die wissenschaftliche Erklärung bzw. Begründung einer gedachten Anwendung gehören. Die Aufgabe »Anwenden« könnte nach folgenden Schritten gemeistert werden:

»1. Schritt: *Zielangabe.* Was wird angestrebt?
            Was soll erreicht werden? (. . .)
 2. Schritt: *Beschreiben konkreter Umstände,*
            des Verhaltens, das geändert werden soll, der Ursachen, die zu beseitigen sind, der Schwierigkeiten, die zu erwarten sind usw.

3. Schritt: *Theoretische Ausführungen.* Was ist bekannt? Was wissen wir über das vorliegende Problem? Welche Gesetzmäßigkeiten sind im vorliegenden Fall relevant (zutreffend, von Bedeutung)? (...)

4. Schritt: *Erarbeiten konkreter Maßnahmen,* Aufstellen eines Plans. eines Konzepts, Beschreibung des Erzieherverhaltens usw.« *(Novak,* u.a. 1982, 198.)

12.2.4 Beispiel einer verständnis- und gedächtnisorientierten Lernstrategie

Es wird geschätzt, dass rund 80 % der menschlichen Anstrengung darauf gerichtet ist, einen Sachverhalt, einen Sinnzusammenhang zu verstehen. Die anderen Bemühungen gelten dem Ziel, das einmal Verstandene zu festigen. Als Orientierungshilfe für das Lernen mit Blick auf Prüfungen soll daher die folgende vorwiegend kognitiv angelegte Lernstrategie vorgestellt werden (vgl. *Polak* 1993, 23f.):

»1. *Fragen an sich selber«:* Durch Fragen aktivieren wir unsere Aufmerksamkeit. Wir formulieren unser individuelles Interesse. Zudem lassen sich so weitere Zusammenhänge herstellen. Das Lernen wirkt auf diese Weise motivierend.

»2. *Kontrolle des Verständnisses/Gedächtnisses«:* Ob wir das Gelesene oder Gehörte wirklich verstanden haben und auch aus dem Gedächtnis wiederholen können, überprüfen wir systematisch und in regelmäßigen Zeitabständen.

»3. *Strukturelle/funktionale Zusammenhänge schaffen«:* Diese Aufgabe ist ganz wichtig. Strukturelle Zusammenhänge informieren uns nämlich, wie etwas gegliedert und aufgebaut ist, funktionale Zusammenhänge enthalten Details zum Funktionieren von Gegebenheiten. – Hier würde z.B. das vorher genannte »mind – mapping« gute Dienste leisten.

»4. *Paraphrasieren«:* Es verlangt von uns, das Gesehene oder Gehörte mit eigenen Worten zu formulieren. So können wir prüfen, ob und in welchem Umfang wir den Lernstoff verstanden haben.

»5. *Schema zeichnen«:* Eine stichwortartige Übersicht oder die schematische Zeichnung eines Problems können helfen, Zusammenhänge klar vor Augen zu haben und so besser einprägen zu können. Hier ergibt sich eine Verbindung zu Nr. 3.

»6. *Konkretisierung«:* Das auf bestimmten Abstraktionsniveau vorliegende oder bearbeitete Wissen versuchen wir, uns in konkreter Form vorzustellen.

»7. *Beispiele suchen«:* Das Suchen konkreter Beispiele eigener Handlungssituationen und konkreter berufsorientierter Zusammenhänge macht den betreffenden Lerninhalt anschaulich. Wir werden so gezwungen, das Gelernte auf seine Anwendbarkeit auf die Praxis zu überprüfen. Gute Beispiele helfen uns, gelernte Grundsätze besser einzuprägen. Ein passendes

Beispiel erleichtert die Reproduktion eines bestimmten Grund- oder Lehr-
satzes, einer bestimmten Theorie.

»8.–10 *Zusammenhänge zum Vorwissen schaffen*«: Wenn es uns gelingt,
sachlogische oder sprachlogische (z.B. Ableiten eines Fachbegriffs aus dem
Wortstamm oder der ursprünglichen Bedeutung) oder künstliche Zusammenhänge (»Eselsbrücken«) zum Vorwissen zu schaffen, können wir neue
Lerninhalte in unsere vorhandene kognitive Struktur einordnen. Einzelheiten sind eben schneller vergessen, wenn wir sie nicht in einen Zusammenhang integrieren.

Da aus den vorherigen Ausführungen klar wurde, dass erfolgreiches Lernen
kognitiv-mentale und psychisch-emotionale sowie physische Komponenten
enthalten sollte, solle bei dieser Lernstrategie überlegt werden, wo die einzelnen Lernphasen am besten z.B. durch Entspannungs- und Selbstmotivierungs-
methoden sowie sinnvolle andere Unterbrechungen angereichert werden könnten.

12.3 Tipps zum Verhalten während der Prüfung

12.3.1 Verhalten in mündlichen Prüfungen

- Mündliche Prüfungen verlaufen zumeist in der Form von problemorientier-
  ten Gesprächen, nicht im Stile von Frage- und Antwort-Geben. Damit wird
  verlangt, dass Sie Prüfungswissen im Sinne der vorher angesprochenen
  Leistungskategorien Beschreiben, Erklären, Anwenden ins Gespräch einbringen können.
- Immer die gestellte Aufgabe im Auge behalten. Falls Sie sie nicht mehr richtig im Gedächtnis haben, bitten Sie um eine Wiederholung der Fragestellung.
- Bei Impulsen, Denkanstößen oder Fragen zuerst eine mögliche Antwort
  strukturieren, d.h. die Antwort überdenken und dann erst antworten.
- Erscheint Ihnen keine Beantwortung der Frage möglich, so sollten Sie dies
  offen sagen. Wenn Sie meinen, keine »schlüssige« oder »völlig abgesicher-
  te« Äußerung abgeben zu können, sagen Sie das.
- Ausreden beim Nichtwissen etwa in der Form »Gestern habe ich das alles
  noch perfekt »gewusst«, werden von den meisten Prüfern nicht gern gehört.
- Blickkontakt zum Prüfer halten, dessen Gesichtsausdruck und Gestik beachten.
- Thesen und Meinungen des Prüfers dann widersprechen, wenn es gelingt,
  die eigenen Emotionen zu kontrollieren und die abweichende Auffassung
  zu begründen und zu belegen.
- Es ist gut, sich vorher zu informieren, was der Prüfer andere zu ähnlichen
  Prüfungsthemen gefragt hat und in welchem Stil er prüfte, d.h., ob er z.B.

bewusst durch Behauptungen provozierte, um den Prüfling zum eigenständigen Denken und Argumentieren anzuregen.

– Auch wenn bei Gruppenprüfungen andere gefragt werden, versuchen Sie, mitzudenken und nicht eigenen (von der Sache wegführenden) Gedanken nachzugehen. Es könnte ja sein, dass Sie gerade in diesem Moment um Ihre Meinung zum betreffenden Problem gebeten werden.

12.3.2 Verhalten in schriftlichen Prüfungen

– Nicht zu früh zum Prüfungsraum kommen. Sie werden sonst evtl. durch die allgemeine Nervosität angesteckt.

– Kurz vorher keine Gespräche mehr über eigene Prüfungsinhalte mit anderen führen. Dies würde Sie nur verunsichern, da Sie ja andere Inhalte ausgearbeitet, zumindest aber sich anders vorbereitet und andere Akzente gesetzt haben.

– Die erhaltene Prüfungsaufgabe gründlich und – möglichst – in Ruhe durchlesen. Es wäre ärgerlich, wenn Sie das Thema verfehlten oder einen falschen Schwerpunkt setzten.

– Versuchen Sie, zunächst einen Überblick über die mit der Aufgabenstellung zusammenhängenden Bearbeitungsaspekte zu notieren, d.h. das Prüfungsthema zu gliedern. Die Gliederung geben Sie später mit ab.

– Ordnen Sie den gedachten Gliederungsaspekten grob die Zeiteinheiten zu, damit Sie mit dem Gesamtkontingent an Zeit auch zurechtkommen.

– Halten Sie sich nicht unnötig lange an vermeintlich zu schwierigen Teilen oder sogar für Sie Unlösbarem auf. Eine zumeist durch die Prüfungsaufregung entstehende Gedächtnisblockade sollte Sie nicht nervös machen. Beim Schreiben fallen Ihnen die wichtigen Einzelheiten schon wieder ein.

– Arbeiten Sie streng auf das Thema hin bezogen, vermeiden Sie Weitschweifigkeit. Beachten Sie die typischen Kategorien Beschreiben, Erklären, Anwenden als Orientierung bei Ihrer Darstellung. Die eigene kritische Meinung ist stets wichtig und wird bei der Bewertung der Prüfungsarbeit entsprechend gewichtet. Sie sollte aber immer begründet werden.

– Schaffen Sie es nicht mehr, bestimmte Teilbereiche, die Ihnen wichtig erscheinen, innerhalb des Zeitrahmens ausführlich darzustellen, so notieren Sie mindestens noch Stichworte, die einen Überblick vermitteln können. Schreiben Sie sauber und leserlich. Gliedern Sie den Gesamttext deutlich erkennbar entsprechend Ihrer Inhaltsübersicht. Verwenden Sie eins der gebräuchlichen Ordnungssysteme.

Literaturverzeichnisse

Zu Kapitel 1

Derbolav, Josef: Fehlentwicklungen . . .? Kritische Streifzüge durch die politisch-pädagogische Landschaft der Deutschen Bundesrepublik. Würzburg 1984. Vor allem das 5. und 9. Kapitel.

Gadamer, Hans-Georg: Lob der Theorie. Reden und Aufsätze. Frankfurt am Main, 3. Aufl. 1991.

Heitger, Marian: Beiträge zu einer Pädagogik des Dialogs. Eine Einführung. Mit einem Beitrag von *Ines M. Breinbauer.* Wien 1983, 20–30.

Pieper, Annemarie: Selber denken. Anstiftung zum Philosophieren. Leipzig, 2. Aufl. 1997.

Popper, Karl R.: Alles Leben ist Problemlösen. Über Erkenntnis, Geschichte und Politik. München–Zürich, 7. Aufl. 1995.

Rombach, Heinrich (Hg.): Wissenschaftstheorie 1. Probleme und Positionen der Wissenschaftstheorie; Wissenschaftstheorie 2. Struktur und Methode der Wissenschaften. Freiburg–Basel–Wien 1974.

Wuketits, Franz: Schlüssel zur Philosophie. Düsseldorf–Wien–New York 1987. (Vor allem Kap. 4: Die wissenschaftliche Erkenntnis.)

Zu Kapitel 2

Decker, Franz: Team working – Gruppen erfolgreich führen und moderieren. München, 2. Aufl. 1994.

Glasl, F.: Konfliktmanagement – Ein Handbuch für Führungskräfte und Berater. Bern 1994.

Graeff, Peter: Kommunikation und Kooperation in sozialen Organisationen. In: *Boskamp, P./Knapp, R.* (Hrsg.): Führung und Leitung in sozialen Organisationen – Handlungsorientierte Ansätze für neue Managementkompetenz. Neuwied 2. Aufl. 1999, S. 109–140.

Gudjons, Herbert: Spielbuch Interaktionserziehung. 180 Spiele und Übungen zum Gruppentraining in Schule, Jugendarbeit und Erwachsenenbildung. Bad Heilbrunn 1987.

Hang, Ch. V.: Erfolgreich im Team. Praxisnahe Anregungen und Hilfestellungen für effiziente Zusammenarbeit. München 1994.

Knapp, Rudolf: Leitende Kriterien für die Planung und Gestaltung von Weiterbildungskursen für Führungskräfte im Bereich der Sozialen Arbeit. In: *Boskamp, P./Knapp, R.* (Hrsg.) a.a.O., S. 253–292.

Richter, Horst-Eberhard: Lernziel Solidarität. Hamburg 1974.

Zu Kapitel 3

Graichen, Winfried U./Seiwert, Lothar J.: Das ABC der Arbeitsfreude: Techniken, Tips und Tricks für Vielbeschäftigte. Speyer, 10., durchges. Aufl. 1997.

Kunz, Armin: Der Weg zum erfolgreichen Studium. Studenten lernen studieren – Organisation und Methoden geistiger Arbeit. Heidelberg 1986.

Müller-Schöll, Albrecht/Priepke, Manfred: Sozialmanagement. Zur Förderung systematischen Entscheidens, Planens, Organisierens, Führens und Kontrollierens in Gruppen. Frankfurt/Main–Berlin–München, 3. Aufl. 1992.

Rückriem, Georg/Stary, Joachim/Franck, Nobert: Die Technik wissenschaftlichen Arbeitens. Eine praktische Anleitung. Paderborn–München–Wien–Zürich, 10., überarb. Aufl. 1997.

Tepperwein, Kurt: Die „Kunst" mühelosen Lernens. Neue Lernmethoden machen es Ihnen leicht. Kreuzlingen–München, 5. Aufl. 1996.

Zu Kapitel 4

Covey, Stephan R./Merrill, A. Roger/Merrill, Rebecca R.: Der Weg zum Wesentlichen: Zeitmanagement der vierten Generation. Frankfurt/Main–New York 1997.

Mackenzie, Alec: Die Zeitfalle: Der Klassiker für Zeitmanagement in Neuausgabe. Heidelberg, 11., unveränd. Aufl. 1995.

Seiwert, Lothar J.: Mehr Zeit für das Wesentliche. So bestimmen Sie Ihre Erfolge selbst durch konsequente Zeitplanung und effektive Arbeitsmethodik. Landsberg a. Lech, 17. Aufl. 2000.

Zu Kapitel 5

Eckey, Wolfgang (Red.): Pressemeldung und Presseinformation. In: Duden. Einfach richtig schreiben. Ratgeber für richtiges und modernes Schreiben. Mannheim–Wien–Zürich 1987, 255–258.

(Die Ausführungen über die Pressemeldung hielten sich eng an dieses Kapitel.)

Ders.: Protokoll. In: Duden. Einfach richtig Schreiben . . ., 240–248.

Eggerer, Wilhelm/Pröstler, Heinz: der Bericht, das Berichten. (Manz-Aufsatz-Bibliothek, Bd. 2) München, 5. Aufl. 1993, 5–41.

Hülshoff, Friedhelm/Kaldewey, Rüdiger: Mit Erfolg studieren. Studienorganisation und Arbeitstechniken. München, 3., überarb. Aufl. 1993, 150–156.

Köth, Marlis: Wie schreibe ich Berichte und Protokolle? München 1973.

Meyner, Ernst A.: Berichte und Protokolle schreiben. Einfach, klar, verständlich. Düsseldorf, 2. Aufl., überarb. Neuausg. 1989, 35–41. (ETB 21074)

Neis, Edgar: Verbessere Deinen Stil. Eine Anleitung zu richtiger Wortwahl und Satzgestaltung, Hollfeld Obfr., 3. Aufl. 1992.

Die beiden Zitate von _F. Sieburg_ und _P. Handke_ zu Beginn des Abschnitts 5.5 sind dem Leitartikel von _Klaus Natorp_ entnommen: Die Sprache verkommt. In: F.A.Z. vom 17. 5. 1982.

Das Beispiel für eine bombastische Ausdrucksweise stammt von *Günter Lietzmann*, in: Süddeutsche Zeitung, 1. 10. 1977.

Zu Kapitel 6

Badry, Elisabeth/Buchka, Maximilian/Knapp, Rudolf (Hrsg.): Pädagogik. Grundlagen und Arbeitsfelder. Neuwied–Kriftel–Berlin, 3. Aufl. 1998.

Boskamp, Peter/Knapp, Rudolf (Hrsg.): Führung und Leitung in sozialen Organisationen. Handlungsorientierte Ansätze für neue Managementkompetenz. Neuwied 2. Aufl. 1999.

Buchka, Maximilian: Einführung in die Didaktik – Methodik der Sozialpädagogik. Unveröffentl. Manuskript. Köln 1985.

Dauber, Heinrich: Erwachsenenbildung/Weiterbildung. In: *Eyfert, H.* u.a. (Hrsg.): Handbuch zur Sozialarbeit/Sozialpädagogik. Neuwied 1984, S. 291ff.

Decker, Franz: Bildungsmanagement für eine neue Praxis. Lernprozesse erfolgreich gestalten, pädagogisch betriebswirtschaftlich führen, budgetieren und finanzieren. München 1995.

Deinet, Ulrich/Sturzenhecker, Benedikt (Hrsg.): Konzepte entwickeln. Anregungen und Arbeitshilfen zur Klärung und Legitimation. Weinheim, München 1996.

Geißler, Karlheinz A./Hege, Marianne: Konzepte sozialpädagogischen Handelns. Ein Leitfaden für soziale Berufe. Weinheim, 7. Aufl. 1995.

Giesecke, Hermann: Das Ende der Erziehung. Neue Chancen für Familie und Schule. Stuttgart, 4. Aufl. 1988.

Graeff, Peter: Organisationsentwicklung. In: *Boskamp, P./Knapp R.* s.o., S. 99–128.

Gudjons, Herbert/Teske, Roland/Winkel, Rainer (Hrsg.): Didaktische Theorien. Hamburg, 4. Aufl. 1987.

Hasselborn, Martin V.: Wirkungsvoller lernen und arbeiten. Wiesbaden, 6. Aufl. 1988.

Hülshoff, Friedhelm/Kaldewey, Rüdiger: Mit Erfolg studieren. Studienorganisation und Arbeitstechniken. München, 2. Aufl. 1984.

Jäger, Alfred: Hard- und Softmanagement in sozialen Unternehmen. In: *Boskamp, P./ Knapp, R.* (Hrsg.) s.o., S. 35–74.

Kaiser, Arnim/Kaiser, Ruth: Studienbuch Pädagogik. Grund- und Prüfungswissen. Frankfurt/M., 5. Aufl. 1995.

Klafki, Wolfgang: Neue Studien zur Bildungstheorie und Didaktik. Weinheim und Basel, 7. Aufl. 1996.

Knapp, Rudolf: Leitende Kriterien für die Planung und Gestaltung von Weiterbildungskursen für Führungskräfte im Bereich der sozialen Arbeit. In: *Boskamp, P./Knapp, R.* (Hrsg.) s.o., S. 253–292.

Koller, Hans: Simulation und Planspieltechnik. Wiesbaden 1969.

Müller, Paul: Methoden in der kirchlichen Erwachsenenbildung. München 1982.

Opaschowski, Horst W.: Einführung in die freizeitkulturelle Breitenarbeit Methoden und Modelle der Animation. Bad Heilbrunn, 1979.

Peterßen, Wilhelm H.: Lehrbuch Allgemeine Didaktik. München, 4. Aufl. 1994.

Schilling, Johannes: Didaktik/Methodik der Sozialpädagogik. Neuwied, 2. Aufl. 1995.

Schulz von Thun, Friedemann: Miteinander reden (2). Stile, Werte und Persönlichkeitsentwicklung. Reinbek b. Hamburg 1997.

Thiele, Albert: Erwachsene lernen Lernen. Landesinstitut für Schule und Weiterbildung. Soest 1984.

Wöhrle, Armin: Von der Konzeptentwicklung zum Organisationsumbau. In: *Deinet, Ulrich* u.a., s.o., S. 99–128.

Zu Kapitel 7

Eco, Umberto: Wie man eine wissenschaftliche Abschlußarbeit schreibt. Doktor-, Diplom- und Magisterarbeit in den Geistes- und Sozialwissenschaften. Heidelberg, 6., durchges. Aufl. 1996.

Diepold, Peter/Tiedemann, Ppaul: Internet für pädagogen. Eine praxisorientierte Einführung. Darmstadt 1999.

Fragnière, Jean-Pierre: Wie schreibt man eine Diplomarbeit? Planung, Niederschrift, Präsentation von Abschluß-, Diplom- und Doktorarbeiten, von Berichten und Vorträgen. Bern und Stuttgart, 4. unveränd. Aufl. 1996.

Hülshoff, Friedhelm/Kaldewey, Rüdiger: Mit Erfolg studieren. Studienorganisation und Arbeitstechniken. München, 3., neubearb. Aufl. 1993.

Kunz, Armin: Der Weg zum erfolgreichen Studium. Studenten lernen studieren – Organisation und Methoden geistiger Arbeit. Heidelberg 1986.

Poenicke, Klaus/Wodke-Repplinger, Ilse: Wie verfaßt man wissenschaftliche Arbeiten? Ein Leitfaden vom ersten Semester bis zur Promotion. Mannheim–Wien–Zürich, 2., erw. u. überarb. Aufl. 1988. (Duden-Taschenbücher, Bd. 21)

Rückriem, Georg/Stary, Joachim/Franck, Nobert: Die Technik wissenschaftlichen Arbeitens. Eine praktische Anleitung. Paderborn–München–Wien–Zürich, 10., überarb. Aufl. 1997.

Schräder-Naef, Regula D.: Rationeller Lernen lernen. Ratschläge und Übungen für alle Wißbegierigen. Weinheim und Basel, 18., neugest. u. bearb. Aufl. 1994.

Spandl, Oskar Peter: Methodik und Praxis der geistigen Arbeit. Beispiele und Anleitungen für schriftliche Arbeiten und Vorträge. München, 4. Aufl. 1966.

Theisen, Manuel R.: Wissenschaftliches Arbeiten, Technik–Methodik–Form. München, 8., aktual. u. erw. Aufl. 1997.

Zu Kapitel 8

Fragnière, Jean-Pierre: Wie schreibt man eine Diplomarbeit? Planung, Niederschrift, Präsentation von Abschluß-, Diplom- und Doktorarbeiten, von Berichten und Vorträgen. Bern und Stuttgart, 4., unv. Auflage 1996.

Gerhards, Gerhard: Seminar-, Diplom- und Doktorarbeit. Empfehlungen und Muster zur Gestaltung von rechts- und wirtschaftswissenschaftlichen Prüfungsarbeiten. Bern und Stuttgart, 8., durchges. Aufl. 1995.

Seibt, Dietrich: Projektplanung. In: Handwörterbuch der Planung. Stuttgart 1989, 1666–1678. (Enzyklopädie der Betriebswirtschaftslehre, Bd. IX)

Standop, Ewald: Die Form der wissenschaftlichen Arbeit. Heidelberg, 14., vollst. neubearb. u. erw. Aufl. 1994.

Steinbuch, Pitter A.: Organisation. Ludwigshafen, 10., durchges. u. aktual. Aufl. 1997.

Theisen, Manuel R.: Wissenschaftliches Arbeiten. Technik–Methodik–Form. München, 8., aktual. u. erw. Aufl. 1997.

Zu Kapitel 9

Atteslander, Peter: Methoden der empirischen Sozialforschung. Berlin–New York, 8., überarb. Aufl. 1995.

Bortz, Jürgen: Lehrbuch der empirischen Forschung für Sozialwissenschaftler. Berlin–Heidelberg–New York–Tokyo 1984.

Bortz, Jürgen: Statistik für Sozialwissenschaftler. Berlin–Heidelberg–New York–Tokyo, 4., vollst. überarb. Aufl. 1993.

Bortz, Jürgen/Döring, Nicola: Forschungsmethoden und Evaluation. Berlin–Heidelberg–New York–Tokyo, 2. Aufl. 1995.

Engelke, Ernst: Soziale Arbeit als Wissenschaft. Eine Orientierung. Freiburg, 2. Aufl. 1992.

Flick, Uwe: Qualitative Forschung. Theorie, Methoden, Anwendungen in Psychologie und Sozialwissenschaften. Reinbek bei Hamburg 1995.

Flick, Uwe/Kardorff, Ernst von/Keupp, Heiner/Rosenstiel, Lutz von/Wolff, Stephan (Hrsg.): Handbuch Qualitative Sozialforschung. Grundlagen, Konzepte, Methoden und Anwendungen. München, 2. Aufl. 1995.

Höge, Holger: Schriftliche Arbeiten im Studium. Ein Leitfaden zur Abfassung wissenschaftlicher Texte für Psychologen und Sozialwissenschaftler. Stuttgart 1994.

Kromrey, Helmut: Empirische Sozialforschung. Opladen, 6., überarb. Aufl. 1991.

Mayring, Philipp: Einführung in die qualitative Sozialforschung. Eine Anleitung zu qualitativem Denken. Weinheim, 3., überarb. Aufl. 1993.

Petermann, Franz: Methodische Grundlagen der Entwicklungspsychologie, in: Entwicklungspsychologie hrsg. von *Rolf Oerter/Leo Montada.* Weinheim, 3., vollst. überarb. u. erw. Aufl. 1995, 1147–1177.

Roth, Erwin (Hrsg.): Sozialwissenschaftliche Methoden. Lehr- und Handbuch für Forschung und Praxis. München–Wien, 3., vollst. überarb. u. erw. Aufl. 1993.

Strauss, Anselm L.: Grundlagen qualitativer Sozialforschung. Datenanalyse und Theoriebildung in der empirischen soziologischen Forschung. München 1994.

Westhoff, Gerd: Handbuch psychosozialer Meßinstrumente. Göttingen 1993.

Zu Kapitel 10

Badry, Elisabeth/Buchka, Maximilian/Knapp, Rudolf (Hrsg.): Pädagogik. Grundlagen und Arbeitsfelder. Neuwied 3. Aufl. 1998.

Bartlett, Harriett M.: Grundlagen beruflicher Sozialarbeit. Freiburg, 2. Aufl. 1979.

Bortz, Jürgen/Döring, Nicola: Forschungsmethoden und Evaluation. Berlin–Heidelberg–New York–Tokyo, 2. Aufl. 1995.

Fuchs, Rainer: Psychologie als Handlungswissenschaft. Handlungsstruktur, Handlungskompetenz und Persönlichkeitsentwicklung. Göttingen 1995.

Geißler, Karlheinz A./Hege, Marianne: Konzepte sozialpädagogischen Handelns. Ein Leitfaden für soziale Berufe. Weinheim, 8. Aufl. 1997.

Gröschke, Dieter: Praxiskonzepte der Heilpädagogik. München–Basel, 2. Aufl. 1997.

Höge, Holger: Schriftliche Arbeiten im Studium. Ein Leitfaden zur Abfassung wissenschaftlicher Texte für Psychologen und Sozialwissenschaftler. Stuttgart 1994.

Kratochwil, Leopold: Erziehen und Unterrichten auf handlungstheoretischer Grundlage: Beiträge zur Theorieentwicklung und Praxisorientierung. Donauwörth 1993.

Kleiber, Dieter (Hrsg.): Handlungstheorie in der Anwendung. Tübingen 1981.

Miller, George A./Galanter, Eugene/Pribram, Karl H.: Strategien des Handelns. Pläne und Strukturen des Verhaltens. Stuttgart 1973.

Schleider, Karin: Sozialpädagogik und klinische Psychologie, in: Soziale Arbeit 42 (1993) 338–343.

Schleider, Karin: Beiträge der Psychologie für die Praxis der Sozialen Arbeit, in: Soziale Arbeit 45 (1996) 404–408.

Schleider, Karin: Psychodiagnostische Methoden und ihre Bedeutung für heil- und sozialpädagogisches Handeln, in: Zeitschrift für Heilpädagogik, 48 (1997) 190–196.

Zoeke, Barbara u.a.: Beiträge der Handlungsforschung zur Erfassung und Bearbeitung von Klientenproblemen, in: Handlungstheorie in der Anwendung hrsg. von Dieter Kleiber. Tübingen 1981, 96–137.

Zu Kapitel 12

Birkenbihl, Vera: Signale des Körpers. Körpersprache verstehen. München, 10. Aufl. 1995.

Decker, Franz: Die neuen Methoden des Lernens und der Veränderung. Lern- und Organisationsentwicklung mit NLP, Kinesiologie und Mentalpädagogik. München 1995.

Kunz, Arnim: Der Weg zum erfolgreichen Studium. Studenten lernen studieren. Organisation und Methoden geistiger Arbeit. Heidelberg 1986.

Novak, Felix u.a.: Pädagogik I. Grundwissen. Probleme – Theorien – Anwendung. München, 2. Aufl. 1982.

Reischmann, Jost: Leichter lernen – leicht gemacht. Arbeitstechniken für Schule und Studium, Fortbildung und Examensvorbereitung. Bad Heilbrunn, 3. Aufl. 1985.

Riedel, Katja: Persönlichkeitsentfaltung durch Suggestopädie. Grundlagen der Schulpädagogik, Bd. 13. Hohengehren 1995.

Polak, Vlastimil: Lernorientierte Lehr- und Lernstrategien im Unterricht. Landesinstitut für Schule und Weiterbildung. Arbeitsberichte zur Curriculumentwicklung, Schul- und Unterrichtsforschung. Arbeitsbericht Nr. 19. Soest, 2. Aufl. 1993.

Vester, Frederic: Denken, Lernen, Vergessen. Was geht in unserem Kopf vor, wie lernt ein Gehirn und wann läßt es uns im Stich? München, 18. Aufl. 1991.